微客语文

小学一线语文教师专业成长手记

郑先猛 著

WEIKE YUWEN

XIAOXUE YIXIAN YUWEN JIAOSHI ZHUANYE CHENGZHANG SHOUJI

苏州大学出版社
Soochow University Press

图书在版编目(CIP)数据

微客语文：小学一线语文教师专业成长手记／郑先猛著.—苏州：苏州大学出版社,2021.8
ISBN 978-7-5672-3694-3

Ⅰ.①微… Ⅱ.①郑… Ⅲ.①小学语文课-师资培养-研究 Ⅳ.①G623.202

中国版本图书馆 CIP 数据核字(2021)第 172666 号

书　　名：微客语文——小学一线语文教师专业成长手记
著　　者：郑先猛
策　　划：刘　海
责任编辑：刘　海
装帧设计：刘　俊
出版发行：苏州大学出版社(Soochow University Press)
出 品 人：盛惠良
社　　址：苏州市十梓街1号　邮编：215006
印　　刷：苏州工业园区美柯乐制版印务有限责任公司
E-mail　：Liuwang@suda.edu.cn　QQ：64826224
邮购热线：0512-67480030
销售热线：0512-67481020
开　　本：700 mm×1 000 mm　1/16　印张：19　插页：2　字数：302 千
版　　次：2021 年 8 月第 1 版
印　　次：2021 年 8 月第 1 次印刷
书　　号：ISBN 978-7-5672-3694-3
定　　价：68.00 元

若有印装错误,本社负责调换
苏州大学出版社营销部　电话：0512-67481020
苏州大学出版社网址　http://www.sudapress.com
苏州大学出版社邮箱　sdcbs@suda.edu.cn

序　Preface

寻一块心灵的栖息地

胡修喜

结识先猛老师前，拜读过他的很多文章，那些带着思考，带着热情，带着对教育、对语文、对孩子满满爱意的文字深深温暖着我，也感动着我。一直希望能走近他，近距离地和他一起聊语文！很遗憾，虽在同一座城市却鲜有交集，只知道他就在那座享誉全国的枫桥边，在语文的百花园里默默耕耘着，收获着属于他自己的美丽。

后来，在苏州市小学语文教学专题研讨会上，现场听了他的《恐龙》一课，他的大气沉稳、幽默灵动的课堂教学深深吸引了我，和他成为朋友，一起在语文的路上携手前行的愿望再次强烈起来。有幸，和他的接触渐次多了起来，我们一起解读文本，一起研磨课堂，他对于教材的准确解读和对于课堂教学的独到见解常让我钦佩不已，也让我深深感到，优秀的语文教师就应该是他那模样——专业而谦逊，热情也素朴，低调轻步，悄然前行。

捧读先猛老师的这本专著，对他的钦佩又多了一层！先猛老师以一个语文教育行者的视角探寻语文、审视实践、记录成长，呈现了一个研究者教学主张由模糊到清晰的生长，一个语文人专业发展由懵懂到成熟的自觉。鲜活的思想、鲜活的体系、鲜活的实例和鲜活的表达，为读者奉献了一个既普通而又不普通的小学语文教师的专业发展样本。

彰显了语文教育追求。专著以"课堂，语文诗意的栖居""成长，心灵澄澈的邂逅""教育，不期而遇的精彩"三个板块建构框架，三个板块互为印证，用事实说话，用实践说话，用故事说话。先猛非常善于从当下语文教育的种种现象中去伪存真、去粗存精，不仅用犀利的眼光发现问题，更难能可贵的是，能有针对性地提出自己的教学主张，去建构新的教育教学追求和实施策略。先猛记录自己对小学语文教学问题的观察与思考、探索应对的教学策略与主张，开展基于问题解决的教学实践与反思，这些文章有机地融入三个板块，构成了一个美妙的"多声部"，增强了专著的可读性，提升了成果的推广性，显示出先猛老师对语文教育的担当意识。

建构了语文教学主张。专著汇聚了先猛不同时期的语文教学思考，特别是语文教育史上节点事件的主张，对话、语用、文体、学情和自主学习等，从个体的视角记录自身语文思想从萌芽到茁壮的历程，很具有示范意义。先猛且行且思，且教且研，研究的语文问题涉及语文教学的方方面面，识字、写字、阅读、写作和口语交际等都有思考，课程开发、实施和评价等都有建构。他用常识守护语文教学的艺术，用语文的方式熬制出语文的味道，用出色的课程研制力守望语文教学的丰富内涵。先猛的语文教学主张来源于实践，便于一线语文教师学习和运用。

凸显了审美价值导向。先猛善于积累和观察，拥有大量的语文教育教学素材。专著站在"人学"的高度统筹、筛选、重组素材，为读者呈现了一个小学语文教师眼中有人、心中有情的幸福的语文生活，彰显了语文人对真、善、美的追求，在当下具有特别的意义。同时，在框架逻辑的建构和行文语言的选用上，先猛不是故作高深、做作晦涩，而是叙述清晰，文字简洁耐读，精辟而独到的见解并不鲜见，让文字也拥有了审美的味道。

诚如先猛所言，微客语文，仅仅是一位小学语文布衣的自留地，它不是苏轼的"东坡"，不是蒲松龄的"聊斋"，成不了传奇，做不成网红，它是像他一样的普通教师自我成长的心灵栖息地。我想，每一位老师都渴望拥有一块自我成长的心灵栖息地！谢谢先猛，谢谢你带给我们寻到这块栖息地的方向和路径。

（作者系苏州工业园区星海小学副校长，姑苏教育领军人才，江苏省特级教师，全国小学语文教师素养大赛特等奖获得者）

自 序

微客语文

一年365天，日出而作，日落而息，每天的工作和生活烦琐而细碎，白天奔走在校园，唯有在月朗星疏的夜晚于阅读和思考中顿悟，思教育之法，发语文之声，诵美文经典，写原创小文，让自己沉浸在思考拔节中。一个人，微微力，你、我、他，我们都是语文路上的微客，用微弱却执着的星光照亮三尺讲台、一方教室，用自我散发的能量浸润颗颗童心，点亮一盏盏心灯。

"微客"不是新名词，"微"的含义是小而精，"客"的内涵是"奔走各地从事某种活动的人"，如说客、政客、侠客。微客语文，不是微"课"语文，不是专做微课的语文媒介，它是普通老师的成长自留地。"微客语文"不是为了特立独行，追求标新立异，它记录了普通语文教师坚实行走的寻常路，目的是和志同道合的人说教育，谈语文，且行且思考，且行且成长。

在全国小学语文教师队伍中，名师凤毛麟角，多的是成千上万的普师凡匠，他们有一个共同的名字——"小语人"，每一个小语人都在自己的岗位上发光发热，是庞大教师队伍中的微客，语文的微客。微客虽微，但我们是一个个独立的生命个体，有自己的事业和思想，有自己的生活和声音。我们做自己喜欢的事情，把自己喜欢的事情和所从事的工作巧妙融合，走幸福的教育人生，写就属于自己的人生篇章。

微客的语文，语文是核心，写语文的话，说语文的事，听、说、读、写、书、字、词、句、段、篇，备课、磨课、听课、上课、教学、教研、教育，一切和语文相关的都蕴含其中。语文课程是一门学习语言文字运用的综合性、实践性课程。工具性与人文性的统一，是语文课程的基本特点。语文教师本身就是课程，语文教师的读书、写作、思考、生活都反哺着语文教学。我的微客语文内容中，有语文的学与思，孩子们的学与做，也有教师的情怀和生活的琐碎。

教师千千万，成长为名师、特级教师、正高级教师的路径窄之又窄，从青年到中年至暮年，人生何其短！师路数十年，在这漫长的从业之路上，教师若想葆有职业成长的新鲜动力，学与思是最好的方法，而用文字记录下自己的行与思也是一种方式，这种方式可以让平凡绽放平凡应有的光芒。路遥先生在《平凡的世界》中写道："其实我们每个人的生活都是一个世界，即使最平凡的人也要为他生活的那个世界而奋斗。"虽然我们从师之路平凡，但这是一份功德无量的事业，平凡的工作需要向上、向善，向着明亮那方的心。脚踩大地坚实地行走在探寻成长的征途上，走着走着便会有属于自己的收获。成功的风景不仅是抵达彼岸、抵达目的地的精彩，沿途的一草一木、花鸟虫鱼、阳光雨露、荆棘坎坷也是独一无二的风景。花香自然怡人，但风雨更能锤炼意志；掌声固然令人欣喜，失败亦能锻造人生。这正是分享的价值所在，也是教师和教育的意义所在！

"思想最深刻者，热爱生机盎然"，德国诗人荷尔德林让世人明白了思想者的真谛。每一个人都应该成为积极的思考者，让思想变得深刻，看见生活，创造生活，享受生活。教书育人是个技术活，是个有着创造性的技术活，思想决定行动，思想让我们的教学更具灵性和智慧。

英国历史学家托马斯·卡莱尔说过："要迎着晨光实干，不要对着晚霞幻想。"这也正是《汉书》中所说的"临渊羡鱼，不如退而结网"。汪国真先生曾说："再长的路，一步步也能走完，再短的路，不迈开双脚也无法到达。"徜徉语文天地数十载，躬耕教海杏坛二十年，我知道很多人在入职之初都有着豪情壮志，他们懂得教育的思考与行走的意义，但是很多人只是"思考"了，没有习惯用文字记录，让"思考"变成了"思空"，长而久之便"思"空见惯了，实践和行走更是无从谈起。我想我们每一个"过来人"都应该做一个分享者和指路人，为愿意在小学语文教海探航的青年水手们献出自己的微薄之力，用自我的成功和失败让更多的青年教师快速成长，用我们的思考之光、行走之力，带着他们一起逐梦教海。

微客语文，仅仅是一位小学语文布衣的自留地，它不是苏轼的"东坡"，不是蒲松龄的"聊斋"，成不了传奇，做不成网红，但它应该是像我一样的普通教师自我成长的心灵栖息地。辟一个小园子，在这个园子里种花、种草、种庄稼，在这个园子里思考教育，在这个园子里惠她、惠他、惠众生，在这个园子里走出一条属于自己的专业成长路径，在语文教海中，做本体的事情，觅大众的视角，蕴智慧之创见，用小我的成长给予青年后生更多的成长启示。

　　教育罅隙里的行者，语文天地里的微客——阿猛，和您一起向前！

郑先猛
2021 年 5 月 19 日

目 录

课堂，语文诗意的栖居

月迷津渡　诗眼初开 …………………………………………… /3
"六模"导引，"老"诗出"新"味 ……………………………… /9
诗中有乾坤，深耕接地气
　　——苏教版六年级语文上册《观书有感》教学例谈 …… /13
"醉书"不"醉课"　课堂巧生成 ……………………………… /18
简单的《风》，浓浓的语文味！ ……………………………… /20
古诗相遇故事　情趣共相生 …………………………………… /23
《中国诗词大会》与语文教学 ………………………………… /27
《所见》之我见 ………………………………………………… /31
蝉课说蝉，蝉有道！ …………………………………………… /34
春风拂燕　子学须研
　　——《燕子》一课的教与思 ……………………………… /37
凡尘中的俗名，情囊里的睿智！ ……………………………… /41
短文长教，呈现立体感王勃
　　——苏教版三年级语文下册《少年王勃》文本解读 …… /44
故事会里记历史，诵读品味悟内涵
　　——说说《卧薪尝胆》的教学 …………………………… /50

让"诵读"和"仿写"成为课堂主旋律!
　　——说说《北大荒的秋天》一文的教学策略 …………… / 56
疑能得教益
　　——说说《北大荒的秋天》教学中的疑 ………………… / 59
"说"有术,"明"知识,"文"清晰
　　——以苏教版三年级语文下册《恐龙》一文为例谈说明文起步教学
　　………………………………………………………………… / 62
引导自主探究　揭示文体特点
　　——《恐龙》第二课时教学设计及评析 ………………… / 69
春说 ……………………………………………………………… / 76
莫让游春变说教
　　——说说《孔子游春》一文的教学感悟 ………………… / 79
文题教学不可小觑! …………………………………………… / 86
解读文本切莫拘泥于字眼! …………………………………… / 90
找准教学点　言语训练实
　　——部编教材小学语文一年级上册第14课《小蜗牛》教学谈………
　　………………………………………………………………… / 92
"荡""击"相生展魅力 ………………………………………… / 96
摒弃浮华随意,还第一课时本真 ……………………………… / 99
合理运用背景资料,为教学增色添彩 ………………………… / 107
曲之徐疾因有节,课之精彩需节奏 …………………………… / 110
杏花红　文韵丰 ………………………………………………… / 113
"拔萝卜"拔出思维新高度 …………………………………… / 115
让作业布置更给力 ……………………………………………… / 118
"批""评"有法,独觑作文互批好风景! …………………… / 121
顺趣而导重天性,重组叠加出佳篇
　　——苏教版语文三年级上册《习作7》例谈 …………… / 126
习作教学需要"研""思"结合
　　——苏教版语文四年级上册《习作1》例谈 …………… / 131
作后修改有千秋,点点做法细探究 …………………………… / 139

虚实相生绘秋叶　情景交融文质升
——说说苏教版小学语文五年级上册《习作3》的教学思辨 ………
………………………………………………………………… / 142
"创意教学"在"漂流"的世界闪耀 ………………………… / 148
微客的"小语文" …………………………………………… / 155
孩子，这就是语文 …………………………………………… / 159
牵着你的小手，走进精彩的故事王国 ……………………… / 162
假期归来，语文开篇如何造？ ……………………………… / 165

成长，心灵澄澈的邂逅

成长有"他们"陪伴！ ……………………………………… / 171
窃课记 ………………………………………………………… / 175
逐梦"青优赛"　心路叙成长 ……………………………… / 178
记下足迹，回望成长！ ……………………………………… / 185
见字如面　情谊无限 ………………………………………… / 190
走近儒雅 ……………………………………………………… / 193
"亲近"，一种不错的教育方式噢！ ……………………… / 195
走着，走着，就顺了！ ……………………………………… / 197
一抹新绿 ……………………………………………………… / 201
师从"老曹"，惠生"小龙"，我之幸！ ………………… / 204
在策略和互动中触摸思维 …………………………………… / 208
青春当如夏花 ………………………………………………… / 213
那些年我们一起走过的日子！ ……………………………… / 216
四重"最"给力文学社 ……………………………………… / 219

教育，不期而遇的精彩

教学不能"缺心"！ ………………………………………… / 225

教育需要这等"慧"！
　　——再读苏教版小学语文四年级上册《一路花香》一文有感 ……… / 227
偶遇"中等生" ……………………………………………… / 230
教育需要坚守，但更需要信仰 …………………………… / 232
深挖兴趣根源，导引"宅童"出门 ……………………… / 234
班级管理有妙招，活用微信显实效 ……………………… / 236
"61分"万岁！ …………………………………………… / 240
9月27日 …………………………………………………… / 243
春启芳菲艳 ………………………………………………… / 245
当你用手指指着对方的时候 ……………………………… / 248
"谎言"随风去，爱入心田来 …………………………… / 250
"乱世"必用"重典"
　　——说说扭转"后进班"的小策略 …………………… / 253
有一种爱叫放手！ ………………………………………… / 258
剥小毛豆，启儿心智 ……………………………………… / 261
第一课，那一刻，思几许！ ……………………………… / 264
冬日暖阳里邂逅"情智" ………………………………… / 267
经历抒写人生，感动常驻心间 …………………………… / 275
精神成长需引领，"三法"促师境界高 ………………… / 278
至美、至纯、至雅的枫桥
　　——说说心目中的好学校 ……………………………… / 281

附录 ……………………………………………………… / 284
　　猛哥的成长故事
　　　　——雅园人物访谈 ……………………………… / 284

后记 ……………………………………………………… / 291

课堂，语文诗意的栖居

> 淡烟流水画屏幽，自在飞花轻似梦，秋日春朝，诗情词格，人在课中央。
>
> 轻抚书卷三五册，静习诗文数十行，研读教材，创解课堂，语文滋味长。此心安处是吾乡，心香一瓣诗意居。

月迷津渡　诗眼初开

【阅读体验】

月迷津渡　诗眼初开

——读孙绍振的《月迷津渡——古典诗词个案微观分析》

语文教师总归偏爱文学，文学范畴里的喜爱又各有不同，我喜欢诵读，自然就对古诗词颇感兴趣。记得刚工作时上过一堂公开课，是辛弃疾的《西江月·夜行黄沙道中》，反复朗读是在我脑海中留下的唯一印象，至于诗词解读教学，我已经没有丝毫印象。当时年少，对这首词的意象和特点，我一定是泛泛而谈，文本解读浅尝辄止，更无举重若轻的渗透与点化。教师必须站得高，学生才能看得远，没有深度的文本解读，何来教学时的妙笔生花？哪来学生的醍醐灌顶？后来的教学之路磕磕绊绊，我边走边学习，慢慢地开始关注文本的常规解读。我对古诗词教学的兴趣很浓，但还是感觉很难触碰到诗词的灵魂。我说，我的"诗眼"依然混沌。

2016年东吴论坛在苏州中学举行，年逾古稀的孙绍振教授带来了一场古诗词讲座。先生精神矍铄，思维敏捷，语言幽默风趣，他直陈当今古诗词教学弊端，用鲜活的案例让所有参会者顿悟：关于古诗词解读，我们一直在臆想中，成了"勤劳的门外汉"，把人家的已知当作未知，视其未知如不存在，反复在文本以外打游击，将人所共知的、现成的、无须理解力的、没有生命的知识反复唠叨，甚至人为制造难点，自我迷惑，愚弄学生。孙教授的论断掷地有声，振聋发聩。

后来我去省里赛课，需要恶补古诗词，觅得孙教授《月迷津渡——古典诗词个案微观分析》一书，粗读三五章，重点落在自己研究的教学内容上，获益匪浅——诗文与诗人的渐序整合、想象与诗画的相融让我执教的《六月二十七日望湖楼醉书》一课喜获江苏省第十八届小学语文青年教师优课评选特等奖。赛课获奖，加上我本身又对古诗词比较痴迷，于是心里开始盘算着做有关古诗文的课题研究，我再次拾起孙先生的这本著作，开始深入地研读。静心捧起，便不会轻易释手。书中的每一章、每一节都颠覆着我的语文思维，冲击着我文本解读的原有定式，富有新鲜感的词汇与习得让我这个语文人欣喜和激动，正所谓内心涌动着洪荒之力。特别是孙先生对大家耳熟能详的经典诗词的分析更是让我眼界大开，叹为观止，近百篇文本的微观分析，一如破译"达·芬奇密码"，可谓"秘响旁通，伏采潜发"。

《望庐山瀑布》这首诗我们熟悉得不能再熟悉了，但是在孙先生的解读里却新意迭出。小学语文老师的解读，从"解诗题"到"知诗人"，从"知大意"到"悟情感"，按部就班而又富有技巧地引领学生知晓李白丰富的想象力，感受李白的浪漫与豪放。这样的文本解读更多的是从常规化的视角切入，其实老师不教，学生也能知晓大概，教学的拔节成长几无可能，因为教师教学的站位选取与学生的自我解读相差无几。孙教授在《〈望庐山瀑布〉：远近、动静和徐疾的转换》一文中让这首传诵率极高的古诗焕发出生机，让教者顿悟，定然也会让学习者脑洞大开。"香炉"的写实与意象，让下面的"烟"字有了依据和根源，有了"紫烟"的无限深意，这个烟不是白色的，也不是黑色的，而是在日光的照耀下幻化出鲜艳的色彩。色彩可以纷繁，可以七彩，正如水雾浸着阳光便会如彩虹般亮丽，但李白的笔下为什么偏偏是紫色的烟呢？因为紫色有着特殊的意蕴：紫色作为云气，古人以为祥瑞。传说老子过函谷关之前，关尹喜见有紫气东来，知道将有圣人过关，果然老子骑着青牛而来。后来紫气被附会为吉祥的征兆，引申为帝王、圣贤出现的预兆。李白受道家影响很深，以紫色为美，绝非偶然。这样的典故勾连用在小学语文课堂里，会点燃孩子们探求未知的欲望。

庐山瀑布流泻千年，在诗中，李白不言"千古"，只是高度概括了浩渺的空间，却有了时间的感觉，徐凝的"千古长如白练飞，一条界破青山色"点明了庐山瀑布之"千古"，读者淡然，意境上也是天壤之别。李白表现瀑布，自如地驾驭远近、动静、徐疾，把瀑布放在阳光映照下，处于紫烟氤氲之中，意象以灿烂取胜；把瀑布放在月光照耀之下，在江天海风之中，以淡雅空灵的意境取胜。孙绍振教授深度新颖的文本解读，让语文教师欣欣然，教师"消化"后的语文课堂一定思维跌宕，学生有了知识的获得感、新鲜视角的愉悦感，课堂生机盎然。

孙绍振教授提出的"还原""比较"等"细读"文本的方法早已深入

人心，成为许多教师和学生的主流话语。孙绍振教授在解读文本的过程中传递出的解读作品的理念、质疑的勇气、哲学思辨的功力、融汇中西的胆识，在现今文本解读诸名家中堪称翘楚。

陶渊明《饮酒（其五）》中的"采菊东篱下，悠然见南山"是千古名句，品位极高。我们在品读的过程中也觉得这两句写得好，闲适的田园生活让每个读者向往。在《文选》《艺文类聚》本中，"见"写作"望"，《东坡题跋》批评这个"望"字是"神气都索然"。"望南山"和"见南山"一字之差，为什么反差如此巨大？孙教授的解读更为妥帖、精当："见南山"是无意的，它暗示诗人悠然、怡然的自由心态；"望南山"就差了许多，因为"望"字隐含着主体寻觅的动机。这样的比较式阅读是我们在教学中常用的方法，我们往往对一些关键的字眼有些感觉，却又困惑而不得始终。孙教授的比较理论依据来自陶渊明诗歌的特点——随意自如，有了目的，就不潇洒、不自由了，那就不是陶渊明的性格和风格了。比较法，我们常用，但是找寻最核心的理论支撑，让论说的依据更有力，这是一线语文教师迫切需要提升的地方。文本解读需要有新意，但更需要言之有据。

诗中有画，画中有诗，这也是我们常常挂在嘴边的，整个中国的绝句和律诗大多有这样的风格，《诗中有画："动画"》让这样的论断有了新境界。苏轼的《六月二十七日望湖楼醉书》是一幅画，但它是突破图画静态的画，在孙教授的解读里就是"心灵中的动画"，浓黑的云突然消失，变成明亮的天，色调的对比是宋诗创作中的常用技巧。苏轼的才华集中体现在动静画面的对比上，从风云变幻到定格在"水如天"的静态画面，这样的转折留给读者深深的触动，因为这里有一个心灵感应的动态过程。一组常见词汇在这里得到了尽情的诠释——"动情"或"情动"：感觉或感触只有"动"起来，才能表达感情。"情动于中而形于言"，情要动起来，才能借语言而成形，苏轼以"动画"写情，绘出心灵中最美的"动画"，这是更胜一筹的"诗中有画"。

"推敲""诗眼"这些常见词汇在这本书里多次出现，"精思""无理而妙""人痴而妙""诗酒文饭"等有新鲜感的词语更是冲击着阅读者探求未知的欲望。

严羽早就说过："诗有别趣，非关理也。"这个"非关"就是偏于感性的诗话、词话在情与理之间凝聚出的一个新范畴——"痴"。"人痴而妙",这是中国抒情理念的突破,也是诗词欣赏对中国古典诗学乃至世界诗学的一大贡献。"痴"的境界就是超越理性的"真",进入假定的境界、想象的境界。"人痴而妙"打通了"真"与"痴"之间的隔断,想象让"痴"魅力彰显。

"诗酒文饭"是属于我的新鲜词,在阅读中让我印象深刻,我望文生义——"诗如酒,文如饭",竟大差不离,诗喻之酿而为酒,文喻之炊而为饭。饭与酒同源,文如米煮成饭,并不改变原生材料(米)的形状,酒是"变尽米形",原生材料(米)发生了质的改变,"诗酒文饭"形象地说明了"诗歌"与"散文"的异同。这样的新鲜词汇、这样的理论解读深入浅出,读者一读便知。

"诗无达诂",一千个读者眼中就会有一千个哈姆雷特。读罢孙绍振教授的《月迷津渡——古典诗词个案微观分析》,我获益良多:"探微"之法是我们走进古诗词的法门;研析"秘妙"是古诗词分析的深层逻辑;个案解读里的文化自觉让语文思维"涅槃"。我读故我在,今日读此书,有"鱼"亦有"渔","诗眼"初开,幸甚至哉。

【推荐理由】

孙绍振教授的《月迷津渡——古典诗词个案微观分析》集中解读了中国古典诗词中的部分经典篇目,解读范围虽小,但是解读理念明晰,解读技巧娴熟,解读境界超逸,"如赤日当空而万象毕照"。书的自序之二《美国新批评"细读"批判》,乃全书之枢纽、通篇之文心,贯通其间的是"还原比较"这一方法论,并首次鲜明地阐释了这一方法论的理论基础,即"创作论"。孙教授一直认为,只有将文本还原至创作的历史语境中,才能深得其意之三昧。

《月迷津渡——古典诗词个案微观分析》中的"月迷津渡"源自北宋婉约派大家秦观《踏莎行》中的经典词句"雾失楼台,月迷津渡,桃源望断无寻处"。雾的朦胧,月的隐约,让"津渡"若隐若现,如同一幅显山露水的写意画,道路隐约可见,困境终有云开月明时。孙教授《月迷津渡——古典诗词个案微观分析》一书的书名我想正是取义于此,先生的论著为当今纷繁杂乱、乱象丛生的古诗词解读指明了研究方向。

"要读懂中国古典诗歌艺术，光凭简单的'诗缘情''以情动人'是很不够的。关键在于情的特点乃是'动'，故汉语有动情、动心、感动、激动之情。'情动于衷'包括歌行体中之大起大落和绝句中之微妙变幻，要从意象群落中分析出情意变动之脉络，此乃文本解读之真功夫。"这是孙绍振教授关于古典诗词文本解读的论述，"情"的"动"以及"从意象群落中分析情意变动脉络"是古典诗词文本解读的核心要义。

孙绍振教授一直谦虚地说：《月迷津渡——古典诗词个案微观分析》在个案分析上有着不可讳言的局限，解剖麻雀式的个案分析虽五脏俱全，但宏观理论和方法为隐性，于个案可在月迷之中寻觅津渡，然在方法论上难免有雾失楼台之叹。但是从事一线语文教学的老师在深度研读这部专著后定然会收获颇丰：习得知识——每一个案例分析的最新内容和观点；习得方法——从每一篇案例分析中感悟类篇的借鉴之法；习得境界——学术研究的守正笃实，久久为功。语文人，读一读这本书，对语文的认识会更进一步，语文素养会得到提升，古典诗词的底蕴会越发丰厚。

【名师自述】

姑苏诗韵，运河水润，寒山寺旁，有一所百年老校——苏州市枫桥中心小学，我是来自这所学校的一名语文教师。二十一年来，我倾情教育，奋战在教育教学第一线，初心不忘，执着前行，当好学生引路人，努力为每一位孩子系好人生第一粒扣子。牵着孩子们的小手徜徉在语文世界，在听、说、读、写、书中，在字、词、句、段、篇里亲近母语。且行且成长，我曾获省级及以上青年教师优课评比特等奖（一等奖）四次；获"一师一优课"部级优课，市、区教师素养大赛、优质课评比、基本功竞赛、经典诵读等比赛一等奖十余次。"苏州大市语文学科带头人""江苏省优秀青年教师"等荣誉更是坚定了我献身教育、与语文相伴的信心。我在"微客语文"个人公众号里，思教育之法，发语文之声，诵经典篇章，写原创小文。我愿以我的微微力，润泽童心，点亮盏盏心灯！

布衣暖，菜根香，读书滋味长。闲来幽梦浸书香，小轩窗，斑驳光，轻言细腔，手拈信笺三五张。文字的灵光与情思相遇，翰墨书香涵心性，吟哦斟酌长才情，纵览古今多少事，品读雅书三五焉。吾常与书香为伴，眼前直下三千字，胸次全无一点尘，净心，濡染，浸润，与文字邂逅，暖心，怡情，致远。

【拓展阅读】

1. 《孙绍振如是解读作品》（孙绍振著）

当前语文教学无效分析已成为制约语文水平提高的瓶颈。能否对作品进行有效分析是检验语文教师是否优秀的试金石。对于语文教师来说，作品解读能力始终是一项处在核心地位的语文能力，需要得到更多的重视。在《孙绍振如是解读作品》一书中，孙教授看似漫谈式的笔调饱含了细腻沉静的分析，信手拈来而又恰到好处地勾连了文体、心理、审美等内容，为一线语文教师指明了文本解读的方向，读起来又清新流畅、自然亲切。孙教授的解读高屋建瓴，他用哲学的眼光审视文本，用哲学的方法分析文本，文本解读深入而独特，给读者带来观念、思想和精神上的冲击。他把高深而枯燥的文艺理论以浅显的方式传授给读者，让读者明白了课文不仅仅是课文，更是优秀的文学作品，这些作品可以赞赏，可以质疑；更重要的是，读者要有科学的理论来支撑自己的判断。"景物美则美矣，然人所见可略同。略同之景，难以为文；而不同之情与趣，方为文章之灵魂。"情和趣是散文的特质之一，也是文本解读背后不可忽略的人文因素，还是激发读者与作者共鸣的催化剂。

2. 《古诗理论与小学古诗教学》（张平仁主编）

本书是高校小学教育专业卓越教师培养系列教材中的一部，由上、中、下三篇构成，脉络清晰。上部"理论篇"论述了古诗创作及意境，特别是作家的创作动机解读细致，"发愤著书"与"不平则鸣"让读者对诗人的创作动机有了恰当的类分认识。第三章中的"格律"也给语文教师以启发，对诗、词、曲中的"押韵""对仗""平仄"等都有涉及。中部"教学篇"以实际教学为抓手，详解了古诗教学的目的、原则、步骤、方法，以及各年段的教学策略，同时还附上典型的教学案例评析，让一线教师既习得理论，又知晓实操方法，非常接地气。下部"作品篇"则选取中小学生必背的古诗加以解读，解读具体详细、中规中矩，对古诗教学有一定的启发。

（此文发表于2020年2月《江苏教育》）

"六模"导引,"老"诗出"新"味

《静夜思》是部编教材一年级语文下册第四单元中的第一篇课文,这首诗歌的传诵率非常高,绝大多数孩子能倒背如流。如此耳熟能详的古诗怎样教学才能守正出新?笔者以江苏省"十三五"重点课题"六模"为导引,让"老"古诗学出"新"味道。

"六模"教学是基于核心素养的基本要求,是结合部编教材中的古诗文特点,对古诗文课堂教学模块进行的科学建构,即造境—通言—想象—悟情—品语—记诵,六大模块逐层推进又互为补充,渗透、融合形成整体。

一、造境与想象:图片渲染情境点引诗旅

《语文课程标准》第一学段"阅读"的要求中有这样的文字:"借助读物中的图画阅读","诵读儿歌、童谣和浅近的古诗,展开想像,获得初步的情感体验,感受语言的优美"。

教学的引入可以从图画开始,教师选择了一张"月圆如镜,月光如水,似银,似霜"的图片,孩子们感兴趣,教师让他们说说自己看到的图片,"圆圆的月亮","美丽","有山有水"……孩子们给出的词汇虽简单,但是有着最直观的感受。教师顺势点引:"月圆之夜,是一家人团圆的好日子。静静的夜晚,一个漂泊在外的人看着这明亮的月亮,就会特别思念家乡。"教师在PPT上再投影出诗人的形象,孩子们立即猜出了诗题——"静夜思",随之而来的就是自然而然的放声背诵,因为他们太熟悉这首诗了。这里教师用图片渲染情境,用图片点燃想象,开启诗歌之旅。

二、记诵与品语：方法催化朗读妙有入境

古诗教学"读"字当头。学生早就对《静夜思》这首诗滚瓜烂熟了，读自然不成问题，但是我们需要在"读"的形式和内涵上点化学生。从读准字音到教师提供节奏、去掉节奏符号，再到押韵的点拨，学生的古诗朗读能力在无形之中逐层递升。

静夜思　　　　　　静夜思
唐 李白　　　　　　唐 李白
床前-明月光，　　　床前-明月光-，
疑似-地上霜。　　　疑似-地上霜-。
举头-望明月，　　　举头-望明月↗，
低头-思故乡。　　　低头-思-故-乡-。

在孩子们摇头晃脑地背诵诗歌之后，教师开始从背诵转向识字。"同学们都背得这么熟了，那诗歌中的字一定都认识，来，我们一起看看。"教师投影"思"字的古体字，让学生猜一猜、说一说，使其学习兴趣更浓。"🧠"从田、从心。"田"指农田，引申指谷物、粮食。"心"指"牵挂""考虑"。"田"与"心"联合起来表示"记挂谷物收成""考虑吃饭问题"。本义：考虑吃饭问题。引申义：考虑。"田""心"的生动解释，使学生既记住了字形又理解了字义。教师再列举用"思"字组成的词组，用常用词组的方式来强化学生的识记。

学生的学习从来不是零起点，教师可以在已有语文积累的基础上让学生的学习热情高涨起来。先让学生初步背一下古诗，然后让他们指着字来读古诗，再把生字拿掉让学生读，把生字拎出来让学生单独读，打乱生字，让孩子们板贴恢复原文，在一次又一次的识字互动中让孩子们记忆字形。

三、通言与悟情：诗眼统领全诗思乡情浓

从行表走向内在，这是"深度学习"的必然阶段。静静的夜晚，月色明亮，李白在干什么？思念故乡。"思"字题目中有，诗句中也有，这个"思"字贯穿文章，就像是这首诗的眼睛一样。李白为何会思念故乡？开元十四年（726）九月十五日，26岁的李白一个人停留在扬州，诗人看着天空的一轮皓月，思乡之情油然而生，于是写下了这首传诵千古、中外皆知的名诗《静夜思》。

李白的故乡在哪里？李白的故乡在绵州昌隆县（今四川省江油市）的青莲乡（这也是他号"青莲居士"的由来），现在他孤身一人漂泊在江苏扬州，九月十五月圆之夜，秋月分外光明，又是那样悄然而清冷。对孤身远客来说，这样的情境最容易触动旅思秋怀，凝望着月亮，诗人产生遐想，想到故乡的一切，想到家里的亲人，想着想着，头渐渐地低了下去，完全陷入了沉思，想着想着，便写下了这首著名的《静夜思》。月圆，孤独，思乡，思人，浓情无限。

是床前好像地上秋霜的月光让李白"思"，是夜空中那又圆又亮的明月让李白"思"，是孤身漂泊在遥远他乡的孤独让李白"思"。抬头凝望着那一轮明月，月如此之圆，多少家庭正在欢聚团圆，床前那清冷似秋霜的月光让人倍感寒意，让人"思故乡"之温暖。"思故乡"里有着太多的内容：思念家乡的父老兄弟、亲朋好友，思念家乡的一山一水、一草一木……

怎样"思故乡"？环境的因素：静夜，明月光，疑是地上霜；动作的变化：举头凝望，低头思乡。让孩子们模仿李白动作、视线的变化，再吟一吟《静夜思》，在想李白的"所思内容"中，在仿李白的"所思动作"中，充分感受诗歌描绘的大意，体味诗人那份浓浓的思乡情怀。

一个"思"字统领全诗，一个"思"字尽显孤独和乡情，一个"思"字犹如开启诗歌探秘的"天眼"。

王崧舟老师说，一首契合文章主题的乐曲，一个恰当合宜的时间点，让二者巧妙相融，学生的心和神将会更直接、更丰富地与作者的灵魂合拍。有一首童声版的《静夜思》合唱曲，那舒缓低沉的曲调，那天籁般清

亮走心的童声，一下子就把听众的神与思带入了李白的思乡之境。一边听，一边便有学生轻轻地跟着吟唱，一曲终了，老师起头高声合诵，不需言语的渲染与调动，伴着背景音乐，那份动人的情感朗读就这样来了，音乐触动心灵让诵读走心，在涵泳中对诗的意蕴和情感的理解也更深一层。

"花间一壶酒，独酌无相亲。举杯邀明月，对影成三人。"《月下独酌》中的孤独可见一斑——明月的陪伴更见孤独。"梦长银汉落，觉罢天星稀。含悲想旧国，泣下谁能挥。"《秋夕旅怀》中的思乡与孤独更进一层，这也是《静夜思》的续篇，李白在同时同地作此篇，那份孤独、那思乡之情该是多么浓啊。补充这样的文章可以让孩子们的诗文积累多一些，主题理解添几分，传统文化爱几许。

熟悉的古诗，太熟悉了，但是那仅仅是会背而已，诗中字，诗中韵，诗中意，诗中情……诗中有着太多的语文价值，以"六模"为导引，整合教学，在孩子们最熟悉的记忆里添上几笔，那一定是"古诗的味道"，识字有量又轻巧，诵读有情又得法，想象有趣又合理。

〔本文系江苏省"十三五"重点规划课题"以'六模'教学为导引部编教材古诗文教学策略的研究"（课题编号：B—b/2020/02/112）阶段性研究成果〕

参考文献

王崧舟.美其所美:王崧舟讲语文课怎么上[M].上海:上海教育出版社.2019.

（此文发表于 2021 年 3 月《语文课内外》）

诗中有乾坤，深耕接地气

——苏教版六年级语文上册《观书有感》教学例谈

《观书有感》是苏教版六年级语文上册第七单元《古诗两首》中的一首，南宋著名理学家朱熹借景喻理，为我们留下了这首脍炙人口的说理诗。之前孩子们接触的古诗大多是写景抒情类，诗中景色优美，诗画一体，情感丰富，耐人寻味，而"说理诗"对于六年级的孩子来说是一个新名词，孩子们对它有期待，也有畏惧，期待源于青少年对于新鲜事物的浓厚兴趣，畏惧是因为"说理"是一个听起来索然无味的话题，更何况本诗的理又微妙难言，所以如何去教学本诗歌，如何让孩子们亲近这首诗，从诗中习得作者蕴藏的理学，成为教学的首要问题。

一、朗读指导，节奏情境交相辉映

《语文课程标准》要求高年级学生"诵读优秀诗文，注意通过诗文的声调、节奏等体味作品的内容和情感"。学生学习古诗，不仅仅是积累，更是沟通，是学会带着情意去沟通。古诗教学，"读"占鳌头，读是基础，悟是关键。要以读为本，重在悟情、传情。读贯穿教学始终，但是怎么读却有讲究。今天的教学，从初读时的"响亮、正确"到后面的"有节奏"，再到后面的"有情感"，层层推进。

朱熹说过，凡读书，须读得字字响亮，不可错一字，不可多一字，不可少一字。在课堂上，我让孩子们声音响亮、准确清楚地把这首诗读出来，相机正音"鉴""徘徊""为"，融生字词学习于朗读中。

在读得"响亮正确"的基础上，推进一步，诗有节奏，就会给人以美的享受。谁能读出这七言绝句的节奏来呢？教师抑扬顿挫、轻重缓急地示范后出示标注的节奏提示，最后再重点点拨"问渠哪得清如许？"中"？"号的朗读声调，飞扬起来，疑惑悄然而来，古诗朗读的韵味也就来了。

读古诗不仅仅在于语调的高低,重要的是把诗的节奏和韵味读出来,理解诗的情景后再读,才能读出更丰富的韵味。所以在孩子们的脑海中浮现出"朱熹读书图""方塘水清图""源头活水图"后,诗歌中那清澈明净、宁静雅致的意境就会应运而生,再读,诗歌文字便美了起来,雅从心生。当品析后悟得只有"读书汲取"方能"心智聪明"的深刻寓意后,教师要求学生再读,景色优美的读得舒缓些,寓意丰富的读得厚重些,便成就了真正的古诗朗读教学:正确、节奏、情境,一应俱全。

二、细读文本,探寻"清""共"二字玄妙

"清如许"中的"清"字涵蕴全诗,乃为诗眼,可围绕"清"字展开教学。教师创设主问题:"诗歌中哪儿能看出半亩方塘的清?"学生在初读基础上轻松得出:"清"在于"一鉴开","清"在于"天光云影共徘徊","清"在于"清如许"。看似三小点,其实别有洞天。很多孩子看到诗歌,第一直觉就是"清如许"——如此的清澈,诗歌直接告诉我们方塘的水清,这也是描写手法中的正面描写。"一鉴开",很多孩子通过预习可以知道,"鉴"是镜子的意思,也能明白把"半亩方塘"比作"一鉴",即清澈的方塘犹如一面镜子,明亮的镜子让我们感受到了水的清澈;但是对于"开"字,就一知半解了,寻根究源,原来古人用铜镜,不用时用镜袱包好,用时打开,"一鉴开"的意思也就豁然开朗。

"天光云影共徘徊"一句中有太多的知识点。"清"映照天光和云彩的倒影,"徘徊"更见水之清澈,光线和影子的小小移动都清晰可见,说明水清至极。天光云影的徘徊启发我们,其实"清澈的水"在缓缓地流动,是"活水",和下文"源头活水"遥相呼应,理学家朱熹心思之缜密,由此可见一斑。

天无边,云无穷,半亩方塘虽小,但胸怀之宽广,让人惊叹!"共"字的意思是"一齐",让我们在感受半亩方塘海纳百川、包罗万象的同时,更体会"共"字运用之妙。"共"字有底蕴,诗人遣词造句古已有之。教师引领学生回忆奇才王勃的《滕王阁序》名句"落霞与孤鹜齐飞,秋水共长天一色",再忆苏轼《水调歌头》"但愿人长久,千里共婵娟","共"是这些伟大诗人笔下的好词啊!教师再补充张九龄《望月怀远》中的名句

"海上生明月，天涯共此时"，张若虚《春江花月夜》中的名句"春江潮水连海平，海上明月共潮生"，李商隐《夜雨寄北》中的名句"何当共剪西窗烛，却话巴山夜雨时"，学生在名句中沉醉，在诗文炼字的玄妙中顿悟。

跳出诗句中的微观品词析句，站在诗文宏观角度看"清"字的深意，既有正面描写，也有侧面烘托，短短几句诗，实在是集手法和技巧于一身，令人不得不感叹：朱熹不愧为"第三圣人"！

三、质疑诗题，问难启思悟得哲理

"观书有感"即读书时产生的感受，读书时的感受源自诗歌的写作内容，然而在细细领悟诗歌文本后却发现诗歌文字里无一处提及"书"和"读书的感受"，矛盾就此出现，这是教学本诗的关键转折点，是"一石激起千层浪"的问题节点，也是学生学习古诗从表面探及深层次内容的切入点。"同学们，作者这哪是读书啊，分明就是看方塘嘛，我认为诗的题目应该更名为'观塘有感'。"学生在此问题的激发下必然寻求"观塘"和"观书"的内在联系，在细细的品读中，慢慢感知出"方塘水"比喻"人心智"，"方塘水清"比喻"人心智明（聪、慧）"，"方塘水清"是因为"源头活水"，"人心智明"是因为"读书汲取"。此时教师再结合板书让"景"和"理"分明，一目了然。这是本诗教学的关键点，也是难点，所以教师的引导要抓住诗题中的"观书"展开，一切的寻源都向读书靠拢。抽象之理，微妙难言，在朱熹的笔下变得形象可感。这样写景喻理，让说理文摈弃索然寡味，顿生灵趣。

在提炼关键字板书的时候教师应尊重学生，在预设的基础上随机应变，比如"方塘水清"喻指"人心智明"，学生不一定能表达得如此精准，教师可以应时而动，"人心智聪"可以，"人心智慧"可以，"人的聪明"也可以，毕竟汉语的表达方式比较丰富，不应死板教条。但是在有些字词的提炼上则务必"斤斤计较"，如"读书汲取"中的"汲"，学生会说"读书获取""读书吸取"，意思是接近的，但此处需要细推敲、慢提炼。"汲"字的精妙在于它有获取知识的意思，但是"汲"字内涵与水相融，在比喻的意境中更胜一筹，这正是诗歌教学中"炼字"的教学契机。

《观书有感》流传至今，久盛不衰，其影响在生活中随处可见，如我们的雅园，我们的鉴开亭，造情境吻合诗中景，取深意于校园读书殿堂。一幅我们的"雅园——鉴开亭"照片，让孩子们在生活中找到了千年古诗的现实版，所以南宋朱熹的说理诗，不再陌生，不再遥远！亲切，有时真的只需一张照片而已。

"眼前直下三千字，胸次全无一点尘。"观书有感，书韵流芳，诗歌教学因延展而丰厚，其实教学理应如此。教师在教学中牵着孩子们的手一起欣赏怡人的风景，牵着孩子们的手让他们感受语言和文字的温度，一起向着诗歌文学的纵深处漫溯。

【点评】①

《诗中有乾坤，深耕接地气》，郑老师文章的题目给人新颖别致之感，"乾坤"寓意丰富，"深耕"凸显教师文本解读的功力。教师站得有多高，我们的学生就能看得有多远，教师教材解析的高度决定着学生学习获取的深度和广度。高屋才能建瓴，深入才能浅出，先猛老师做到了这一点。

朗读指导层次清晰重实效。朗读是语文教学中最为基础的教学，诗歌教学中的朗读指导更为重要。郑老师准确定位高年级朗读，"诵读优秀诗文，注意通过诗文的声调、节奏等体味作品的内容和情感"，以课标为纲本，从关注声调、节奏的表形开始，逐层推进，从读得准确到读得有节奏，再到读出丰富的情感，触发丰富的想象。好的诗歌朗读教学理应如此，把一首诗读成一首美妙的乐曲，把一首诗读成一幅景美境幽的画。

妙解文本核心词汇巧勾连。同一首诗歌的解读版本多样，合情合理又有新意的解读是一种教学的智慧。郑老师抓住"清""共"二字探寻诗文，在从众解读中更升一格。从大众共识的文眼"清"字出发，巧妙转向"一鉴开"中"开"字的理解，在学生百思不得其解时，教师悄然点化：古人用铜镜，不用时用镜袱包好，用时打开，"一鉴开"便豁然开朗。"共"字有底蕴，诗人遣词造句古已有之，郑老师匠心独运，巧妙勾连，挑选出"共"字名句让学生沉醉徜徉，学生对古诗文遣词炼字的认识又进一步。语文的思维需要不断打开，郑老师"深耕"诗文，用"清"字

---

① 点评者系苏州高新区教研室小学语文教研员、苏州市名教师周雪芳。

让学生的思维走向纵深,用"共"字横着一宕让学生思维的外延更广。

质疑问难景理互通真探究。有人说,没有冲突就没有戏剧,戏剧冲突是戏剧的灵魂,是戏剧主题的基础和情节发展的动力。没有矛盾冲突就没有语文课堂,冲突也是语文课堂的灵魂,是语文学习的基础和课堂推进的动力。郑老师巧妙设置"同学们,作者这哪是读书啊,分明就是看方塘嘛,我认为诗的题目应该更名为'观塘有感'"这一矛盾冲突,引领学生进入多维、深度的思考。学生在此问题的激发下必然探究"观塘"和"观书"的内在联系,在学生的"观""思""辨""辩"中,文章的"景"和"理"变得清晰分明。抽象之理,本是微妙难言,在朱熹的笔下却变得形象可感——写景喻理,郑老师"提领而问",打通"景""理"互通之道,教学的情趣和智慧也油然而生。

(此文发表于2016年10月《名师说课》)

"醉书"不"醉课"　课堂巧生成

近日携众弟子学习苏轼的《六月二十七日望湖楼醉书》一诗，诗歌写景灵动精妙，东坡先生察物细致入微，短短二十八字容"云""山""雨""船""风""地""楼""水"于其中，景物之丰富，变化之迅疾，令人恍如身临其境，不免让人由衷敬佩，读品间"西湖景"了然于心。

诵读品诗，想象悟诗，这是我们学习古诗文的常用之道，在学生入情入境后，引导学生跳出诗歌微观意境俯瞰，此时结合课文插图细化记忆，往往能推波助澜，效果甚佳。

"图上卧坐于船头之人究竟是不是苏轼？"我一石激起千层浪。

"此人非苏轼莫属啊！"

"此人绝非苏轼！"

学生观点迥然对立，究竟是"苏轼休憩于船观雨"，还是"醉书于楼远眺景"呢？有争议是好，可是不能解决根本问题，必须探出源头根底来。

我再问："何以见得？"

学生满眼看书字斟句酌，寻图中蛛丝马迹。

"黑云如打翻的墨水，还没能来得及遮住山峦，白亮亮的雨点就落在湖面上溅起无数水花，乱纷纷似颗颗跳珠乱蹦入船。图中人微醉之际憩坐于湖上扁舟，必须近距离观雨方能写得如此细腻生动！此人必然是苏轼，'白雨跳珠乱入船'就是最佳证词！"

"船上之人乃是船夫，不是苏轼！苏轼又不是飞毛腿，怎会一会儿在船上，一会儿在望湖楼上放目远眺呢？望湖楼下水如天，高处俯瞰，西湖美景方能尽收眼底啊！所以船上人绝非苏轼！"

两派看似皆有理由充足，究竟孰是孰非？查阅资料后得到验证：狂风席卷而来，吹散满天乌云之际，诗人苏轼临靠船头，迅速捕捉到湖上急剧变化的自然景物——云翻雨泻，风卷雨停天放晴，湖平浪息，诗人舍船登楼，凭栏而望，览得一湖盛景，远近合，动静生，声色俱，景情融，"天容水色绿净，楼阁镜中悬"，苏轼诗兴大发，挥毫泼墨，既留下千古诗篇《六月二十七日望湖楼醉书》，又让西湖边的"望湖楼"从此名扬四海。

东坡诗人，因景而动，流连西湖美景，脚步未停，辞意脉动，而插图只是静止的画面表达，所以学生的"疑惑""争议"随之而来，在"疑""议"中对诗歌的理解和记忆更深一层，由"疑""议"得学习之"益"，教师何乐而不为呢？抓住一小"疑"，众生纷纷"议"，课堂学习"多多益"。众弟子讨论后达成共识：遇此移步换景之诗文，其插图可绘成"连环画"。

对此"共识"教师不置可否，但这个由疑惑到探究的过程，却是语文课堂教学最应珍惜的"课堂生成"。

（此文发表于2014年10月《苏州教育研究与实践》）

简单的《风》，浓浓的语文味！

唐代诗人李峤《风》一诗，简单易懂，能让人看到风的力量。诗人抓住"秋叶""春花""海浪""竹林"等四种自然界物象在风力作用下的变化，间接地让人感受"风"之魅力与威力。全诗除诗名外，并不见"风"字，但每一句又都表达出风的效力，这是作者李峤的高妙之处。

苏教版语文教科书编者把这首诗放在四年级语文上册"练习1"中，这首诗该如何教学？有人说，可以先出几个谜语让孩子猜猜"风"，然后再带领孩子们到校园里找找"风"，这样的教学设计看起来既接地气又有新意，但我认为这样设计非常不妥。其一，不符合儿童的年龄认知特点。对于"风"这一自然现象，四年级孩子非常熟悉，再去猜没有太大意义，更何况出的谜面又是那么浅显，低龄段的幼儿园、一年级学生可能会更适合。其二，未能考虑学生的语文学习基础，即没能以学定教。语文学习从来不是零基础起步，四年级孩子的语文知识已经有一定的积累，对于《风》这首古诗已经非常熟悉。退一步讲，即使之前没有背诵过，通过课前的预习也能轻松掌握，浅显易懂的五言绝句，学生感知诗文大意不成问题，背诵更不成问题。学生凭借知识储备已经能够正确地背诵，再去设置粗浅的导入等环节会显得冗余。其三，"练习"中的古诗定位是"读读背背"，教师不可能花费一节课的时间教学"练习"中的诗。在苏教版小学语文教材中，凡是在"练习"中出现的古诗，都被安排在和成语一个板块的"读读背背"中，教师在教学时间的分配上要适当取舍，因为教科书编者意旨非常明确：会读、会背是要求，如果能再有些体悟就更好。

在我教学这首诗歌时，孩子们的学习积极性很高，因为预习时如果会背诵了，我会奖励他一张"学习卡"，鼓励孩子们在预习的时候更投入，进行更有效的背诵，以增强预习的实效。一上课，孩子们就一个个举起小手，自信满满，快嘴王越越说："老师，《风》我在幼儿园时就背得滚瓜烂熟啦！"

我指名基础稍弱一些的乐乐来背诵，正确无误！我适当指导一下朗读的节奏和重音，学生的读背效果非常不错。"孩子们，诗歌中写了什么？"

"风！"孩子们异口同声地回答。

"没毛病！诗中写了风的什么呢？"

有学生说是风的本领大，还有学生说是风的力量大，我觉得都可以。

"诗中写出了风的本领大，但是诗歌中写到'风'这个字吗？"

"没有！"

"那你是从哪里看到风的呢？"我追问。

学生都能说出个所以然：风能使秋天的树叶脱落，能让二月的鲜花开放，它经过江河时能掀起千尺巨浪，刮进竹林时可把万棵翠竹吹歪斜。

"文中无一'风'字，但句句写'风'，这就是作者的——"

"智慧、才华、高明、本事……"孩子们的答案很多，合情合理，知晓诗意，感受作者的意图和智慧，在读背的基础上有所拔节，应该算是完成了既定的学习目标。

但是如果我们仅仅这样去设计教学，那学生的语文素养怎能得到训练和提升？语文是一门学习语言文字运用的学科，正确理解和运用祖国文字，丰富语言的积累，培养语感，在发展语言能力的同时发展思维能力，激发想象力和创造潜能，是课程标准中对语文的诠释。就"练习"中的这首《风》而言，二十分钟左右的教学时间，我们在学生会读、会背，感知诗文大意，领悟诗人的创作智慧之后，还应该加强学生的言语训练，在学生感知诗意的基础上进一步设计语言练习题。我的设计是依据诗意填空：

（　　）风一吹，（　　　　　）。

学生在略加思考后说出："秋风一吹，树叶飘落。"

这是第一步，第二步继续：

（秋）风一吹，（树叶飘落），（　　　　）。

飘落的树叶像……

（秋）风一吹，（树叶飘落），（像一只只金色的蝴蝶）。

"真不错，后面还可以添加一些动态的感觉。"

（秋）风一吹，（树叶飘落），（像一只只金色的蝴蝶）（在空中翩翩起舞）。

说到这里，学生的言语智能训练已经有了质的飞跃，从简单理解诗句的意思向着语言表达前进，语言的表达也渐趋丰富，色彩美、动态美、修辞美应运而生，步步为营，稳扎稳打，螺旋式上升，让简单的理解诗意和语言训练完美结合。

后来孩子们的言说热情高涨，精彩的句子不断涌现。

（春）风一吹，（二月花开），（香气扑鼻），（吸引无数的蜜蜂和蝴蝶）。

（春）风一吹，（二月花开），（百花争艳），（你挤着我，我挤着你，热闹非凡）。

孩子们调动着自己的知识储备，学过的词句在脑海里不断闪现，想象中的春天花开情景浮现在眼帘，从直白地说诗句的意思发展到让思维动起来，让语言丰富起来，让表达精彩起来。

（秋）风一吹，（树叶飘落），（像一只只金色的蝴蝶）（在空中翩翩起舞）。

（春）风一吹，（二月花开），（百花争艳），（你挤着我，我挤着你，热闹非凡）。

（狂）风一吹，（巨浪滔天），（波涛汹涌），（有的浪头比几层楼房还高）。

（大）风一吹，（翠竹歪斜），（东倒西歪），（有的弯着腰，有的仰着脸，有的低着头）。

孩子们的激情彻底被点燃了，遣词造句，字斟句酌，越说越精彩，几个"（？）风"的推敲也是妙点频出，有孩子在填写风吹竹林的时候选了"暴风"，有的孩子就不乐意了，站出来开始反驳："暴风的力量肯定是无比巨大的，竹子一定会被吹断，所以风是大的，但没有达到暴的地步。"下面掌声一片，精彩。

练习中的一隅，语文中的深耕，再简单的内容，再熟悉不过的知识，教师也可以利用自己的智慧教出创意，教出浓浓的语文味。

古诗相遇故事　情趣共相生

教学一首古诗，"1+X"模式让教学变得有深度、有厚度，我们常用的方式是一首古诗链接相关类型的几首古诗，可以从作者入手，拓展同一个诗人的不同作品；可以从内容入手，延伸同题下的不同诗文；可以从情感链接，同样的情感有不同的呈现；可以进行格式比对，让理解更具有维度……

上周教学四年级语文上册第四课《古诗两首》，起初，我的构想还是传统套路，从内容延伸比对，强化厚积。《江南春》《春日偶成》都是与春天相关的古诗，前后勾连。二年级语文下册第四课《古诗两首》分别是《春雨》《咏柳》，春天的标志性景物在诗文中微妙尽显，学生在读读、悟悟中初步感知到了语言的美。五年级语文下册第五课《古诗两首》中的《游园不值》《宿新市徐公店》亦写到了春天的曼妙景色，但是在叙述的基础上多了一份理性与情怀。现在的四年级孩子对于小学必背的七十首古诗并不陌生，张口能对，同为"春之诗"，横向定位内容为"春"，纵向比对渗透的内涵循序渐进。

其实在整个小学生熟知的古诗文当中，《春日偶成》绝对是一个特例，因为作者程颢的诗作仅有一篇入选小学必背古诗，和李白、杜甫等大诗人相比，程颢就显得相当陌生，因此我拉出程颢的诗文系列，从作者入手进行拓展，以深度走近诗人。在百度可以搜索到程颢的代表性词作，和《春日偶成》一脉相承的是《夏》《秋》这两首：

夏

百叶盆榴照眼明，桐阴初密暑犹青。
深深重幕度香缕，寂寂高堂闻燕声。

秋

洗涤炎埃宿雨晴，井梧一叶报秋声。

气从缇室葭莩起,风向白蘋洲渚生。

但是这两首古诗并不是耳熟能详的经典诗篇,学生读起来很是费劲,这样的链接和补充方式就显得不合时宜,无法激发学生的兴趣,也不能助推课堂向深度拓展。

后来再细致研究程颢其人时我发现,有一些特定词组与他不无关联,比如"程门立雪""程朱学派",在教学中融入这些小故事有利于帮助学生认识作者,知情达意。

北宋进士杨时,为了丰富自己的学问,40多岁仍然立志求学,刻苦钻研,毅然放弃高官厚禄,跑到洛阳去拜程颐为师。他和朋友游酢一块儿到程家去拜见程颐,但是正遇上程老先生闭目养神,坐着假睡。这时候,外面开始下雪了。二人求师心切,便恭恭敬敬待立一旁,不言不动。如此等了大半天,程颐才慢慢睁开眼睛,见杨时、游酢站在面前,吃了一惊,说道:"啊,啊!你们两位还在这儿没走?"这时候,门外的雪已经积了一尺多厚了,而杨时和游酢并没有一丝疲倦和不耐烦的神情,而是恭敬受教,尊敬师长。现在,"程门立雪"用来比喻求学心切和对有学问长者的尊敬。

同学们,这个故事里程颐的哥哥就是程颢,他们兄弟俩都是宋代极有学问的人。刚开始的时候,杨时是先跑到河南颍昌拜程颢为师,虚心求教的;程颢去世后,杨时再去拜他的弟弟程颐为师,于是就有了"程门立雪"的故事了。

从这样的一个小故事切入,让程颢在学生熟知的故事中进入他们的视野,故事中对学问和老师的尊重也能激发学生的求知欲望。"程朱理学""北宋五子",故事总是有趣味,"朱"即"朱熹",他的名言"问渠哪得清如许?为有源头活水来"就张贴在咱们学校的雅园亭廊上,学生听我说后恍然大悟。"北宋五子"是程颢、程颐、张载、周敦颐、邵雍的合称。二程的洛学、周敦颐的濂学、张载的关学、王安石的新学、朱熹的闽学齐名,共同构成了宋代儒学的主流。周敦颐的《爱莲说》,张载的横渠四句"为天地立心,为生民立命,为往圣继绝学,为万世开太平",都是经典中的经典,广为流传,教师可以适当提点,以此激发学生的学习兴趣。最好的学习方式是在不经意间从耳熟能详的知识转接到新授的知识,悄然无痕，润物无声。

　　这样的古诗相遇故事的案例还有很多，既与作者相关，也与写作背景相关。比如笔者在教学《绝句》的环节中巧妙引入故事帮助学生体验情感，指向有感情地诵读诗文。

　　"看美丽的春景图，黄鹂翠柳枝头鸣唱，白鹭排队飞向蓝天，这样的美景怎能不让人心情愉悦，我们仿佛感受到了凭窗远眺的诗人愉悦的心情（板书：情深），诗人的心情为何如此愉悦？这里还有个小故事，同学们想听吗？"

　　"想！"

　　"公元755年，发生了历史上著名的'安史之乱'，战火连天，民不聊生，老百姓生活在水深火热当中，诗人杜甫也是流离失所，到处漂泊，直到安史之乱平定后，也就是创作这首诗歌之前，诗人才稳定下来，再看到这美景，杜甫此刻的心情是开心愉悦的。愉悦的诗人，快乐的学童，我们一起来诵读《绝句》，在朗读声中把这快乐愉悦的心情传递给在场的所有老师。"

　　再如笔者在教学《六月二十七日望湖楼醉书》一诗时，在第二次走近作者的环节中动情讲述苏轼的起伏人生，简明的话语，诗人坎坷挫折的一生，让孩子们的认识更深一层，理解更进一步。

　　"孩子们，一切景语皆情语，诗言志、歌咏言，这首诗中又蕴含着诗人怎样的情感呢？让我们再一次走近作者。"（投影资料）

　　"公元1057年，21岁的苏轼以一篇《刑赏忠厚之至论》高中进士，成为皇帝特别信任的文臣，官拜翰林学士、礼部尚书。后来因为反对宰相王安石变法，苏轼被贬到杭州做官，继而又数度被贬，密州、徐州、湖州，贬职的地方越来越远，越来越偏僻。后来苏轼又因'乌台诗案'坐牢103天，出狱后，被降职为黄州团练副使。61岁时，苏轼被放逐海南，据说这是仅比满门抄斩轻一等的处罚。"

　　"苏轼面对人生的坎坷波折并未消沉悲观，这些挫折对他来说不正是人生中的——"

　　"乌云和暴雨。"

　　"但是，席地而来的狂风将他心头的黑云、白雨吹散。望湖楼下水天一色，一片明亮，明亮的是西湖美景，明亮的更是苏轼的——"

"心。"

古诗言简意赅,但内涵丰厚,对于流传千年的文学瑰宝,我们需要多样的打开方式,让诗文的精神血脉渗透到孩子们的血液中。"1+X"古诗教学体系拓展与外延延伸的方式需要不断充实完善,学一首诗,知二三人,听几个故事,让古诗与故事融合,让精读诗文情与趣共生。

(此文发表于2018年2月腾讯网教育专刊)

《中国诗词大会》与语文教学

有人说再好的电视节目也只是个节目，吸引眼球、赚广告、创利润罢了，但是"一千个读者就有一千个哈姆雷特""横看成岭侧成峰，远近高低各不同"，不同的人，从不同的角度去看，结果迥然，在思辨中问题也能看得更透，解读更丰，心之所向，情之所至。

《中国诗词大会》第三季落下帷幕，外卖小哥雷海为摘得桂冠。《中国诗词大会》虽然只是一档电视节目，但从立意到编导再到最后的呈现都比较耐看、有味，文字、文化、文学，"文"的气息非常浓郁，节目中的一些创意亮点也让人兴趣盎然，这档节目对我们的语文教学也有一些启迪。

《中国诗词大会》是一档节目，其定位不是娱乐消闲，而是濡染导引，用央视的影响力推动全民学习中国传统文化，提升素养，在风向标的指引下，营造浓郁氛围，在国学中濡染浸润，冶性修心。我们的小学语文教学其实正是做着文化积淀的事儿，在儿童的心灵深处埋下中国传统文化的种子，在吟哦诵读中积蓄着文化的力量。孩子们都比较喜欢看电视，因为电视节目形式多样，趣味性浓，《中国诗词大会》的形式就是比赛，儿童天生就有上进心，如果我们的课堂教学中多一些趣味互动比赛，孩子们对语文学习的兴趣一定会更浓。当然，《中国诗词大会》的题库设置由低到高渐进递升，适合的收视群体丰富多样，正如我们的语文教学设计一样，目标的维度、梯度必不可少，教师必须以生为本，量体裁衣，在课堂上让每一个孩子都能有收获、有成长。

《中国诗词大会》的导演和编剧是我非常敬佩的人，创意无极限，智慧处处在。节目的初衷不用言说，由很多细节可见编导用心之深。当文化与情感相碰，一下子便能扎透观众的心灵。三期总决赛中的"情感牌"张张走心，南江县小女孩蔡双泽出镜，一番话语让每个观众的心为之一紧，留守儿童对亲情的渴望，生活中的孤寂与恐惧，让人潸然泪下，她仅仅是一个11岁的孩子啊，却承受着与年龄不匹配的生活重压！即使如此，在这样的窘境中她依然熟读诗文，好学上进，这正是时代需要的正能量啊。我旁边的儿子看得唏嘘感慨，他是身在福中不知福，但是知福有时需要教育的契机。珍惜父母陪伴，感恩亲情温馨，这个点的设计让两个层次的观众感慨受益：孩子惜福，青春加油；父母陪伴，酬勤示范。这样的设计对语文教学来说，就是教学环节的智慧设计了——在课程推进中，在恰当的时机点上，打一张"情感牌"，让教学的情感态度和价值观的熏陶无痕无声。

"飞花令"环节中的"思家"主题，何尝不具有应景时代的意味呢？"情感牌"用精心设计的主题统领整个"飞花令"环节，让零散的、不成系列的诗词变得有章可循。语文课堂教学亦需要"大问题"的统领，在核心主题的引领下条分缕析，才能精彩纷呈。

第三张"情感牌"，我想莫过于"外卖小哥""逆袭"所带来的震撼了。雷海为，80后小伙，送着外卖背唐诗，一路不显山露水，巅峰对决战胜北大才子彭敏，捧得冠军奖杯，不带光环的普通人冠绝群雄，这是一个多么励志的案例啊！雷海为逆袭夺冠，一方面固然是因为他深厚的诗词功底，另一方面，他超强的心理素质功不可没，雷海为赢在了心态上，赢在了细节上。彭敏和雷海为对战的前面三题是看图说诗，由图画联想诗歌。第三题，评委才画了一个屋檐和一扇窗户，雷海为就按铃说出了这个是李商隐《夜雨寄北》中的两句："何当共剪西窗烛，却话巴山夜雨时。"他刚语毕，评委就诧异地说："你怎么那么厉害，我就画了个窗户画了个屋檐，你怎么知道就是这首诗？"雷海为回答说："因为你窗户画在了西边……"此语一出，评委都感叹了："我自己都没有意识到原来是这个细节。"彭敏的节奏被彻底打乱，心性大乱，最终丢掉冠军。心态的沉稳，细节的把握，是品性，更是一种素养，在我们的课堂教学中，不管是教师还是学生都极其需要。教者宅心仁厚，学生谦卑坚韧，在淡定的教与学中既帮助学生成长，也成就教师的教学。语文教学中的细节把握更是比比皆是，如思考的细节，言语表达的细节，作业规范的细节，等等，细节决定质量，细节决定成败。

看图猜诗歌，这样一种设计的方式让我获益匪浅。记得去年参加省、市的优质课评比，我一路过关斩将，获得省特等奖，课前智慧的"暖场"，其创意源点就是《中国诗词大会》。《中国诗词大会》第二季总冠军武亦姝，符合中国传统的才女的要求，成为全民偶像，孩子们都对她有所知晓，教师点燃学生的古诗学习兴趣只需要一座桥梁，从熟悉崇拜的偶像入手渗透"诗画"内涵，指向古诗文教学的能力训练点，一切都水到渠成。我在《六月二十七日望湖楼醉书》的暖场谈话中这样设计："老师为大家带来这样一个人（投影图片），她叫——（武亦姝），她是——（《中国诗词大会》的冠军），她——（武亦姝是才女，你也是！）让我们和武亦姝一起重温《中国诗词大会》！请看题目，这是一道'图片线索题'，每行五个字，第二行的最后是'去'（学生猜出来，老师表扬：你有一双善于观察发现的眼睛；学生猜不出来，老师就知道你们猜不出来，老师已经准备好答案）。"为什么中央电视台给出一幅画，让你猜一首诗呢？学生恍然大悟：诗中有画，画中有诗，诗是无形画，画是有形诗，诗和画巧妙融合在一起。这样的谈话设计既基于古诗教学的激发兴趣，更指向本节课古诗课堂教学中"读诗如画"的教学环节，看似漫不经心的谈话为下面的课堂教学做了铺垫，在教学中说到"读诗如画"时水到渠成，不突兀。这样的教学设计效果甚佳，孩子们情绪高涨，思维处于兴奋状态，学习的质量自然就高，课堂中不可预设的精彩源头即始于此。《中国诗词大会》"图片线索题"（看图说诗）让语文教学的"形"与"意"、"思"与"想"曼妙相连。

　　《中国诗词大会》是文学的大餐，更是语言表述的范本。每一位选手的比赛宣言，退场时的临别心声，四位专家的相机点评、讲解、拓展，主持人的即兴主持，都让我们感受到他们学识的精湛和语言的魅力。主持人赞许雷海为："我觉得你所有在日晒雨淋、风吹雨打当中的奔波和辛苦，你所有偷偷地躲在那书店里背下的诗句，在这一刻都绽放出了格外夺目的光芒。"即兴点评从来都是语文教师的基本功，课堂上总会出现不可预设的状况，再细密的预设也无法预测到每个学生的思维呈现结果，当精彩的回答出现时需要老师艺术的赞赏和肯定，当学生的回答游离于主题之外的时候，需要老师巧妙机智的点引，这一切的语言表达决定着课堂的高效与否，而这一切又都不可预设。教师只有潜心修炼语言，积极训练语言，方能在课堂上用语言影响语言，用语言教授语文。我们可以发现整个《中国诗词大会》中所有的有声语言都是那样的流畅自然，或激情澎湃，或委婉动人，或诗情画意，或巧妙点引，几乎没有断片、卡壳、长停顿、言辞的反复和无效的口头语。课堂上我天天和孩子们讲，我的课堂表达中没有这七个大字——"嗯""就是""那个""然后"，我竭力避免，学生有心表达，慢慢地，自己的语言也变得干净洗练，进而变得合理而又智慧。

节目的"观看"与语文的"观课"就是这样的浑然相通，《中国诗词大会》是节目也是语文课，丰富的诗词储备，新颖有趣的比赛模式，主持人的智慧点评，创意设计中的主题整合，"情感牌"的适时穿插，专家的即兴点解，让一档节目走了心，化了情……

《所见》之我见

《所见》这首精短的古诗，是苏教版五年级语文上册第三课《古诗两首》中的第二首，第一首是《寻隐者不遇》，视角归属儿童意象分类中的"学童"，教科书编者把这两首古诗放在一起，意图非常明显，那就是在横向比对中感受儿童形象的异同。这里姑且不谈《寻隐者不遇》，重点聊聊《所见》一诗。

小学课本中描写儿童的古诗不少，数一数应有十几首之多，但是描写"牧童"或者是含有"牧童"意象的古诗不过两首，一首是杜牧的《清明》，其中的名句为"借问酒家何处有，牧童遥指杏花村"，另一首就是《所见》。对于描写儿童的古诗，如果我们囫囵吞枣、含糊其词地教授，难免少了一些深度的思考。在古代，家庭出身不同，生活的区域不同，儿童的属性也就不同，有为小主人读书服务的"书童"，有跟随师傅学习手艺的"学童"，有出卖苦力的未成年家仆"家童"，有放牧的孩童"牧童"，有久居乡村的"村童"，等等，类型众多，形象更是千差万别，如果不加细分混为一谈，眉毛胡子一把抓，最后的结果自然只能停留在对儿童的浅认识层面，知儿童而不知童之细分内涵，对古诗文中的意象认识含糊混乱。

《所见》，在于"见"字的解读与延伸，眼见、听见、心见，换一种通俗的说法即所见、所闻、所想，这样的诗文脉络清晰明畅。这是一首叙事诗，诗人袁枚调动自己的多种感觉器官，在牧童的天真活泼中抒发着自己对田园生活的向往和喜爱。

《所见》一诗，公开教学过的人很多，仁者见仁，智者见智，但是展开教学的标准是相同的，即《语文课程标准》第三学段中对古诗教学的要求："阅读诗歌，大体把握诗意，想象诗歌描述的情境，体会作品的情感。""诵读优秀诗文，注意通过语调、韵律、节奏等体味作品的内容和情感。"在课标的引领之下，在古诗教学的共性之中，不同的古诗教学的侧重点、训练点在哪？这是每一位教师都必须用心研磨、量体裁制的。"阅读课文"中的古诗文属于精读课文，它们的教学定然迥异于"练习"中的诗文，这也就是王荣生教授眼中的"定篇"，是传统经典篇章，需要细细地品味，在品味的基础上，学会举一反三，让课堂的内涵更丰富，从一个点到一个面，逐层推进。

根据教材文本的定位，深入学习和感知"牧童"这一意象。"象"是浅层的，人人可见，"意"是深层次的，有悟才能得。"牧童"这一意象是古诗词中的经典形象之一，"牧童"诗文的教学理当追根寻源，理出"牧童"的意象与寓意。对小学四、五年级的学生谈牧童，是让孩子们在脑海中准确定位牧童的形象，牧童是一类人物，不是一个具体的人物，他们广泛存在于古诗文当中。

诗题"所见"的解读别有洞天。"所见"，所看见的，这是我们大家的共识，"见"即"看""望"的意思，那如果我们宕开一笔，用"所看""所望"为题，可否？大家都会觉得不可，为什么不可？在《文选》《艺文类聚》中，陶渊明的名句"采菊东篱下，悠然见南山"作"采菊东篱下，悠然望南山"，"见"与"望"差异甚远，《东坡题跋》对这个"望"字严加批判曰："神气索然矣。""见南山"是无意的，暗示着诗人悠然、自由的心态。"望南山"就差一点，因为"望"字隐含着主体寻觅的动机。陶诗的特点，随意自如，有了目的，就不潇洒、不自由了。其实袁枚的诗文风格也是如此"清新自然"，其为人的"坦白率真"，也决定着这里的"见"是无意之所见，并不是为了看牧童而看，也不是为了写牧童而看，"见"字的随心不正凸显着诗人的心性吗？

"所见"之"见"字的率真、自然，暗示着我们，诗人不寻牧童而见，那更为贴切合理的意境为"闻歌声"而"见牧童"，即诗歌顺序为"歌声振林樾，牧童骑黄牛"。循声而看，清脆嘹亮的歌声引起了诗人的注意，转而见一牧童骑着黄牛悠然而来，歌声悠悠。"所见""所闻"何尝不是一种匠心独运的倒装呢？后两句倒装依旧，应是"忽然闭口立，意欲捕鸣蝉"，诗人先见牧童"闭口""立"，然后才猜想出"意欲捕鸣蝉"，合理于此，但是古诗之精妙往往就在"巧变"，变"常理"为"陌生"，在荡击思维中赢得对诗文的深层次斟酌，这也是叙事类古诗的常用技法之一。古人云："诗有别趣，非关理也。"正是言说此类。

"牧童骑黄牛，歌声振林樾。"牧童悠然自得地骑在黄牛背上，他唱着牧歌，嘹亮的歌声在树林中回荡。"骑黄牛"表现了牧童悠闲自在的神态，"歌声"则表达了牧童愉快的心情。声色俱备，情景交融，勾画出了一幅色彩鲜明的"牧童行歌图"。"牧童骑黄牛"重点在"骑"，如"跨骑""横骑""坐骑""倒骑""躺骑""趴骑"等，骑牛的方式多样，但是哪一种是诗人所见的骑牛方式呢？我想只要是悠闲的、快乐的，能唱出欢快歌声的，都是合理的方式，这里的拓展想象可以变得丰富，如牧童的穿着，牧童的神情，牧童的动作，老牛的甩尾，等等。别林斯基说过："在诗中，想象是主要的活动力量，创造过程只有通过想象才能完成。"这里也涉及诗文插图的问题，慎用插图！这首古诗并不是"题画诗"，即使是题画诗，流传多年后也是模糊难辨，更何况是为了解诗而配的图画呢？用个人的解读替代、封死了大多数读者的理解和想象，想想也是挺可怕的。归于本真，从文字当中发现秘密，在文字中开启想象，一千个读者就有一千个哈姆雷特，这就是经典作品的魅力。

"歌声振林樾"有三个词组，"歌声""振""林樾"，牧童的"歌声"在"林樾"中"回荡"，诗人浓墨重绘"所闻"，歌声的嘹亮清脆，让活泼的牧童形象跃然纸上。歌声的回荡中定然应和着蝉儿的鸣叫声，在声声呼应中，在此起彼伏的交织中，共奏出一曲田园交响乐。

"意欲捕鸣蝉，忽然闭口立。"牛儿悠然走，牧童神气行，歌声自由响，鸣蝉呼应之，忽然牧童停止了唱歌，一声不响地站在树下，盯住鸣蝉——原来是想捕捉树上鸣叫的蝉儿了。"意欲捕鸣蝉"不是写诗人所见，而是诗人对牧童心思的推想，"所想"承应"所见""所闻"，文脉清晰，直观可感。

在"骑牛行""歌唱亮""欲捕蝉"的三部曲中，牧童天真、活泼的样子栩栩如生，读者读着会心微笑，可爱的孩子背后有一位可爱的诗人，"真性情""坦白率真"的袁枚不正是诗中的"牧童"吗？漫步田园，悠然自得，从容自然，这正是诗人向往的生活啊。

纵观全诗，平白如话，叙事清晰，在远近间转换着视角，在动静中谱写着华章，在虚实间丰实着诗的内涵，在补白想象中让牧童的形象立体化，补想牧童的神态、动作、歌声、鸣蝉，这一切都可以为丰富牧童的形象服务，但是如果把想象的重点设在牧童怎么捕蝉、是否捕到蝉上，就有游离文本之嫌了。

（此文发表于2019年10月《语文教学与研究》）

蝉课说蝉，蝉有道！

上一课《金蝉脱壳》，说一通蝉话，悟一番蝉道。

蝉儿，来得正好！

今天和孩子们一起学习《金蝉脱壳》，抓住文章重点段落"蝉脱壳过程"细细讲解"神奇有趣"，就在我讲得唾沫横飞、口干舌燥，自以为精彩之际，回头一看，孩子们似懂非懂，眼神迷离茫然：完蛋了，我的形象生动的阐释让孩子们迷糊了，他们已经找不着"金蝉脱壳"的北了！

"同学们，其实要是有一只真正的蝉，老师就不用讲得这么辛苦了，一看便知。我们小的时候抓过许多的蝉，蝉的样子——"

"老师，喆这边有只蝉呢！"

"太好了，这只蝉，来得正好！"

喆笑眯眯地把一只蝉的标本送到讲台，我打开实物展示台，蝉的真面貌一目了然，隆起的背部，厚硬的外壳，薄薄的蝉翼，真是妙极了！孩子们的积极性一下子就来了，都想冲过来用手摸一摸，毕竟城里的孩子很少触摸过真蝉啊。拿着这只标本蝉，讲解起来感觉得心应手多了，五彩的蝉翼，弯曲的前爪，很是直观，可是这是一只成熟的蝉啊，外形结构没问题，但是和"脱壳"还是有点距离的。

"同学们，真正的蝉就是这样，蝉壳的样子、颜色却大不相同。"

"老师，喆这边还有一只壳呢！"

好家伙，不止一只蝉，还有一只蝉壳！那可是一件易碎品啊！

轻轻地接过蝉壳，投影出来，黄色、松脆、轻薄，背上的一道裂缝见证了蝉的蜕变。多么来之不易的一只蝉壳！城市里寻找不易，保存下来更不易，何况现在的季节蝉儿已经销声匿迹了呢！心里陡然间升腾起一份感动，多么心思细密的孩子啊，对生物世界充满了好奇，才有了今天课堂的抓手。

有了蝉，有了壳，这一课顺风顺水，孩子们见证了金蝉脱壳的神奇，感受到了金蝉脱壳的有趣，在兴味盎然里明白了生物学上的这一奇迹。

蝉儿，来得正好，课堂时间有余，再来唠叨唠叨蝉的一生吧——

蝉理，不说不明

"金蝉脱壳"只是蝉一生中蜕变的辉煌瞬间，其实蝉的一生不易。

蝉的幼虫一直在土中生活，经受着茫茫无边的黑暗，默默地忍受着，静静地等待着，等待着那蜕变的一刻，等待着那重见光明的一刻，等待着在枝头放声歌唱的一刻，这一等至少几年，要经历近千个日日夜夜的黑暗。等到幼虫将要羽化时，于黄昏及夜间钻出土表，爬到树上，然后抓紧树皮，蜕皮羽化，这就是文章所写的"金蝉脱壳"。整个过程需要一个小时左右，在这一个小时里蝉儿脆弱无比，无依无靠，任何的天敌都可以轻而易举地伤害它，所以为什么选择枝繁叶茂的树木就有了最合理的解释。为了蜕变，为了光明，为了歌唱，蝉儿经受着黑暗的煎熬和危险的折磨。

可是谁又曾想到蝉儿嘹亮的歌声，期待的光明却只有短短数月，一个夏季的光景，蝉儿就会走到生命的尽头，等待何其漫长，辉煌却如此短暂。人生又何尝不是如此呢？为梦想出发，为理想前行，在奋进的路上欣赏沿途美丽的风景，一路花香一路歌，求结果辉煌，但更要走精彩人生路。

蝉道，心灵放歌

唐代诗人虞世南观蝉顿悟："垂緌饮清露，流响出疏桐。居高声自远，非是藉秋风。"蝉之品性高出一格，引发今人太多遐思。

"蝉"即"禅"，又名"知了"，是一种神奇的昆虫，象征着纯洁、清高、通灵。蝉在古人的生活当中是一种不可或缺的物品，被人们推崇着。由于蝉多栖息在高大的树木枝头，只吃露水、树汁而不食人间烟火，所以人们用其来比喻品性高洁。

这既是睿思更是顿悟，"知了——知了"，知晓人间百态，明白世事沧桑,知人知面亦知心。蝉儿枝头长放歌,孩子心灵美歌唱,唱出人间神曲——探求科学重积累,心为他人不为利!喆,蝉课中让我从这个孩子身上看到了人性的光辉,他心思细密,温文和善。我一介师者,不敢以伯乐居之,但在蝉课中我真的发现了那颗探求昆虫世界的美好心灵,发现了那个默默为他人奉献着的孩子——喆。温情呵护这颗心、这个天使吧,也许他又是一个"法布尔",在蝉课中"脱壳"而生,这不正是为师者的"蝉之道"吗?

也许,蝉之道可以悟得更深远,教育需要像蝉儿一样脱壳羽化,长出飞翔的翅膀,唱出美丽的歌谣;教师需要脱壳羽化,跳出应试的束缚,教出全面发展的弟子;孩子需要脱壳羽化,徜徉于知识的海洋,绘画出幸福温馨的童年……

(此文发表于 2013 年 11 月《基础教育论坛》)

春风拂燕　子学须研
——《燕子》一课的教与思

"生如夏花之绚烂，死如秋叶之静美。"这句经典的诗句，大家再熟悉不过了，都知道它是泰戈尔《飞鸟集》中的名句。但是泰戈尔是一位外国作家，《飞鸟集》是一部外国作品，是谁让它散发出浓郁的中国语言的魅力？是他，郑振铎，中国著名的翻译家。20世纪20年代初，郑振铎用巧妙的手法和诗一般的心绪翻译了《飞鸟集》，使得泰戈尔的名字为中国读者所熟知，其诗歌亦风靡中国。《飞鸟集》带给我们的自由与浪漫，到今天依旧令人心动。郑振铎，这位语言的大师不仅是翻译家，更是一位著名的作家。

"燕子归来寻旧垒。"伶俐可爱的小燕子，赶来加入隽妙无比的春景图画，郑振铎用最美的文字记录了下来，这就是经典篇章《海燕》。苏教版四年级语文下册《燕子》一文就节选自郑振铎的《海燕》。

读罢原文，你会发现其实原文更多的是状物抒情，是作者对故乡的深深思念，乡愁于燕子的意象中渐趋渐浓。但是文章经过教科书编者的改编后，编放在了苏教版四年级语文下册第一单元，其用意何为？《走，我们去植树》《第一朵杏花》《燕子》《古诗两首（〈江南春〉〈春日偶成〉）》这样几篇文章放在一起，指向非常明确：惜春！

春之植树节，春之杏花开，春之燕归来，春之诗中景。现代诗、记叙文、散文、古诗，样式齐全，类型多样，在同一主题的观照下，它们有着各自的教学价值和意义。就《燕子》一文而言，学生在这样文质兼美的散文里，首先习得介绍小动物的方法，即围绕事物的特点，选取代表性的方面进行介绍。《燕子》一文中燕子的特点是"活泼机灵"，"外形""飞行""休息"三个层次指向这个特点。外形又细分为三个部分，"乌黑光亮的羽毛""俊俏轻快的翅膀""剪刀似的尾巴"，三方面的外形描述语言虽然简单，但是指向非常明确："乌黑光亮"——光滑整洁惹人喜欢，

"俊俏轻快"——漂亮灵巧尽显活泼,"剪刀似的"——形象可人更机灵,句子简单,目标明确,更为重要的是具有典型性。为什么不写燕子的头、嘴、爪?羽毛的乌黑光亮是视觉的第一感,顺滑更是暗示着飞行速度之快。翅膀的美感是鸟类的标志之一,飞翔需要这对俊俏的翅膀。尾巴的作用更是无须多言,平衡及对方向的掌控不可或缺。对于快速飞行的鸟类来说,"羽毛""翅膀""尾巴"的意义深远,至此,选取燕子的这三个方面来写其外形,原因一目了然。

一个外形的细化便是如此。燕子整体值得介绍和描写的方面有很多,编者整合时为什么只选取"外形""飞行""休息"这三方面?我想,识其"形"当为先,"飞"是燕子的主要特点,也是生活中我们匆匆一瞥的掠影。动静相生,"休息"时候的静态样子更是给人无限的想象,"蓝天"为背景,"电线杆"成了五线谱,休息或偶尔跳动的"燕子"成了欢快的音符,在二三月生机盎然的春天谱出了最美的春之旋律。

燕子的灵性在文章中也被刻画得淋漓尽致。"掠"的使用是那样的轻盈,"掠过湖面""掠过天空",活泼机灵不言而喻。"小燕子从南方赶来""增添生趣",让燕子兼具人性,"赶"的心情急切,燕子的到来让春景的静止画面平添几分灵动:生趣盎然的春,生趣盎然的文。

燕子赶来了,点化着烂漫无比的春天,所以教学《燕子》仅仅停留在知晓介绍燕子的方法显然是不够的。春天的大背景让燕子特点鲜明,情境中的生物因境而美,有关春境的描写定然是教学的核心之一,正如"课后练习"最后一题中的训练指向一样——抓住细节,恰当使用动词,在词句的品析中习得遣词造句、绘景自然的方法。

"作者抓住哪几种自然景物来描写这烂漫无比的春天?请用一个字来概括。"

学生很快发现了答案:风、雨、柳、叶、草、芽、花。

"其实这些自然景物都有着鲜明的特点,你能在每一个景物的前面添加一个体现它特点的字吗?"

"微风、细雨、柔柳、嫩叶、青草、绿芽。"

"什么花?"我追问。

"各花。"

"没有这个词,再想想。"

"色花。"

"也不对。"

"鲜花。"

"这个可以。"

"艳花。"

"太过于艳丽,和春天的烂漫不搭。"

"为什么用'鲜'字来形容花比较恰当?"

学生众说纷纭,有些说法很有意思:"鲜,是刚刚开放,新鲜让人觉得美丽。""鲜;指颜色美丽,说明花的颜色多而美。"

"再来,再填一个字描绘出景物的动态,比如'微风吹(微风拂)'。"

孩子们立即像炸开了锅,答案层出不穷。

"细雨洒。"

"细雨落。"

"细雨飘。"

"柔柳展,嫩叶开。"

"青草长,绿芽鼓。"

特别是"青草长",学生记起早读课《12岁以前的语文》中《归园田居(其三)》里的"道狭草木长",活学活用,精彩。

"绿芽鼓"的"鼓"字,来源于《第一朵杏花》:"春风吹绿了柳梢,吹青了小草,吹皱了河水,吹鼓了杏树的花苞。"教学时带领孩子们品味这些动词的精妙,果然,下一课孩子们就能活学活用了。

从概括出景物的一个字,到体现特点的一个词,再到体现动态的一个短语,从概括凝练,到指向特点的扩词补充,动态展现,教师引导学生在收与放的方寸间研析语言,增强语感。"鲜花"的拟定里有着推敲与辨析的味道:"青草长,绿芽鼓。"在活用中前后勾连,学以致用,妙哉!

文字的魅力就在于用清新亮丽的文字绘出烂漫的景色,语文学习的魅力就是在遣词造句中、在反复推敲里丰润自己的语感。

当然,这篇文章中的数量词使用也是值得探究的,如"一身""一圈""一声""一下""一支""几痕"等。不同的内容衔接,需要精准而丰富的量词搭配,教师在随文教学的过程中引导学生渐进渐学,也可以在学生发现一个数量词的情况下抛出拉线，找寻文中用得精妙的量词，比较，议学，顿悟即可。

"旧时王谢堂前燕，飞入寻常百姓家。"燕子的归来是百姓感春的方式，它们是春的使者，"燕子归来寻旧垒"，燕子的恋旧情结，最容易触碰到文人墨客内心深处最柔软的地方：思念与乡愁。"小燕子在海面上斜掠着，浮憩着。它们果是我们故乡的小燕子么？啊，乡愁呀，如轻烟似的乡愁呀！"郑振铎先生的《燕子》里更多的是情怀，教师利用课后时间让孩子们去读一读、悟一悟，孩子们对写景散文内蕴的理解便会更深一层。

一篇《燕子》，文质兼美，学点纷纭，得写物之法，品言语之妙，固本培元重基础、升素养，一切语文教学的源头，请以生为本，依学情而定。

凡尘中的俗名，情囊里的睿智！

苏教版四年级语文下册有一篇非常经典的课文《番茄太阳》，很多特级名师都执教过这篇课文，文中写到了一个5岁的盲童——"明明"，一个天真可人的小女孩，她乐观豁达，有着天使般迷人的微笑，有着善良而纯净的心灵。对于本文中的人物形象、文章内涵、文章特色等，每个老师都有自己的见解，许多有深度的文章阐释了教师的个性解读和不同的教学理念，各有特色，各有千秋。我在教学本文时，和孩子们读读悟悟、说说议议，一节课在孩子们心灵漾起的温热感动中走了下来，在课文快要结束的时候，猛一抬头，板书上"盲童明明"四个字让我心头一震："明明"这个名字仅仅是一个代号？是作者精心酝酿的，还是来自现实的人物名？"明明"也许自有深意？

"盲童"的"盲"和"明明"的"明"词意相反，对比鲜明，反差特别大，两个字眼靠在一起时给人强烈的视觉冲击，让人为之震撼。一个盲人的名字是"明明"，有没有一些深层次的寓意和内蕴呢？其实在文学作品中，给文中人物的名字赋予内蕴的不在少数。中学课文《愚公移山》中的两个人物"愚公"和"智叟"的命名堪称典范。愚公不愚，智叟不智，两个人物的名字被作者寄予了太多的含义，反差大，对比鲜明，一个高尚，一个平庸，作者在命名时还特意将两个人物加以颠倒，愚公大智大勇却被命名为"愚"，智叟鼠目寸光却被命名为"智"，反语加对比让这两个世俗而又经典的人物形象跃然纸上。作者对愚公身上秉持的执着和持之以恒的精神表示了高度的认可，对智叟的嘲讽之意溢于言表，作者情囊中的睿思等诸多内蕴在两个简简单单的名字中一览无余。

"明明"在文中会不会也有着深刻的寓意呢？

想起平时教那帮孩子造句啊，写作文啊，他们总是给你整出一些老掉牙的人物名字来，什么"小明"啊，"小华"啊，"小军"啊，俗得掉渣！其实平时教学过程中遇到叫孩子们给习作中的人物起名字时，我还是会结合班级里孩子的名字来点拨一二，比如有着深意的"伟豪""逸凡"等，但是一到运用，孩子们还是我行我素，老一套的陈芝麻烂谷子又来了。

我灵机一动：结合文章中的"明明"，可以再把"起名字，有内涵"的理念强化一下，给他们知识储备库中的"起名字"一格敲上一个深深的烙印。

"同学们，看看黑板上的'明明'，你觉得这仅仅是一个简单的名字吗？名字的背后会不会有什么更深的含义呢？"我指着黑板上的"盲童明明"四个字问。

孩子们没有想到在课文临近结束时我会来这么一问，他们来了热情，你一言、我一语地议论开了。

"我觉得作者希望文中的明明能见到光明，所以给她起名叫'明明'！"

"我认为文中的明明虽然双目失明，但是她的心里是光明的！"

"明明是一个聪明的孩子，她能听出'我'是用拐杖走路的，我想作者起的名字里包含着聪明的意思在里面吧。"

"明明的心灵纯洁明净，她那咯咯的笑声就能让人感受到她的纯真，她明白人间的真爱，好心人给她捐献眼角膜，她要把自己的双腿献给'我'。"

"'明明'是光明的象征，是爱的阳光，让'我'灰暗的心变得明朗起来！"

"'明明'就是一份期待，期待文中的明明明天就能看到光明。"

…………

孩子们你一言、我一语地说着，看似随性的回答却让我异常欣喜，这样的讨论已经不再仅仅局限在"起名字，有内涵"的范畴，虽是通过言语交流来进行，却是深层次的智慧碰撞，潜移默化里、无式无形中已加深了对文章的理解。这一切的一，仅始于一个简单的人物名字，可谁能想到，一个人物的名字探究居然可以触及这个人物的灵魂，可以洞悉作者的内心世界和匠心独运的精妙构思，甚至可以透视出整个文章的思想内涵！

名字是一个符号，一个既简单又普通的符号，凡尘俗世中满眼皆是，但是我们可以赋予它更多的思想和内涵，让人物的名字存活在文章的主题里，让文章中的人名闪烁着智慧的光芒，凸显着作者更多的情怀。正如盲童"明明"眼虽失明,心却明亮,"明明"就是一份心底的纯洁明净,"明明"就是作者卫宣利心中最真诚的希冀,"明明"就是父母期望孩子重见光明的美好愿望……

名字,取自凡尘,不一定都响亮,但有了情感、有了深意的名字定会让人回味,让人难忘。

(此文发表于2013年9月《语文教学研究》)

短文长教,呈现立体感王勃

——苏教版三年级语文下册《少年王勃》文本解读

《少年王勃》是苏教版三年级语文下册中的一篇课文,文章篇幅短小精悍,只有区区两百多字,是实至名归的"短文"。一篇简短的课文究竟会告诉我们什么?怎样才能让学生学有收获?文字仅仅是文字,说白了就是一张纸和两百多个字的组合,文章很短,也很"薄",但是我们丰富的教学思想,创造性的教学手法,独特的文本"补白",却能让"薄文"变得"长而厚实"。本册教材第三单元都是写人的文章,编者的意图十分明显,那就是通过对此类文本的集中学习,让孩子们初步认识写人文章,在学习作品的过程中感受人物形象。《语文课程标准》明确指出第二学段阅读的学习目标是:"初步感受作品中生动的形象和优美的语言,关心作品中人物的命运和喜怒哀乐";"能初步把握文章的主要内容,体会文章表达的思想感情"。因此在教学《少年王勃》时,教师务必引导孩子把文章读"厚"、读"实"。结合自己的教学实践,我想在学完课文后能让每个孩子的脑海中呈现出"立体王勃"的概念,即知晓王勃其人,明白王勃其事,品味王勃其文,感悟王勃其法。下面我就从这几个角度谈谈自己对文本的一些看法。

一、借助资料,知晓王勃其人,人物立雏形

文章不长,只有两百多字,因而不可能塑造出一个完整的人物形象,或者说不可能把人物介绍得非常透彻、具体。"某年某月的某一天,王勃去远方何处探望父亲……"这一系列的文本空白等着学生去思索。学生的脑海中一片空白,怎能知晓王勃是何方神圣?这时"知人"就变得尤为重要,教师可以通过对王勃生平经历的介绍,让王勃变得丰满,变得有血有肉。

王勃何许人也？王勃，字子安，绛州龙门（今山西河津）人，"初唐四杰"之首。王勃为隋末大儒王通的孙子，王勃之父曾出任太常博士、六合县令、齐州长史等职，可知王勃生长于书香之家。王勃自幼聪慧好学，为时人所公认。《旧唐书》本传谓王勃："六岁解属文，构思无滞，词情英迈，与兄勔、勮才藻相类。父友杜易简常称之曰：'此王氏三珠树也。'"又有杨炯《王勃集序》说："九岁读颜氏《汉书》，撰《指瑕》十卷。十岁包综六经，成乎期月，悬然天得，自符音训。时师百年之学，旬日兼之，昔人千载之机，立谈可见。"太常伯刘公称王勃为神童。王勃14岁时被授予朝散郎之职，真是英雄出少年。王勃在初唐诗坛是一位非常有才华的诗人，他只活了27岁，令人痛惜。

　　王勃诗文俱佳，不愧为"初唐四杰"之首，他在扭转齐梁余风、开创唐诗上功劳尤大，为后世留下了一些不朽名篇。他的五言律诗《送杜少府之任蜀州》是中国诗歌史上的杰作，久为人们所传诵，"海内存知己，天涯若比邻"已成为千古名句，至今常被人们引用。而王勃最为人所称道、千百年来被传为佳话的，是他在滕王阁即席赋《滕王阁序》。

　　通过对王勃生平经历的介绍，王勃聪慧博学、才华出众的形象已经初步形成，这也正诠释了"少年王勃"这个题目中"少年"的缘由，"少年"是因王勃年少成名，才华出众，被誉为"神童"。"神童"在本文中又神在何处？这个问题激发了学生阅读文本、探究王勃的兴趣。更何况还有精彩的故事吸引着孩子们的注意力，那就是"王勃最为人所称道、千百年来被传为佳话的，是他在滕王阁即席所赋《滕王阁序》"。

二、穿插故事，明白王勃其事，人物形象化

　　王勃的形象在孩子们的脑海中已经初具雏形，《少年王勃》一文中所写王勃何事急需辨明。文章简短，内容简单，五个自然段讲述完整故事：王勃探父，路过南昌，被邀参宴；都督求客著文，众客无人答应；王勃创作美文，被称"奇才"；《滕王阁序》成为千古名文。

　　然而由于文章短小精练，表情达意难以面面俱到，因此文章中有很多的"真空地带"，"都督要求客人写一篇庆贺文章，在座的你看看我，我看看你，谁也不敢答应"。为什么在座的人你看我、我看你，谁都不敢答应？

"不敢"是因为什么？学生在面对文本时一定会有自己的思考和猜测，但是他们永远无法猜出背后的惊天隐情。原来，这就是一个"托"，一个"套"，都督的女婿孟学士早就写好了序文，就等着岳父一声令下，华丽登场，展现才华。在学生百般猜测、热议讨论后，教师点破天机，用故事娓娓道来。

上元二年（675）秋，王勃前往交趾看望父亲，路过南昌时，正赶上都督阎伯屿新修滕王阁成，重阳日在滕王阁大宴宾客。王勃前往拜见，阎都督早就听说他的名气，便请他也参加宴会。阎都督此次宴客，是为了向大家夸耀女婿孟学士的才学。他让女婿事先准备好一篇序文，在席间当作即兴所作书写给大家看。宴会上，阎都督让人拿出纸笔，假意请诸人为这次盛会作序。大家知道他的用意，所以都推辞不写，而王勃作为一个少年晚辈，竟不推辞，接过纸笔，当众挥笔而书。阎都督老大不高兴，拂衣而起，转入帐后，叫人去看王勃写些什么。听说王勃开首写"南昌故都，洪都新府"，都督便说："不过是老生常谈。"又闻"星分翼轸，地接衡庐"，便沉吟不语。等听到"落霞与孤鹜齐飞，秋水共长天一色"时，都督不得不叹服道："此真天才，当垂不朽！"这时，王勃走到都督面前，施礼说道："不才献丑了，万望都督赐教！"

阎伯屿高兴地说："贤君下笔如有神，字字珠玑，句句精彩，真乃当世奇才呀！"

孟学士见王勃文思敏捷、才华横溢，也自愧不如，羞愧地离去了。

阎伯屿马上召集宾客重新入座开宴。宾客们把王勃尊为上宾，纷纷举杯祝贺。阎都督更是对他倍加赞赏。宴会直延至深夜，极欢而罢。

从此，王勃和他的《滕王阁序》名震海内。

这样的"补白"恰到好处。众宾客纷纷退让，借说自己才疏学浅，原来事出有因，然而年少自信的王勃并不知晓幕后隐情，毅然挺身而出。是年少轻狂，恃才傲物？是不谙世事，迂腐不堪？还是为人忠诚厚道，诚实有加？这里的焦点涉及文本的价值取向。《少年王勃》一文向我们展现的是才华横溢、聪明过人的王勃，因此在"王勃为什么要站出来"这个问题上，更多的是倾向于王勃见众宾客无奈，自己斗胆解围，体现的正是王勃才华出众之外的另一面：为人忠实厚道。本文中有言为证："让我来试试吧！"少年王勃也是勉为其难，试试而已。"初唐四杰"，"王杨卢骆"，王勃位列第一，我想不仅仅是因为王勃的才华和造诣，也包含着王勃优秀、忠厚、洒脱的这一面。

文本叙事虽简明扼要，然而丰富的写作背景补充，却让故事变得更加曲折生动，学生读来兴趣盎然，原来不朽的惊世美文《滕王阁序》竟是一次"临场发挥"，一个意外之获。年轻的王勃，靠着自己的横溢才华，技惊四座，一战成名，学生对少年王勃的认识更进了一步。

三、诗文对照，品味王勃其文，人物精致化

课文中对王勃诗句的描写只有最经典的"落霞与孤鹜齐飞，秋水共长天一色"，作者在课文第三自然段也已经做了铺垫，王勃所见之景即是对诗句最好的诠释。"落霞与孤鹜齐飞，秋水共长天一色"一句，正如阎都督所说——"字字珠玑"。一幅"暮江秋色图"扑面而来，令人胸襟开阔，心旷神怡。

这是一幅意境深远的彩色图画，背景是碧水连天，天色、水色一样，是纯净的深蓝，绚丽的晚霞映红了天幕，并映照在碧绿的江水中，"半江瑟瑟半江红"，江渚之上，一只或几只灰白色的野鸭时翔时集，不知是沉醉于秋江晚景不愿栖息，还是顾影伤怀，别有期待。"落霞"，视角由上而下，"孤鹜"，自下而上，视野开阔。"秋水""长天"写静景，霞鹜齐飞写动景，动静结合，以动衬静，上句着重于目随景动，下句着重于心因景静，整个画面色彩协调、动静搭配，完美的"暮江秋色图"如在眼前，美不胜收。"落霞"不仅仅是对夕阳晚霞的简单勾勒，它还写出了动态的效果，一只孤独的大雁在晚霞中缓缓飞行，恐怕此景此情，在当时失意的心境下，王勃的感受更深；霞动，鹜飞，以水面作底色，鹜披红霞并肩飞，美从中来，一个"与"字，把两种事物巧妙结合，井然相扣。

秋天的水是宁静的，当"秋水共长天一色"之时，天上的画卷自然地映在水中，真所谓"天光云影共徘徊"。而且，在天上越高的景物，在水中的倒影就越深，从而构成了实景与虚景的对比。况且微风过处，秋水泛起涟漪，平滑如镜的水面上倒映着的景物会被荡开，依稀透出水下的景物如水草乃至鱼虾等，这和水面上的映象同样构成了一种虚实之美，秋之宁静，秋之壮美，秋之深远，跃然纸上。

工稳的对仗也堪称一绝。不仅上下句对仗严整，而且句内亦含对仗。

"落霞"对"孤鹜","秋水"对"长天",四个词都是偏正结构。除了句法的对偶外,音韵上也是平仄相对,上句是"仄平仄平仄平平",下句为"平仄平平平仄仄",音律铿锵,抑扬顿挫,富于乐感,极具诗意。小学生不必懂,也不必去接触这些诗文语法的常识,但是作为中国传统文化传播者的老师应该有所知晓。

年轻气盛的诗人王勃登楼作赋,放眼川原,秋景澄澈,秋意深浓,仕途坎坷而雄心未泯的他目极八方,思接千里,忘却了失意的苦楚,全身心融入江南秋景,思绪追逐着落霞孤鹜,淡入秋水长天之中,"神童""奇才"全部凝炼蕴含在此句中,难怪千百年来骚人墨客对此句推崇备至,此句也因此而流传至今,脍炙人口。

再看听众的反应,都督从听说到不悦到最后竟忍不住拍案叫绝:"奇才,真是奇才!"由此可见这一名句的非凡震撼力。"奇才"因何而来?"胸有成竹""文思如泉""笔走如飞"这些词语的运用也准确传神地写出了少年王勃的才思敏捷和卓绝学识。绝顶的名句,喷涌的才情,让王勃的形象深入人心。

四、回首全文,感悟王勃其法,人物立体化

一切的偶然当中存在着必然。王勃赴宴的机遇是偶然,但是王勃的成名却是必然,看看王勃的创作过程便知道这不是灵光乍现,而是智慧和知识的积淀在刹那间的释放。

王勃之所以能够写出千古传诵的佳句,除了因为他有着丰厚的文化积淀、扎实的文字功底以外,还因为他是一个善于观察生活、体验生活、探究生活的人。王勃看到江上迷人的秋景后,并没有像其他赴宴的人那样麻木而无知。迷人的江上秋景让王勃站在窗前久久凝望,这时迷人的秋景已形成了独特的意象,触动了王勃的思绪,让王勃产生了独特的联想和想象。观看秋景的过程成了王勃的审美需求,引起了王勃的审美注意。迷人的江上秋景激发了王勃美好的情感体验,余下的写作便成了他自由的表达,挥毫泼墨、一气呵成也就在情理之中,惊世骇俗之名句"落霞与孤鹜齐飞,秋水共长天一色"遂应运而生。

同样是在观看秋景,为什么王勃能写出千古传诵的佳句,其他人却不

能呢？我想，这应该得益于他善于细致入微的观察；得益于他的饱读诗书，有着丰厚的文学底蕴；得益于他把观察到的景物变成了自己生活的一部分；得益于他能融情于景，写出自己独特的感受。文中有句子为证："这时王勃正站在窗前，凝望着江上迷人的秋景……""王勃边看边想"。这些不正是王勃创作时的情景吗？我们面对天天见到的事物，如果缺乏观察，无法在事物中融入自己的感受，写作时就会像挤牙膏似的挤不出来，因为没观察，无联想，缺感情，胸无点墨则文章难成。

王勃写这篇文章的缘由，与当今的"考场作文"非常像。事实上，大多数学生也会考场作文，也能在二三十分钟内完成写作，但是缺少新意，缺少亮点。"考场作文"的"好文章"标准是什么？其实从这篇课文就可以看出来了——真实叙事，一句精彩足矣！

王勃创作有其法，《少年王勃》一文的写作也有其法，在读读品品中，在说说议议中，孩子们会有所领悟。

文中有值得思考和探究的符号。王勃站在滕王阁上看到的仅仅是文中第三自然段所描写的几句景色吗？句中的"……"价值无限，留给我们无边的想象空间，读者可以"补白"，可以想象，可以探究，可以……

还有值得一提的是，《少年王勃》课后那组"读一读，再抄写"的词语很有意思，"文章""宴会""庆贺""胸有成竹"，"才气""秋景""灿烂""文思如泉"，这些词语，其实可以启发学生怎么去写文章。三年级孩子的写作还处于初学阶段，对于他们来说，这是有点难的。我想，只要我们设计好，利用这篇文章，引导孩子们感受王勃的才学，引导孩子们勤学善观、善思勤写，孩子们的习作水平定能稳中有升。

纵观全文，回首学习流程，王勃已经栩栩如生地站立在我们面前，"立体感"的王勃已然呈现——才华横溢的"奇才"，聪明绝顶的"神童"！王勃"活"了，永远地活在了孩子们的心里！

特级教师王崧舟说过："语文是折射五千年中华文明的一滴水珠，应该从这滴水珠中，使学生体悟到中华文明的博大与精深，于己打好人生的底色，于国传承民族的精神。"短文长教，教师应挖掘丰富的教学资源，从多个维度引领学生，让课堂更灵动，让语文更厚实，让学生的底蕴更丰富。

（此文发表于2012年4月《苏州教育研究与实践》）

故事会里记历史，诵读品味悟内涵

——说说《卧薪尝胆》的教学

一、说教材文本：课标为纲，学情为本

《卧薪尝胆》是苏教版小学语文三年级上册第四单元第12课，课文是由蕴含着深刻道理的中国历史故事缩编而成的。课文叙述了春秋时期吴王夫差和越王勾践之间征战，勾践战败后无奈求和，和夫人一起去给吴王当奴仆，受尽三年屈辱，回国后卧薪尝胆二十年，使越国转弱为强，最后消灭了强大的吴国的故事。既然是故事，就要让学生学会讲故事，三年级的孩子正处在听故事、讲故事的年龄，孩子们也喜欢听故事、讲故事。《语文课程标准》的学段目标里也明确指出："能具体生动地讲述故事，努力用语言打动他人。"讲故事也是积累语言、内化语言、运用语言的重要手段。打开语文课本，课文后第一题就是"朗读课文，讲讲这个故事"。可见，编者也是用心良苦，遵循了儿童身心发展的规律。

《语文课程标准》第二学段"阅读"中提出："能联系上下文，理解词句的意思，体会课文中关键词句表达情意的作用。能借助字典、词典和生活积累，理解生词的意义。""能初步把握文章的主要内容，体会文章表达的思想感情。"其实这样的学习要求在《卧薪尝胆》一课中也有体现。课文后面的第四题是：结合课文说一说"卧薪尝胆"的意思。"卧薪尝胆"的意思应该从表、里两个角度加以理解："表"即从课文中找出字面意思；"里"即悟出文字背后的引申义——为了实现一个目标，忍辱负重、坚持不懈、发奋图强。

三年级孩子有了一定的知识储备和语言积淀，初步具备了独立阅读和理解的能力、搜集处理信息的能力和合作探究意识，形象思维占优势，且好奇心强，求知欲旺盛。《卧薪尝胆》一文故事脉络清晰，文字浅显易懂，

学生易于理解，教师基于教材特点、学生学情以及贯彻新课标理念的目标，在教学中培养学生的语言表达能力、对教材的概括能力和创造性的表达能力，在引导学生感受故事的深厚内涵中体现人文性。为此，我们可以这样拟定本课的教学目标：

1. 有感情地朗读课文，能结合文章内容说说"万般无奈""受尽屈辱""卧薪尝胆"等词语的意思。

2. 理清故事脉络，讲述故事内容。

3. 在学生读懂文章的基础上，明白"卧薪尝胆"这个成语现在的深刻内涵：形容人刻苦自励，发奋图强。

我把学习目标中的"理清故事脉络，讲述故事内容"作为教学重点，把"明白'卧薪尝胆'这个成语现在的深刻含义：形容人刻苦自励，发奋图强"作为教学的难点。

二、说教法学法：诵读感悟，得意得法

课文是一个历史故事，文字浅显易懂，学生易于理解，重点是引导学生反复朗读体会，在教学中，通过各种形式的朗读，如默读、指名读、男女生赛读、全班齐读、教师范读、配乐读等，让学生在充分的朗读中感受越王勾践所受的屈辱以及他时刻不忘报仇雪恨的坚定决心。

"卧薪尝胆"这个成语现在形容人刻苦自励，发奋图强。为了让学生很好地理解这个成语的确切含义，可以先让学生从课文中找出这个成语中每个字对应的意思，然后再让学生完整地说说这个成语的意思，这样从字到词的理解，符合学生认知和身心发展规律。对于"薪"这个字，可以引导学生仔细观察这个字的部首，让他们从形声字的特点出发，猜测这个字的意思，进而在课文中轻松地找到"薪"就是"柴草"的意思。实在不行，适时引导他们观察插图，便能一目了然。

本课教学，按照"以学生为主体，以朗读和讲故事为主线，以感悟内涵为主旨"的设计理念，主要采取情境教学、读中感悟等教学方法，使学生在主动积极的情感和思维活动中，加深理解和体验，培养语感，发展思维。设计这些方法的出发点是学生，是学生的心智水平，落脚点还是学生，是学生素养的形成和发展。目的是让学生在诵读实践和故事讲述中，

逐步提升自己的语言表达能力，在字斟句酌中领悟文章的深厚内涵。

三、说教学流程：循序渐进，突破重点

（一）理清脉络

在初读的基础上，对文章段意加以概括，力求做到语言简洁精练，既可以梳理出文章的脉络，又为下半程的复述、讲故事做好了铺垫，使学生在讲故事时有章可循。

初读课文后师生合作概括段意，力求语言精练，整理如下：
1. 吴越两国，都想征服对方。
2. 会稽战败，勾践无奈求和。
3. 来到吴国，夫妇受尽屈辱。
4. 不忘耻辱，勾践卧薪尝胆。
5. 转弱为强，越奇兵灭吴国。

这样，故事的脉络和情节的推进就一目了然，既训练了学生语言文字的概括力，又梳理了课文，为更深层次的学习感知打下了坚实的基础，也为故事的讲述搭建了框架。

（二）诵读想象

引导学生默读第三自然段，用横线画出表现奴仆生活的语句。课文主要从四个方面写了勾践夫妇的生活。前两个方面"穿上了粗布衣""住进了石头房"，我会采取想象对比的方式，引导学生加深理解。引导学生想象：勾践以前穿的是什么？住的是什么？（绫罗绸缎、富丽堂皇的王宫）现在呢？引读——穿上了粗布衣，住进了石头房，真是天壤之别呀！再读！

另外两个方面是养马驾车、舂米推磨，我会采取图文对照的方式指导朗读。出示勾践屈膝弓背让吴王踩背上车的画面，以及磨坊舂米磨面时的景象，追问学生：你看到了什么？感受到了什么？再把感受读出来。

然后引导学生想象：勾践还会受到什么屈辱？（学生可能会想到挑水、推车、受人奚落等情景。）

指导朗读：这样的生活，真是度日如年呀！这种受尽屈辱的生活有多久？一天吗？一月吗？一年吗？整整三年呀。漫长的1095个日日夜夜呀！读整段。

言为心声，读是最能体验情感、激发情感的方式，在教师的引导下学生层层深入地去读，让情感流泻在音韵间，润化在童声里。当情感的理解无法产生共鸣时，补白想象会让我们心门大开，线条勾勒，细节描摹，穿越时代，重回春秋时期，在凝神沉思中顿悟勾践所受屈辱之深、屈辱之甚！在想象思维触及的空间里，情感定然丰富而真挚，此时朗读已经渐入佳境。

想象诵读必不可少，训练想象能力的价值不需言说，这样的想象也在为讲故事增枝添叶，生动的故事已经有了丰富的素材。

（三）突破难点

1. 理解"卧薪尝胆"的"表"

对于"卧薪尝胆"表层的理解，学生在自读中即可发现，我们可以从以下方面加以引导。

哪个自然段具体写了卧薪尝胆？出示整段话，指名读，找出具体描写"卧薪"和"尝胆"的语句。学生会找到描写"卧薪"的语句——晚上，就睡在柴草上。这里的"薪"对应的是什么？躺在柴草上舒服吗？"尝胆"是什么意思呢？他还在屋子里挂了一只苦胆，每顿饭前总要……

是谁在"卧薪尝胆"？勾践可是越国的国君呀，他为什么放着奢华舒适的王宫不睡，放着山珍海味不用，而去睡柴草、尝苦胆呢？引导学生找到中心句——回国以后，越王勾践时刻不忘报仇雪恨。

2. 感悟"卧薪尝胆"的"里"

也正是三年中勾践所做的一切让吴王放松了警惕，吴王相信勾践完全臣服于自己了，所以就把勾践放回了越国。但是勾践是否从此就开始享受安逸的生活呢？（回国以后，越王勾践时刻不忘报仇雪恨，因为他要报仇）

（1）师：哪个词语能看出他报仇的决心大呢？

"时刻"：你能换种说法吗？（每分每秒）你能读好这句话吗？（评：A听出了你的决心。B你能咬牙切齿地重读"时刻""报仇雪恨"这两个词，这仇恨刻骨铭心啊！）

（2）文中还有哪些表示时间的词语进一步说明他每分每秒都想着报仇？

（3）出示图：这就是忙碌了一天的勾践，他坐在柴草上，尝着苦胆，此时的他会想些什么呢？

（4）这就是——"发奋图强"（板书：发奋图强），让我们一起用心来读好这段话。（齐读）"勾践所做的这一切使得他离转弱为强的目标越来越近了。"

（5）师：整整三年的忍辱负重，每天卧薪尝胆后的发奋图强，还有那长达二十年的坚持不懈，皇天不负有心人，最终的结果是（同学们大声地）："经过二十多年的努力，越国终于转弱为强，出奇兵灭掉了吴国。"

（6）课文学到这里，大家对"卧薪尝胆"一定有了更深的理解，难道它仅仅指的是越王勾践睡柴草、尝苦胆吗？

（7）师：同学们，勾践需要卧薪尝胆，在当今社会我们要不要"卧薪尝胆"？

预设：A. 为了中国的航天事业，中国科学家卧薪尝胆几十年，终于将中国的载人飞船送入了太空。他们有恨之入骨的仇、不共戴天的恨吗？他们是否也每天都睡在柴草上，每顿饭前都要尝一下苦胆？

B. 是的，我们需要的是卧薪尝胆的精神，那就是：为了实现一个目标，要忍辱负重、坚持不懈、发奋图强。

（8）师：古人将这种卧薪尝胆的精神蕴藏在这么一副对联里，老师把它写下来，看谁能背下来？（板书：苦心人，天不负，卧薪尝胆，三千越甲可吞吴；有志者，事竟成，破釜沉舟，百二秦关终属楚。）

在同学们的激情思辨中，教学的难点得以突破，让"卧薪尝胆"的内涵深化，特别是诸如此类历史故事成语的理解，也找到了一个有效的路径。

四、讲述故事

讲述故事，生动地讲述故事，这是第二学段的学习要求，也是本课书后的学习要求，因此这个故事必须讲。讲故事是对课文的整体回顾，是对课文内容的二次加工创新，生动地讲故事就是一次绝佳的口头语言训练和思维连贯性训练。

基于前面对于讲故事已经做了非常多的铺垫，这时我们仅仅需要引领即可。先让学生自由准备，同桌互讲，老师在巡视参与的基础上选取一名代表来试讲，并适时引导归纳总结：

1. 脉络提纲是讲故事的框架。
2. 想象补白是故事讲得生动的魔法。
3. 情感妥帖，入情入境，方能感动人心。

在此基础上前后小组 4 人再次讲故事，互相提点，互为补充，再推荐讲得最好的同学参加大组交流。如此这般操作，讲故事的实效性会大幅提高，语文课堂教学的目标得以实现，语文学习的能力得到提高。

以课标为纲，以课本为抓手，以学生为中心，《卧薪尝胆》一文的教学使孩子们通过故事记住了这段经典的历史，在诵读想象中感受到了越王的万般无奈，无尽屈辱，在转弱为强、奇兵制胜的勾践身上悟得了深刻的精神内涵。

（此文发表于 2014 年 10 月《小学语文教学设计》）

让"诵读"和"仿写"成为课堂主旋律！
——说说《北大荒的秋天》一文的教学策略

苏教版三年级语文上册第5课《北大荒的秋天》是一篇文质兼美的写景文章，总分总的结构方式，首尾呼应，层次清晰。分写部分抓住北大荒的三处景色——天空一碧如洗、小河清澈见底、原野热闹非凡，这三段都采用总分的构段方式，每处景色特点鲜明，给人留下深刻的印象。

文章除结构精巧之外，还在写景时运用了许多颜色组合的词语、叠词等，比喻、拟人的句子也穿插其中，让读者在欣赏优美景色的同时，感受文章语言的优美生动。

对于这样一篇有多个能力点、学习点的文章，教师教学策略的运用就显得至关重要，针对本文结构和语言表达方面的特色，我认为本课的教学可以采用"两步法"。

第一步：渐进式诵读，层层深入悟情感

《语文课程标准》"3~4学段"中的"阅读"明确指出："用普通话正确、流利、有感情地朗读课文。""诵读优秀诗文，注意在诵读过程中体验情感，领悟内容。"由此可见，"有感情地朗读"是中年级的训练重点。

同一篇文章，在不同环节上读书的要求不同，教学时可遵循"由浅入深，由低到高"的规律：初读课文，整体感知时，读通、读顺、读正确；在梳理课文、理清层次时，要读得顺畅流利；在品词析句、感悟语言时，要边读边斟酌，读出真情和实感。在朗读中体验情感，在诵读中放飞思维，想象画面等都可以在循序渐进、形式多样的朗读中得到体验和训练。

如在指导"原野热闹非凡"一段的朗读时，我们应该注意情感和方式的变化，从优美抒情转换到高亢热烈。教师采用范读和问题引导的方式，让学生入情入境。

师：同学们，原野热闹非凡，到底热闹在哪里呢？听老师读书，看谁的耳朵最灵，能从课文中"听"到原野热闹的声音。读读相关句子，说一说。

生1：我听到大豆在欢笑。风儿吹过，大豆发出哗啦啦的声音，好像在欢笑。

生2：我听到高粱在唱歌，一阵风吹来，颗粒饱满的高粱摇晃着身子，好像在唱歌。

……

师：假如你就是北大荒人，当你看到眼前这情景，心情怎么样？

生众：心情就像火一样高兴、激动、兴奋、喜悦……

师：同学们带着高兴、激动的心情去读读这些语句，让听众在你的朗读中感受到一种兴奋、热闹！

学生自主朗读相关语句，教师指名朗读后，学生齐读，在高亢的朗读中，真正领悟"原野的热闹非凡"，体悟出农民丰收的喜悦，把课堂教学推向高潮。

第二步：分层次仿写，让写作缓慢起飞

三年级的孩子刚从"写话"升级到"写作"，因此给他们一个鲜明直观的范例，让他们"依葫芦画瓢"，就能省去诸多烦恼，特别是在习作的起步阶段。《北大荒的秋天》一课恰是一个很好的仿写范例，从词语到句子再到段落，甚至是篇章，都有法可循，有例可仿，真可谓是：局部仿语言，整体仿结构。教学时依然是循序渐进，从词语开始。

课文中出现了很多有特点的词语，比如表示颜色组合的词，它们已经不再是简单的颜色词语，如红色、黄色等，而是两种颜色的叠加组合，如"银灰""橘黄""绛紫"等。有ABB式的词语，如"沉甸甸""乐呵呵"等；还有ABAB式的词语，如"乌黑乌黑"。在了解这些词语的特点和意思之后，让孩子们进行仿写，孩子们发挥自己的想象，想出了"雪白""粉红""碧蓝""笑哈哈""绿油油"等词语。语文的工具性在语言的练习中一览无余。

课文中还有很多比喻句和拟人句，很美，也很有意思，值得学生仿

写。如："流云在落日的映照下就像是美丽的仙女在空中抖动着五彩斑斓的锦缎。""成片的大豆摇动着豆荚，发出了哗啦啦的笑声。"这样的比喻句和拟人句还有很多，让语言表达变得丰富生动。教学时教师加以点拨。

"孩子们，大豆会笑吗？"

"不会。"

"这其实就是在说秋天的大豆——"

"成熟了！"

"但是作者写大豆的笑，却让我们感觉到了一份开心，还有一份可爱！这是因为作者把大豆当作人来写了。同学们，你们能把某种植物当作人来写写吗？"

孩子们先讨论着选植物，然后加上人的表情、动作、语言等，不一会像模像样的句子就诞生了。这其实就是仿写，孩子们兴致很高，在模仿中学会了运用。

回顾课文时，教师可以点拨强化文章结构的精巧。何为"总分"？那就是第一句总写概括景物的特点（中心句），接下来围绕第一句话详细介绍。可以预设"中心句"进行说话训练，如："我们家的小花猫既漂亮又可爱。"让孩子们说说小花猫漂亮在哪，可爱在哪，合在一起就是"总分"结构的片段。

至于文章"总分总"的构篇方式，以及"首尾呼应"的写法，对于刚上三年级的孩子来说要求有点高，可以鼓励学有余力的同学进行尝试。

在方法指导后进行课堂练笔仿写的时候，话题要有阶梯、可选择，学生依据自己的能力自主选择，可以仿写句子（比喻、拟人、叠词等），也可以仿写段落（总分）。这样的设计更能体现生本思想，让处于不同能力点的孩子都能得到训练，都能有所提高。

在词句训练的基础上，再细分层次进行仿写，让每个孩子在兴味盎然的同时，语文能力都能得到锻炼和提高。缘着"仿写"这一抓手，贴着地面起飞，三年级孩子的"习作"之旅就正式启程了。

"诵读"培养语感，积蓄探究底蕴，"仿写"活学活用，为写作打开天窗，《北大荒的秋天》给孩子们带了语文学习的"春天"！

（此文发表于2013年5月《名师说课》）

疑能得教益

——说说《北大荒的秋天》教学中的疑

徒弟小王老师要在校内教研课上执教《北大荒的秋天》,教案传给我看了,整个设计理念和思路走向都没什么问题,后来在我班级试上了一课,我感觉小王老师有点放不开,课堂上教师的语言还不够清晰准确。一个原因可能是时间短,备课时多次更改教案,对最终版本的教案熟悉度不高;另一个原因可能是欠缺一些教学的火候,毕竟才是工作的第三年嘛。小王老师的整体素养挺好的,此前读过她的随笔,情浓意远,文字清新,语文的功底不错,我想,随着教学经验的积累,自我研究的深入,她的教学技能定然会更加娴熟。不急,慢慢来,用心研,常反思,一定会快快成长。

对于《北大荒的秋天》这篇课文,我自认为已经研究得很透了,教过,也应《名师说课》编辑邀请写过文本解读和第一课时的教学案例,但是在后来的观课、议课过程中,我发现自己对课文又有了多样的解读。我想,学习语文最大的特点是兼容并蓄,正所谓一千个读者就有一千个哈姆雷特,每个人对文本的解读都会加入自己的个体意识,换一个角度看问题也许别有洞天在人间,多一种声音兴许就是交响乐又一道主旋律的萌芽。

焦点一:天空一碧如洗,是否可以涵盖课文第二节?

再次研读文本,其实文章的脉络非常清晰,北大荒的秋天美在景色,美在丰收,景色之美即"天空""小河""原野"。"小河清澈见底""原野热闹非凡",没有异议,焦点在"天空"的特点是否可以用"一碧如洗"来概括。"一碧如洗"百度词条解释为:"通常指天空的颜色,碧蓝得没有杂色,也就是形容晴空万里时天空的颜色。"很显然这个解释更侧重于"天空的净",天空的净可以是万里无云万里天,又何尝不可以是五彩流云五彩天呢？正所谓"蝉噪林逾静，鸟鸣山更幽"。这样经典的反衬名句，在此文、在此处应该同样适用吧。浑浊的天空里，再美的云彩也无法清晰可见，因为没有天空的净，何来彩云的美呢？流云的形态美、色彩美、动态美，正是因为"天空一碧如洗"才更加清晰明朗。其实这样的写法在"小河清澈见底"一段也同样存在，正是因为小河清澈见底，才能看到水里的游鱼嬉戏。

由此可见，"天空一碧如洗"和"小河清澈见底"实属同样的写作手法。当然，我们也可以揣测教材编者的意图，三年级的语文起步学习，开始从对字、词、句的关注与学习转向对语段的关注与学习。初始的语段学习，自然关注的是构段层次的清晰，"总分"的构段方式是常用类型，也是学生易于把握的方式，因此在如此之美的写景文章中，作者自然倾向于脉络的清晰，"天空一碧如洗""小河清澈见底""原野热闹非凡"，层次分明，结构工整，教师便于教，学生易于学。

焦点二："大豆摇铃千里金"到底做何解释？

这个解读就多了，纸质教参、网络论坛版本无数，我想合理的、便于学生理解的也许就是适切的。有的教参说："大豆摇铃千里金，是大豆摇动着像铃铛一样的豆荚，遍地都是金色。"还有的说："豆荚的颜色金黄，豆其的颜色金黄，遍地都是成熟的大豆。"再有："大豆摇铃千里金，是大豆摇动着像铃铛一样的豆荚，遍地都是金子。"还有网络论坛上老师的解读："大豆成熟了，在秋风的吹拂下，摇摆起来，熟透了的豆子从豆荚里弹下来，和其他农作物都散落在地上，放眼望去，满地金黄，像一地的黄金亮闪闪的。"……

到底哪一种是合适的？我们依据文本来逐一推断。

1. "大豆摇铃千里金，是大豆摇动着像铃铛一样的豆荚，遍地都是金色。""像铃铛一样的豆荚"有意境，拟人、比喻都来了，既可观其色，还能听其音，的确是生动了，但是"遍地都是金色"就有点欠妥了。田野可以金黄，因为丰收的金色铺满北大荒的每一寸土地；山岭可以金黄，漫山的树木秋色中金黄为主色调；江河的金黄就有点牵强了（但遍地是否有江河，就另当别论了）；茫茫的草甸子秋天里也可以金黄，所以此解释基本合乎常理,唯一不足的是,"金色"和"金子"还是有很大的差异,庄稼的价值未能体现。

2."豆荚的颜色金黄,豆其的颜色金黄,遍地都是成熟的大豆。"这样的解读显得过于片面,虽说北大荒盛产大豆,但不可能满山遍岭都是大豆,与事实不符。

3."大豆摇铃千里金,是大豆摇动着像铃铛一样的豆荚,遍地都是金子。"这个解读的重点在"遍地都是金子",其实"金子"正是北大荒捧出的"宝物",正是丰收的好兆头啊,略显遗憾的是老师未能更进一步,"遍地都是成熟的庄稼,像金子一样的宝物,北大荒的秋天景美物丰"。

4."大豆成熟了,在秋风的吹拂下,摇摆起来,熟透了的豆子从豆荚里弹下来,和其他农作物都散落在地上,放眼望去,满地金黄,像一地的黄金亮闪闪的。""摇摆",动态美,吸引人,但是"豆子从豆荚弹出和其他农作物散落后便是满地金黄"就显得牵强附会、望文生义了。

"大豆摇铃千里金",也许作者言下之意就是"大豆摇动着像铃铛一样的豆荚,大豆摇铃的时候即是丰收的季节,满眼望去都是像金子一样的宝物(有金色、有像金子一样的价值)"了吧。

三年级的语文,就这样浅浅地教、淡淡地引,在读读品品中引导学生去悟悟语文的言和意,仅此而已,一家之言,仅供参考。

(此文发表于 2017 年 6 月《教学月刊》)

"说"有术，"明"知识，"文"清晰

——以苏教版三年级语文下册《恐龙》一文为例谈说明文起步教学

说明文体是一种客观地说明事物、阐明事理的文体。在人们的社会生活中，说明文越来越显示出它的重要作用和实用价值。现实生活充分表明，说明文不是一种无足轻重的文章形式，而是运用范围极为广泛的常用文体，它与人们的生产、工作和生活的关系相当密切，而且由于社会生活的需要，说明文写作正在大量涌现，并更多地融入我们生活。说明文一直存在于小学的课标、课文中，抓好说明文起步教学不可小视，初始定位必须正确。

三年级的孩子刚刚开始接触说明文，他们的脑海中没有"说明文"的概念，此时说明文的启蒙教学就显得至关重要。脑海记忆是一张洁白的纸，一经落笔就不能修改，初始印象深刻且久远，这一教影响终身，容不得半点闪失，说明文起步教学的目标就是能在孩子们的脑海里留下说明文正确永恒的印迹。结合中年段的阅读教学要求，我们不能把枯燥无味的概念性知识在起步时就全部塞给学生，感知和体悟应该成为中段说明文起始教学的最好方式，让孩子们在说说悟悟、读读品品中初步感知什么是说明文，以及说明文的语言、方法等。只有正确的概念、正确的方法、正确的训练、正确的指导，才能为进一步的说明文学习奠定基础。下面结合苏教版三年级语文下册《恐龙》一课，谈谈小学生说明文起步教学，重难点"一招"突破，为孩子们长远的学习道路打下正确而又坚实的基础。

一、说明常识泾渭明，师者心中须自知

要给学生一杯水，教师自己得先有"源头活水"。几年前、十几年前甚至几十年前，我们走出校门，那时自己在学生面前貌似有一桶"说明文

之水",实际上我们的那桶水是否真的满还是个未知数,更何况还有这些年的不断倾倒,自然的蒸发、滴漏。因此,我们在教学之初必须先补一补"说明文之水",厘清说明文的相关常识,为轻松驾驭说明文的教学进行知识积累。

所谓说明文,就是以说明为主要表达方式来解说事物、阐明事理而给人以知识的文章,它通过对实体事物的解说或对抽象事理的阐释,使人们对事物的形态、构造、性质、种类、成因、功能、关系或对事理的概念、特点、来源、演变、异同等有所认识,从而获得有关的知识。以说明为主是说明文与其他文体从表达方式上相区别的标志。通常情况下,说明文大致包括三种具体样式:一,带有一定文艺性的说明文,指科学小品;二,以科普为主的说明文;三,以实用性为主的说明文,如说明书、解说词等。

依据说明对象与说明目的的不同,说明文可分为事物说明文和事理说明文两大类。根据说明语言的不同特色,说明文可分为平实的说明文和生动的说明文两种。生动的说明文又叫"文艺性说明文"("科学小品文"或"知识小品文"),而我们小学课本中出现的说明文大多属于"文艺性说明文"。

说明文的特点是"说",而且具有一定的知识性。这种知识,或者来自有关科学研究资料,或者是作者亲身实践、调查、考察所得,都具有严格的科学性。要把事物说明白,就必须把握事物的特征,进而揭示出事物的本质属性,即不仅要说明"是什么",还要说明"为什么"。为了把事物特征说清楚,或者把事理阐述明白,必须运用相应的说明方法。常见的说明方法有举例子、分类别、作比较、列图表、列数字、下定义、作诠释、引用、打比方、摹状貌等。而在小学课本中经常出现的则是举例子、列数字、作比较、打比方、下定义这几种说明方法。

准确、简洁、平实是说明文语言的主要特点。一般来说,以说明事物为主的说明文,重在抓住事物的特点,用简明的语言平实地加以说明。而科学小品文讲究趣味性、文艺性,须作必要的生动形象的说明。

二、解读教材细入微，深入浅出教学活

　　文本的解读是上好一节课的根本，只有缘"纲"解"本"方能析出文本中的教学价值。《恐龙》是一篇科普说明文，融知识性、趣味性于一体。此类文本在小学教材中占有一定比例，所以走好说明文教学第一步不可小视，一定要把握好方向，才能为后续的说明文学习奠定基础。因此借助《恐龙》这篇说明事物的文章，让学生初步感悟此类文章的特点，是课文范例和辐射性的直接体现，在解读教材之初我们老师必须有这个意识。

　　《恐龙》一文脉络清晰，层次分明，每一小节的段意较为明显，可以引导训练学生的概括能力。课文中部分段落是"总分"构段方式，从中心句中提炼出简明的段意，从而梳理出课文框架图，既能培养能力，又能让课文内容一目了然。

　　对文中出现的说明方法，教师必须做到心中有数，何时何处何方法，一字一词一品味。教学时我们不一定能做到面面俱到、字句皆品，但是研析教材时必须字斟句酌，不漏一处。在依据学情的基础上，合理取舍把握，把学生最需要的知识点教给他们，把学生最容易模糊的节点讲明、讲透。

　　深入钻研教材，从字、词、句开始，从零星琐碎开始，细嚼慢咽、研磨消化，跳出文本俯瞰课文，从文体特征把握，研析合宜内容，大胆取舍，精选精讲，突破重难点。选择合宜的内容是一种功力，《恐龙》一文重点研析2~4节中的"恐龙种类和亲戚"，内容选择指向教学目标，为突破"感知说明文"的教学难点服务。《恐龙》一文例选"比六头大象还要重"引悟"作比较"等说明方法；细探把"梁龙"比作"吊桥"的"打比方"方法，让学生形象地感受到了梁龙的"长"，感知说明文语言的"生动"；设计省却"多""移动"等字词，在比较阅读中引导学生感受说明文语言的"准确"。

　　一切深入的"研"，都是为了课堂浅显的"出"，"博观而约取"便是此理。

三、巧妙设计破难点，化繁为简印象深

　　一切的研备都须以准确定位为先行，"课标"浸润思想，"学生"常在心间，"课文"不绝于口。年段目标明，学段要求清，段段分明，层层推进，定位准确。

　　三年级的孩子学习说明文一定有别于其他年级的孩子，三年级的孩子刚刚开始接触说明文，他们的脑海中没有"说明文"的概念。鉴于此，我把《恐龙》这一课的教学目标及重难点放在"初步感知说明文的概念，在朗读比较中体味文章的语言文字特点，初步感知打比方、作比较、列数字等说明事物的方法"上。教学设计巧妙拆解"说明文"三个字，分"说""明""文"三块去引领孩子们感悟课文。"说"即说说课文中介绍的对象——恐龙，这是中心话题，说明文中的第一核心——说明对象，在聊聊说说中进入"文"。说明文的语言有其独特的地方，采用多种说明方法，语言准确生动。围绕一个中心问题："同学们，这些恐龙各自有什么特点呢？""说"之术即文章是怎样介绍清楚这个特点的。在交流讨论中指导学生了解每一种恐龙的特点，在"雷龙"的学习中归纳出简单可行的学习方法，即寻寻特点，找找方法，想想名字。教师由扶到半扶，再到放，在循序渐进中培养学生自主学习的能力，明确自主学习时的要求，"圆圈圈特点，方法记句旁，名字心中想"，让孩子们有章可循，有法可用，现炒现卖，活学活用，动笔又动脑。

　　边交流，边梳理，边板书，形成知识结构图，最后巧妙框画出"说明文"产生视觉冲击，简单渗透"说明文"，给出一个概念：（1）横着解读：运用一些方法围绕一个事物来说（说之术），让学生明白这个事物的相关知识（明知识），表达清晰，语言文字生动准确（文清晰）——这样的文章叫"说明文"；（2）竖着框画出"说明文"。

　　"说明文"的感知是本课的教学难点，教学时淡而无痕的渗透，巧妙的回扣强调，在孩子们的脑海中留下了深深的印记。

　　"说明方法"的初步认知也是本课的教学重难点，教学设计时教师应分层推进，由表及里：

　　（1）初识说明方法。在教学"雷龙"时引出"作比较"和"打比

方"，在扶学"梁龙"时点出"列数字"，这样课文中的三种说明方法就全部呈现在板书上了。

（2）寻找说明方法。在引导孩子们学习其他恐龙的知识时，让孩子们找一找说明的方法，使其在初步感知的基础上能大致辨识出一部分说明方法。抓住课堂中的错误生成，及时反馈点拨，厘清各种说明方法的特点，使其在学生的脑海中更加直观、清晰。

（3）运用说明方法。这是学习目的性的体现，在三年级段的尝试难度略显拔高，在孩子们"介绍自己喜欢的恐龙"时稍作要求，如用用数字，打打比方，相互比较等，让知识的学习升格为能力。

四、立足生本循童规，知识能力共提升

语文教学要遵循儿童身心发展规律，找到儿童的最近发展区，即在老师的引领下学生学习的能力和知识有一个明显的提高和进步。文章中有关恐龙的一些知识较为浅显，学生读一读就能明白，这样的内容无须多讲，而学生无从领会的文章表达的特点则应成为整堂课学习的焦点。在语言的学习体味中，学生获得的不仅仅是简单的知识，而是语言感知力的提升，在对既定文体的朦胧感知中，知道此类文章简单的学习方法，语文课能得言、得意，再得法，是为圆满。

《恐龙》一文的教学，我们在"文本""学生""编者"的多方对话中很容易得出课文的教学目标：获取文中恐龙的相关知识，感知说明文，提升语文能力。《恐龙》一文给学生介绍了恐龙的六方面知识：恐龙生活的环境，恐龙的种类和形态，恐龙的亲戚（鱼龙和翼龙），恐龙的食性，恐龙是卵生的，恐龙的神秘消失。这些知识基本上学生读一读就能明白，在教学第一课时适当点拨，学生就能心领神会。教师可抓住部分重点字词突破知识点，比如课文第一节在介绍恐龙生活环境时，对茂密森林描写的作用，可以抓住"到处漫游"，再结合"大多数恐龙以吃植物为主"，学生自然能领悟到：这样的环境适合恐龙的繁殖生存，因为有非常丰富的食物。在学生思而不解之处教师予以巧妙点拨，使其学会前后关联思考，这是一种学习能力的培养。在这六方面的恐龙知识中，文章着墨最多的是"恐龙的种类和形态"，这是本文的学习重点，

里面不仅有丰富的恐龙知识，还有丰富的说明文知识。"说明对象"特点鲜明，"说明方法"蕴含其中，"说明文语言的准确、生动"在比较辨析中可以感知和体验。

知识仅仅是知识，学习知识的目的就是训练学生的语文能力，在《恐龙》的教学中，学生的能力训练点体现在概括力和复述能力上。

在这里，概括力细分为语言的概括力和段意的概括力。对恐龙特点的概括分为两个层次：一是浅层次筛选信息，直接获取知识的能力；二是深层次挑拣关键词字词组合表达的能力。例如对雷龙的特点概括就是在文句中进行筛选，直接获取，在点明"特点"的含义后，学生就能遴选出"庞然大物"来概括，还有梁龙、三角龙、霸王龙的特点，都属于浅层次的概括力训练。深层次概括力的训练在第一课时归纳段意时有所体现，在第二课时着重突破，例如剑龙的特点就是分为两块——背插剑板、尾巴有刺，这是从文句中挑拣关键词组合而成的。在学生无法归纳出来的时候，教师引导点拨："剑龙有剑板，剑板在哪里？"学生得出"背上插着两排三角形剑板"，再缩一缩句，即"背插剑板"，由此法类推得出"尾巴有刺"。教师就是在这样的渐进式训练中培养学生的概括力，以及对语言的敏感性。

复述能力的训练分为两层：一是原文复述，二是创造性复述。教学恐龙的特点后，培养孩子们的复述能力，让他们从介绍自己喜欢的恐龙开始，这样做遵循了儿童的认知规律，也有利于调动他们学习的积极性，增强趣味性。从书上的语句开始，到加上自己创造性的言语，最后再拓展到课外知识的讲述，教师给定要求，学生要做的不仅仅是创造性复述的练习，概括力训练也糅合其中。

自我学习能力的培养贯穿在课文教学中，教师教给孩子们学习《恐龙》的方法，使其在自主探究中培养自我学习的能力。

小学语文教学中朗读能力的培养，不分课型，不分文本，有适合的文段就可以指导训练。如霸王龙的凶猛，可以让孩子们读出感觉，在朗读的语气中体会，更重要的是孩子们也非常感兴趣。

纵观《恐龙》一课，课堂教学效果不错，学生的思维较为积极主动，课堂上有一些精彩的生成，能感觉到学生言语智慧的激荡，知识收获从无到有，能力稳中有升。作者围绕"恐龙"这一说明对象，采用多种说明方法进行介绍,让读者明白有关恐龙的知识。通过学习《恐龙》一文,孩子们既知道了恐龙的相关知识,又明白了"说明文"的定义、方法和语言的特点,教学目标达成了。

贴着地面起飞,说明文起步教学通过教师的灵动设计和巧引妙拨,在孩子们的脑海中留下了"说明文"正确永恒的烙印。

"窥一斑见全豹",《恐龙》一文的教学是小学说明文的起步教学,教者有方法,学生有提高。更重要的是,由《恐龙》一文的教学触类旁通,我们可以觅得小学说明文教学的抓手和途径:"说"的艺术,"明"白的知识,"文"章文字的特点。

(注:本文是我在 2014 年参加苏州市"说明文专题研究"市级公开课教学后的心得体会,该课课堂教学获得与会专家和教师的高度评价)

引导自主探究 揭示文体特点

——《恐龙》第二课时教学设计及评析

一、教学目标

1. 通过学习知道恐龙的种类形态和特点，如雷龙的大、梁龙的长、霸王龙的凶猛等，激发孩子们探究科学的兴趣。

2. 初步感知说明文的概念，了解说明的方法，在探究比较中体会文章语言的准确生动。

二、教学重难点

初步感知说明文的概念，了解说明的方法，在探究比较中体会文章语言的准确生动。

（点评①：面对一篇课文，如何拟定合宜的教学目标呢？"课标为纲，学情为本"，这八个字做了很精当的概括。"纲"者，标尺和原则也。"本"者，出发点和最终归宿也。这里的"学情"既包括学生的情况，也包括文本的情况。只有把握文本特点，才能优化教学设计。只有关注学生实际，才能做到对症下药，有的放矢。教材文本的解读定位是上好一节课的根本，缘"纲"解"本"方能析出文本中的教学价值，这样的课堂教学才会是有效和高效的。《恐龙》是一篇科普说明文，融知识性、趣味性于一体。此类文本在小学教材中占有一定比例，所以走好说明文教学第一步不可小视，必须把握好方向，为后续的说明文学习奠定基础。教师借助《恐龙》这篇说明事物的文章，让学生初步感悟出此类文章的特点，这是课文范例和辐射性的直接体现。郑老师有着清醒的教材意识、课标意识、

---

① 本文评点人为苏州高新区教研室小学语文教研员、苏州市名教师周雪芳。

学生意识，这是教好一篇课文的基础。）

三、教学过程

（一）复习引入，明确主导问题

1. 上一节课老师和同学们穿越时空，来到恐龙生活的时代，一起学习《恐龙》这篇课文，知道了课文每一小节给我们介绍的恐龙知识。

生：环境、种类形态、亲戚、食性、生育、消失。（投影）

师：我们用图表的形式整理出来的知识，层次就很清楚了。今天我们重点来聊一聊、说一说恐龙的种类和形态。

（板书：说　种类形态）

2. 恐龙的种类繁多，文中给我们介绍了哪几种恐龙？

生：雷龙、梁龙、剑龙、三角龙、霸王龙，以及恐龙的两个亲戚——鱼龙和翼龙。

3. 这几种恐龙各自有什么特点？文中是怎么介绍清楚这些特点的呢？

（点评：温故知新，从上节课所学知识的回顾引入第二课时的新授，既复习巩固旧知识，又为新知识的教学搭建了平台。）

（二）导学课文，品语言习方法

1. 探究"雷龙"，小结学法

（1）雷龙的特点是什么？（特点就是一个事物与众不同的地方）

学生可能回答"庞然大物"，也可能回答"大"或者是"重"，教师加以点引，用文中的词来概括就是：庞然大物（大）。

师：孩子们，我们在寻找恐龙的特点时可以用文中的词来简洁概括它的特点。

（点评：说明具体事物时要抓住该事物的特点，老师相机加以点拨，合乎说明文规则之宜。"特点"的定义阐释为学生找寻"雷龙"的特点提供了辨识的准确依据，合乎中年级段学情之宜。）

（2）文中是怎么介绍雷龙"庞然大物"这一特点的呢？

A. 作比较："比六头大象还要重"，一头成年大象，体重达到七至八吨,即7000公斤至8000公斤。"六头","还要",让我们更加感受到雷龙之"大",又彰显了语言的准确性。(真是不比不知道,一比吓一跳)用我们熟悉的事物来进行比较,让我们感受出雷龙的特点,这样的介绍方法我们叫它"作比较"。(板书)

B. "它每踏下一步就发出一声轰响,好似雷鸣一般。"(打个比方,让我们感受到了雷龙踏步声音之响,感受出了雷龙的"大")这种把"雷龙踏步的声音"比作"雷鸣"的方法叫"打比方"(板书)。

"打比方"的方法让我们形象地感受到了雷龙的"大",语言生动。

C. "雷龙,雷龙,原来它的名字就是这样来的,因为是庞然大物,走路的声音像打雷。"

(3)想看看这只又大又重的雷龙吧?(投影图片)引导在学生惊叹之余一起读一读,感受雷龙的特点——"大"。

(4)小结学法:我们在学习雷龙时从文字中寻找到了它的特点,(板书:寻寻特点)然后我们就找到了两种介绍恐龙的方法:作比较、打比方,(板书:找找方法)最后我们再联系恐龙的名字就什么都明白了,原来它的名字就和它的特点有关。(板书:想想名字)

(点评:望文生义,三年级学段目标中有学生结合生活实际理解词语的要求,教师采用联想法,通过"想想名字"让孩子们理解恐龙名字和特点之间的直接联系,形象直观,易于接受。)

2. 小试牛刀,试学梁龙(半扶)

(1)寻寻特点:身体很长。(文中的字词概括,学生一眼看出)

师:同学们,如果就用"梁龙很长"这句话来介绍梁龙,行不行?

(2)找找方法:(列数字、打比方)。

(3)"足有二十多米",作者用数字告诉我们梁龙有多长,这种方法叫"列数字"(板书:列数字)。

(4)"走起路来,好像是一架移动的吊桥。"(投影:吊桥图片)

(这里把"梁龙"比作"吊桥","打比方"的方法让我们形象地感受到了梁龙的"长",语言生动。)

(5)"从头到尾足有二十米","走起路来,好像是一架吊桥",这样说行吗?

(一个"多"字,让语言表达更准确,用"移动的吊桥"打比方,是

因为梁龙在走路,"移动"就显得准确了)(可板书:生动、准确)

(6)想想名字:像长长的桥梁,所以叫"梁龙"。

(点评:"说明方法"的初步认知是本课的教学重难点,郑老师在教学时分层推进,由表及里:第一,初识说明方法。在教学"雷龙"时引出"作比较"和"打比方",在扶学"梁龙"时点出"列数字",这样课文中的三种说明方法全部呈现在板书上,便于学生比较和感知。第二,寻找说明方法。在引导孩子学习其他恐龙时,让孩子们找一找说明的方法,孩子们在初步感知的基础上能大致辨识出部分的说明方法,教师抓住课堂中的错误生成,及时反馈点拨,厘清各种说明方法的特点,使其在学生的脑海中更加直观、清晰。)

3. 学生学习其他恐龙,师巡视(全放)

要求:(投影)探究恐龙有方法,我能自己去学习。

寻寻特点(圆圈圈特点)。

找找方法(方法记句旁)。

想想名字(名字心中想)。

(点评:教师进行大问题的设计,即围绕一个中心问题——同学们,这些恐龙各自有什么特点呢?文章是怎样介绍清楚这些特点的?问题提纲挈领,引领孩子们在交流讨论中知道每一种恐龙的特点。在"雷龙"的学习中归纳出简单可行的学习方法,即寻寻特点、找找方法、想想名字。这是真正的语文学习,师生共同捕"鱼"后得出"渔"的方法,学以致用。学习方法的概括精练而富有童趣。教师由扶到半扶,再到放,在循序渐进中培养学生自主学习的能力,明确自主学习时的要求,"圆圈圈特点,方法记句旁,名字心中想",让孩子们有章可循,有法可用,现炒现卖,活学活用,动笔又动脑,堪称绝妙!)

4. 师生交流

(1)剑龙

① 寻寻特点

剑龙的特点:背插剑板,尾巴有刺。

② 找找方法

A."两排""三角形""四支"(列数字);B."利剑一样的尾刺"(打比方,写出了尾刺的锋利)

③ 想想名字

背插剑板，尾巴有利剑一样的尾刺，人们就是用它的这一特点来给恐龙命名的。

（2）三角龙

① 寻寻特点

三角龙的特点：三只大角。

② 找找方法

"三只""一米长"（列数字）。

③ 想想名字

脸上有三只大角，所以叫"三角龙"。

④ "望而生畏"（结合字源理解记忆"畏"）

回顾第二节中心句：形态更是千奇百怪，怪在哪里？就在这里，有的大，有的长，有的长剑刺，有的长大角。

（3）霸王龙

① 寻寻特点

霸王龙的特点：非常凶猛。

② 找找方法

"牙齿就像锋利无比的匕首"（打比方）。

③ 想想名字

肉食恐龙，恐龙中的霸王，所以叫"霸王龙"。

（4）亲戚

① 鱼龙（像海豚，能潜水）。

② 翼龙（长翅膀，像飞机）。（投影配图片）

5. 孩子们，五种恐龙和它们的两个亲戚都来了，它们正在和我们打招呼呢："嗨，大家好，我是——"

6. 同学们，你们最喜欢哪种恐龙呢？请你用一句话向同学们介绍一下，注意要抓住这种恐龙的特点，语言要简洁，如果能用上一些说明的方法就更好了。（因时而定，在学生难解的情况下，老师可以进行示范）

（点评：在孩子们"介绍自己喜欢的恐龙"时要求运用说明方法，这是学习目的性的体现，但是在三年级段这种尝试的难度略显拔高。）

(三) 回顾小结，明知识悟文体

1. 同学们，恐龙的种类很多，形态真是千奇百怪。来，孩子们，让我们回顾课文，看看黑板：课文解说的对象是恐龙，通过学习文章我们明白了恐龙的相关知识，（板书：明）（投影：文中的恐龙知识，简单回顾）文章介绍恐龙时的语言准确生动，作者列了一些数字，有时还会比较一番，打个比方，让我们对恐龙的印象更加深刻，也让我们更加喜欢阅读。（板书：文）

2. "说明文"简单渗透

（1）横着解读：围绕一个事物来说，让人明白这个事物的相关知识，语言文字生动准确——这样的文章叫"说明文"。

（2）竖着框画出"说明文"。

（点评：郑老师巧妙拆解"说明文"三个字，分"说""明""文"三块去引领孩子们感悟课文。"说"即说说课文中介绍的对象——恐龙，这是中心话题，也是说明文的第一核心——说明对象，在聊聊说说中进入"文"。说明文的语言有其独特的地方，采用系列的说明方法，语言准确生动。老师边交流，边梳理，边板书，形成知识结构图，最后巧妙框画出"说明文"三字产生视觉冲击，简单渗透"说明文"，给出一个概念。第一，横着解读。说恐龙，明白知识，文字生动准确——这样的文章叫"说明文"。第二，竖着框画出"说明文"三字。"说明文"的感知是本课的教学难点，老师教学时淡而无痕的渗透，巧妙的回扣强调，在孩子们的脑海中留下了深深的印记。这个独树一帜的设计是郑老师教学智慧的体现，这样的解读、梳理、呈现既让人耳目一新，又让知识清楚明白，新颖别致，与众不同，为深度记忆创造了良好契机。）

(四) 课堂总结，激兴趣内外连

1. 课文小结。通过这节课的学习，我们了解了不少恐龙的知识，但对于浩瀚、神秘的恐龙世界来说，这只是沧海一粟。在地球上生活了一亿多年的恐龙，突然在6500万年前神秘消失，科学家们有着许多的猜想，但是至今尚未真正解开这个谜团。你们想解开恐龙世界的未解之谜吗？"科学无止境，只要肯登攀"，孩子们，让我们在课后继续关注恐龙世界，争取成为未来的恐龙专家！

2. 课外作业。

作业超市：根据自己的爱好，任意选择其中一项作业。

（1）阅读关于恐龙的书籍，也可以网上阅读学习。

（2）收集有关恐龙的图片、模型及文字资料，设计一份关于恐龙的手抄报。

（3）为自己喜欢的恐龙制作一张个性化的名片。

（4）向亲人或朋友介绍你知道的恐龙。

（点评：作业的设计具有开放性、多维性，利用信息化时代的便捷手段，进行网络拓展学习，动手实践，着眼于学生搜集整理能力和复述能力的训练，这是文本语言的积累和内化，也是文本语言的运用和外显。）

附：板书

（点评：语文教学要遵循儿童身心发展规律，找到儿童的最近发展区，使学生在老师的引领下学习的能力与知识有一个明显的提高和进步。本文有关恐龙的一些知识较为浅显，学生读一读就能明白，这样的内容无须多讲，而学生无从领会的文章表达的特点则应成为整堂课学习的焦点。在语言的学习体味中，学生收获的不仅仅是简单的知识，还有语言感知力的提升。学生在对既定文体的朦胧感知下，知道此类文章简单的学习方法，语文课得言又得意，再得法，是为圆满。郑老师的这节课关注学情，关注年段，关注文本，关注语言，准确定位教学目标，合理取舍教学内容，用经验和慧眼找寻到学生学习的最近发展区，在点一点、拨一拨的轻松教学里领着孩子们走向语文的圣殿，为学生说明文意识的萌芽和培养奠定了坚实的基础。总的说来，这是一节充满灵性与智慧的好课。）

（此文发表于2015年8月《教育视界》）

春说

春花未开，我们已经上讲台；春花未开，学生已经归校园。桃花流水未见，燕语呢喃未闻，苏州的春花兴许真的未开，但是静寂数日的校园里已然喧闹，看，回家的孩子们，喜不自禁的笑容，清澈明亮的眼神，长高的个，白净的脸，明明就是一朵朵开放的小花，朵朵"春花"已开，我们的新春第一节课开讲啦！

新春开学第一课，语文课堂第一讲，讲什么？这得有点小讲究。就从"春"字说起吧，对的，小文章的名字有了——"春说"。

"孩子们，现在是什么季节？"

"春天。"孩子们异口同声地回答。

"来，说说你知道的春天的词语。"刷刷刷，小手林立，自信满满。

"春天、春节、春风、春雨、春花……"

"嗯，没毛病，你们说的都含'春'字，那如果让你说和春天有关、含有'春'字的四字词语呢？"我的"春说"层层递进。

"春暖花开。"

"春回大地。"

"春暖人间。"

"妙手回春。"

"妙手回春，好词语！不过，这个词语和春天有直接联系吗？"我回问道。

"老师，这好像是形容医生本事大的吧？"辰琳弱弱地说。

"是的，'妙手回春'是有春，不过不是用来形容春天的。"

"老师，老师，我有一个！"大眼睛邵越跃跃欲试。

"好，邵越，你来说！"

"春夏秋冬。"

"啊，哈哈，春夏秋冬……"调皮的男同学笑成一团。

"嘘！同学们，春夏秋冬是四字词语不？"我做手势让孩子们安静下来后说。

"是。"

"春夏秋冬和春天有关不？"

"有，但是感觉联系不大。"哲伦同学疑惑道。

"春夏秋冬，四字词语，和春天有关，符合要求。掌声鼓励一下邵越同学！"我总结陈述。

邵越，一个有个性的孩子，因为她的懒散和随意，同学们对她有点感冒，在恰当的时候我要给她正名，给她注入自信的能量。

"同学们，郑老师有一个有关'春'字的四字词语送给大家，就是在咱邵越的词语之上稍作改动。"我边说边在黑板上写下"春华秋实"四个大字。

"老师，我知道，就是春天开花，秋天结果实。"快嘴的小顾脱口而出。

"对，你们发现这个词语中前面两个字和后面两个字的联系了吗？"我追问。

"只有春天发芽了，开花了，秋天才会有果实。"稳重的欣唐一语中的。

"是啊，同学们，轻轻打开语文书的第一页，端正地写下这四个字：春华秋实。郑老师希望咱三（8）班的孩子们在春天里都能长新叶，开鲜花，一路花香，一路芬芳，到了金色的秋天定会收获满满。"我踱着小步，动情地述说着。

"郑老师希望我们在春天里努力，认真学习，期末就能取得好成绩。"恩好同学理解了我的良苦用心。

"一年之计在于春，良好的开端是成功的一半。"翔芸同学这样说。

"掌声送给翔芸同学，名言名句引用得恰到好处！"我的声音在不自觉中变得兴奋起来。

"孩子们，春天开花，秋天结果，有花才有果，有勤奋耕耘、适时播种，后面才有丰收的喜悦啊。老师想到这样的一句诗，请在书本上记下——"我在黑板上工整地写下："春耕人勤早，花开引蜂来。""春天里，刚起头，我们元气满满，能量满满，我们一起播种下希望的种子，用勤奋和坚持做养料,让我们的希望和未来开花、结果。加油!孩子们!"

其实,我的"春说"计划里还有最后一张底牌——让孩子们来论一论和春天有关的诗歌,顺便点点寒假里的文化达人"武亦姝"和《中国诗词大会》这个文学底蕴丰厚的节目,可惜课堂时间有限,转念一想,"春说"至此,我已经看到了孩子们一张张红润的脸,看到了一双双闪烁着神采的眼,我知道我的这个语文"春说"已经说到孩子们的心里去了,教师不解春何在,只拣童颜多处行。

春天的日子里,春花尚未开,但是孩子们的心花开了,我们上讲台,上好第一课:说春,立志,论勤。

(此文发表于2019年3月《中国教师报》)

莫让游春变说教

——说说《孔子游春》一文的教学感悟

《孔子游春》是苏教版六年级语文下册的一篇课文，很多老师在教学时喜欢把文章细分为"赏春""论水""言志"三部分，其中"论水"和"言志"的篇幅较长，很多教师在教学时特别关注这两大板块，觉得抓住了这两块就抓住了文章的主旨，事实也的确如此，能否合理恰当地处理好这两块成了解决文章核心价值观的关键。有些老师在处理这两块的教学时强牵硬领，强输硬灌，学生还没感悟出来，教师就迫不及待地加以总结定性。这样的教学不仅偏离了教学的航线，背离了编者的意图，更是对孔子育人思想、育人方法的亵渎，让本来情趣盎然的游春赏景图变成了枯燥乏味的简单说教课，在乏味之余还多了一些成人强权灌输的色彩。

《孔子游春》是一篇文质兼美的文章，语言优美，意蕴深刻。让学生品读感悟是最好的教学方式，引导学生读读、说说、悟悟，感受文字的优美和灵动，体味语言的魅力与张力，在此基础之上悟悟孔子对学生清淡无痕的教育方式，如果再能把来自课文的生成内化为学生自己内心积极向上的精神理念——做一个"真君子"，那就更好。可是学生个体之间的认知能力、学习水平和感悟力存在着差异，因此不能一概而论，"一刀切"，要求每个学生都达到这样的认识高度。这样的认识高度可遇而不可求，也许一个班级里面只有极少数学生能把自己的感悟用语言明白清晰地表达出来，大多数的学生可能还停留在一种浅层次的认识上。这时教师切不可越俎代庖，把自己的阅读感悟强加于学生，老师讲学生听，老师说学生记，这样的课堂违背了教学的规律和课程标准的要求。如果用自己的阅读感悟取代学生的阅读感悟，教师就从主导变成了主角，从引领变成了权威掌控，硬生生地把"教师、学生、文本三者之间的对话"变成了一言堂，而学生又一次沦为课堂的配角，一群看客，一群听众，枯燥的说教由此开始。

下面我就根据自己的教学实际，谈谈自己处理本文的一些浅薄看法。我认为本文的教学要遵循"因材施教、循序渐进、不愤不启、不悱不发"的教学理念，这是孔子的育人思想和方法，教学有关孔子的文章理所当然更要遵循这样的教学原则。教师研读这篇课文，课文本身给我们的启发众多，我简单撷取两点。

一、你问我才说——不愤不启，不悱不发

两千多年前的孔子就主张启发式教育，反对灌输式教育。面对众弟子，他没有把做"真君子"这样的做人道理直白地告诉大家，而是营造情景，循循善诱，激发学生自主探究。面对无边的春色、灿烂的春光，弟子们陶醉其间，可孔子却"动情地望着泗水河，陷入了沉思"。不难看出，孔子此次来泗水河边绝不是一时心血来潮，而是有因而来。什么因？颜回一语道破天机："老师遇水必观，其中一定有道理。"道理当然有，孔子是大思想家，对世间万物，他不会像常人一样视若无睹。对于他所关注的水，他更不会仅仅是陶醉、流连其间，而会更加深入地观察和思考，从中领略人生的真谛，是既"动情"，又"沉思"。经过长期观察与思考，孔子对水产生了独到的见解。他告诉学生："水奔流不息，是哺育一切生灵的乳汁，它好像有德行。水没有一定的形状，或方或长，流必向下，和顺温柔，它好像有情义。水穿山岩，凿石壁，从无惧色，它好像有志向。万物入水，必能荡涤污垢，它好像善施教化"，是"真君子"。这哪里是在谈水，分明是在论世，是在由水而推衍出儒家立身处世的道理和准则。

弟子们听了孔子的"一番宏论"后，无不惊讶、钦佩老师的洞察力。然而在惊讶、钦佩之后是什么呢？不言而喻，孔子借着水"顺水推舟"，在似有心若无意间，让学生得到了教益与启迪，接受了做人的道理，真是润物无声。教育学生也像水一样，顺其自然，水到渠成。

其实很多学生都习惯留意观察自己的老师，老师的一言一行他们都很关注，孔子的弟子也不例外。当孔子在全神贯注地凝视泗水时，弟子们"都用疑惑的眼光望着老师"：老师已经不是第一次凝视水面了，这一次老师又开始全神贯注地观水，肯定有原因。终于，这样的疑惑在他们心里再也盛不下了。"颜回说：'老师遇水必观，其中一定有道理，能不能讲给我

们听听?'"此时弟子们已经达到一种"愤""悱"的状态,孔子见时机已到,便发起了一场关于"水是真君子"的谈论。弟子们听后"无不惊讶",都没想到"老师从这司空见惯的河水中看出如此深奥的道理"!可见,弟子们受到的教育是多么的深刻!一次又一次的观水,其实关于"水是真君子"的宏论早就深藏在心,但是伟大的教育家孔子没有生硬直白地去教给学生,而是让学生自主发现、疑惑,从而好奇地提出自己的疑惑,孔子加以阐释点拨就显得水到渠成,自然无痕。这不正是孔子教育理念的彰显吗?学生不问,我不说,"不愤不启,不悱不发",巧妙育人,淡而无痕,伟大的孔子,巧妙的教育艺术尽现眼前。

二、你说我晗许——有教无类,因材施教

相传孔子有弟子三千,七十二贤,面对性格各异、学问参差不齐的众多弟子,孔子一直推崇"有教无类",所以他没有用唯一的标准去衡量、要求这些弟子,而是因材施教,包容、赏识各种类型的弟子。你看,心直口快的子路说出自己的志向后,孔子赞许地点了点头;沉稳谦逊、温文尔雅的颜回说出自己的志向后,孔子同样是赞许地点了点头。可见,孔子对不同类型的学生都是欣赏的,因为他要培养的是各种各样的人才。

当其他弟子"有的采花,有的捕蝶,有的垂钓,有的戏水"时,只有颜回和子路陪伴着孔子,这两个学生,一个是他最器重的弟子,一个是他最得意的弟子。如果弟子中有人听了这番借水喻君子之德的道理而能真正做一个君子的话,那首先应该是他们俩啊!于是孔子问:"可以说说你们的志向吗?"

子路是个急性子,老师的话音未落他就开了腔:"我愿意把车马、衣服拿出来跟朋友们一块儿享用,就是用坏了、穿破了我也不会在意。朋友之间就应该有福同享嘛。"

温文尔雅的颜回经过深思熟虑,从容不迫地说:"我希望成为一个不为自己表功的人。"

"孔子用赞许的眼光看着他们,微微地点了点头。"子路"愿车马、衣轻裘,与朋友共,蔽之而无憾",这不是有情义吗?"性子急,老师话音未落就开了腔",这不是很坦率吗?这些不正是真君子所应具备的吗?孔

子晗许,没有做太多的点拨和纠正,因为学生的认知总是会有异同,承认和默许不同的人生观与世界观,这不就是"有教无类"吗?再看一起来的学生,有的追蜂扑蝶,有的垂钓戏水,快乐漾满他们的心头,孔子不愠不怒,依旧含笑默许。每个人都有自己的个性,不可能千篇一律,孔子的教学对象不是工厂生产线上千篇一律的产品。"有教无类""因材施教"可见一斑。

"仁者乐山,智者乐水",孔子是"乐山"的仁者,更是"乐水"的智者。他因势利导,借水喻理,巧拨善引,在循序渐进中让学生受到了教育。

三、你琴我欢舞——率性随和,亲密无间

孔子深知"亲其师,信其道"的道理,尽管他的学问比学生丰富,年纪也比一般弟子长,但孔子丝毫没有表现出师道尊严、高高在上的架势,而是和弟子们亲密无间地娱乐、讨论。你看,泗水河畔,孔子拨动琴弦,弟子们跟着歌唱;孔子、子路、颜回等围坐在一起,无拘无束地谈论着各自的志向;颜回弹琴,孔子先是侧耳倾听,后来竟情不自禁地跟着手舞足蹈起来。这浓浓的师生情谊,是"真情似水","深情似水"。这是多么亲切、温馨的画面,它融进了泗水河畔的春色里,使春意更浓。这种境界正是儒家追求的"天人合一"的境界,是如水一样自然和谐的境界。率性的孔子,以强大的亲和力,铸造出了比山高、比海深的师生情谊。

真君子之德行,天下为公,孔子之法,为天下师者之典范:心中有学生,脑中有睿智,行中有风范。

从《孔子游春》一文中我们习得太多:情境教学、循循善诱、寓教于乐、因材施教、有教无类……

我们在教学本文时,也要遵循这样的教育原则和理念,如果只是简单的说教,枯燥的分析,乏味的点评,那课文的美还何在呢?文章的意蕴又从何而来呢?"游春"变成了"说教",语文课变成了政治课。"游春"就应该带着孩子们徜徉在春天的海洋里,陶醉在山水美景之间;"游春"就应该领着学生徜徉在知识的海洋里,陶醉于意境和意蕴之间。这才是真正的游春,才是真正的语文学习啊。

简简单单教语文，完完全全为学生，扎扎实实促发展，以简约的教学内容，简化的教学环节，简便的教学方法，实现省时高效的教学效果。《语文课程标准》指出，要让学生充分地读，在读中有所感悟，在读中培养语感，在读中受到情感的熏陶。教师要创设意境，引领学生通过对具体语言文字的触摸，以阅读带动思考，让那些词语、句子在他们的面前鲜活起来。在教学时，我尝试活学活用，用孔子的部分教学理念来教学这篇课文，可能还略显稚嫩，但是值得尝试。

四、情境教学，深意无限

浓浓的春意、勃勃的生机沁人心脾，置身于大自然这位伟大母亲的怀抱，嗅着她的美，揩拂掉周身疲惫的尘埃之后，有谁不陶醉其中呢？"生本洁来还洁去，强于污淖染尘埃"，有谁能比得上母亲的纯洁与包容呢？包容你我的忧愁与烦躁，任心胸恣意流淌，任目光柔和深情。有谁能比得上母亲的高雅与美丽呢？大地的胸怀，森林的长发，阳光是她的明眸，轻风是她的絮语……醉了，懒了，谁不想投身其中？谁不想沉浸其中？谁能不获得心灵的宁静、舒适与惬意？不言而喻。孔子选择"泗水春景"这一恰当合理的教学背景，活用"游春"这一场景，借水喻理。教学时我们也可以活学活用，营造意境，叩开读的大门，张开听的翅膀，感受泗水春景。

"通过上一节课的学习，现在清晰地印在你脑海中的是哪几幅画面？"新课开始，一个简简单单的问题，既串起了课文的脉络，又让课文所描绘的图景在孩子们的心中鲜亮起来。"让我们跟随孔子的脚步，再一次走进两千多年以前那个温暖的春天。"一句极富感染力的引语，一段优美抒情的音乐，让孩子们在齐读中张开了心灵的翅膀。

五、循循善诱，以学定教

孔子论水及与学生交流言志，都采用了循循善诱、启发点拨的方法。我们在教学时同样要引导孩子扬起读的风帆，开启思的航程，在循序渐进中逐步感悟孔子的论水。

孔子关于水的论断在教材中只有短短91个字，却充满哲理，发人深思，更重要的是，它反映了孔子对水的一往情深。孔子生在泗水边，葬于泗水畔，他对水的这种深厚感情渗透在字里行间。引导学生潜入文字当中，读懂孔子的"情"，领会孔子的"爱"，是本课教学的重中之重。

在出示了这段话之后，我引导学生从"水是真君子"入手："为什么孔子说水是真君子呢？""孔子说的哪一点触动了你的情思、引发了你的感慨？"如此，让学生静静地读书，边读边写下自己的感悟。学生充分自读之后，在同桌交换读书收获的基础上，全班交流。在此过程中，教师根据学生的回答出示相应的句子，边读边悟，边悟边读。教师要充分尊重学生，以学定教，随时调整自己的教学流程。

比如说，在"有德行"一句中，我从词语入手，抓住"奔流不息"一词：什么是"奔流不息"？你还会用哪些词语描绘流水的样子？你见过奔流不息的流水吗？引导学生回忆学过的课文《长江之歌》中对水的描写，温故而知新。

比如说，在"有志向"一句中，我从画面入手，把水穿岩凿壁的图景呈现给学生，紧扣"穿"和"凿"，在品词析句的基础上引导学生感悟水的无所畏惧。

在这一环节的教学中，不管是从词语入手还是从画面入手，目的只有一个，那就是建立文本与生活的联系，让水的形象在孩子们的头脑中鲜活起来，进而理解它，悦纳它，与文本产生情感的共鸣，与孔子达成心灵的沟通。

在深入文本之后，我带领学生走出文本，给他们一个更宽的视野，再次从整体上把握这段话的内涵。先引导学生发现水的更多优点，用"水什么，它好像怎么样"的句式让学生练习说话，丰富"真君子"的形象，接着抓住"意味深长"一词，反复诵读，定格"真君子"的形象。通过这样的回环复沓，一唱三叹，让学生在具体语言材料的学习中培养语感，发展思维，在循序渐进的过程中提升听、说、读、写的能力。

六、有教无类，关注全体

"子路和颜回各有怎样的志向？快速阅读10~15小节，画出有关的句子。"然后引导学生借助具体的词句体会子路的豪爽慷慨和颜回的温文尔雅。问："子路和颜回，你喜欢谁?""作为他们的老师，孔子喜欢谁?"让学生反复讨论，在子路和颜回的横向比较中，在读者与孔子的纵向比较中，渗透孔子"有教无类"的教育思想，让学生知道，在孔子心中，子路和颜回都是有志向的真君子。再点拨学生看看其他同学都在做什么，更深入地体会孔子的育人理念，即"有教无类"。

  课堂上老师关注每一位学生的学习进程，关注每一位学生的自我发展，老师的一个眼神，一句肯定的话语，都能让学生感受到老师的眼里有他、老师在乎他。也许不是每一位学生都能有惊艳的表现，有睿智的回答，但是给他们读书的时间，是最好的语文肯定方式。纵观整节课的教学设计，从感受、感悟到感动，三段过程始终贯穿着读，注重学生读的实践，引领学生品读、赏读课文，真正理解课文，走进课文的情感世界，感受语言文字的优美，在他们心中埋下真、善、美的种子。

  泰戈尔说过：天空没有翅膀的痕迹，但我已飞过。教师不可能把所有知识都教给学生，而是让每个孩子都经历一个过程，在他们心中留下阅读的痕迹，感受文章深藏的意蕴，感受语言展现的魅力，感受老师对自己的肯定和在乎。

  一草一木皆含情，一山一水蕴哲理。孔子用大自然这部博大精深的"教科书"给他的弟子们上了生动的一课，也许我们没有这样的创见和锐思，但是我们可以细读慢品，巧借妙鉴，领着我们的学生在《孔子游春》一文中"游春"，在春意盎然、春光明媚里徜徉。

[此文发表于2012年4月《辅导员》(教学版)]

文题教学不可小觑！

"回眸一笑百媚生"，那震颤人心的一笑最是迷人，黯然销魂的核心所在即是"眼睛"，眼睛的魅力无限！文题，即文章的题目，它就是文章的"窗户"、文章的眼睛，文题的魅力同样无限！文题是学生理解文章、把握文章深层内容的第一级台阶，在小学语文教学中恰当合理、灵动巧妙地进行文题的教学，阅读教学能收到事半功倍的效果。文题或概述文章内容、统领全文，或突出文章重点、贯穿全文，或暗示写作方法，或流露作者的情感倾向等，抓住文题则"举纲张目"，拧住核心，统摄灵魂。因此，文题教学是我们语文教学的一个重要环节，绝不能忽视、偏颇。在此，我结合自己的教学实际，谈谈文题教学中的几点做法。

一、文题教学之——辨（辨题）

文章的题目内容丰富、形式多样，因此，我们在教学时第一步就必须学会辨识文题的类型，只有识得文题才能提领而顿，窥见一斑。

目前小学语文的文题，常见的有这样几类：写景类的如《烟台的海》《三亚落日》《庐山云雾》等；状物类的如《夹竹桃》《广玉兰》《石榴》；写人类的如《莫泊桑拜师》《少年王勃》；科普类的如《神奇的克隆》《火星——地球的"孪生兄弟"》；抒情类的如《爱如茉莉》《月光启蒙》；还有一些简单的说明文和诗歌。

辨识出文题的所属类型，能帮助学生迅速感知文章的内涵，毕竟不同的文题往往昭示着不同的文体，不同的文体所包含的内容也不尽相同，每一种文体都有自己特立独行、独树一帜的地方，因此辨识文题当为阅读教学第一步。

二、文题教学之——辩（辩题）

古人云：学贵有疑，小疑则小进，大疑则大进。语文教学开始，巧设疑问，引导学生积极思考，推动学生主动探索问题，在探索中得到满足，在探索中得到提升，是语文教学成功的关键。开好了头，就为上好一堂课打好了基础。针对课题引导学生质疑辩论，能激发学生的学习兴趣，激发学生的求知欲，从而产生内驱力，驱动学生迫切希望了解所提出的问题，为课堂学习做好铺垫。

每篇文章的标题总蕴含着或多或少的信息，向我们传递文章内容主题的信号，教师要引导学生质疑探讨，可以紧扣文章中心引导学生根据课题的关键词展开质疑，为理解课文做好铺垫。"话不说不清，理不辩不明"，文章的题目也会在辩辩议议中变得清晰明朗。教师在"设境导入"的时候有意识地激发学生根据课题提出若干质疑，虽然有些问题可能非常简单和肤浅，但是只要我们教师加以引导点拨，就能选出有较高质量的、能够统帅全篇的一个或几个问题作为研究对象。在明确中心问题的基础上，教师要放手让学生根据课题自主质疑，积极讨论，充分调动学习积极性，在学生"百思不得其解"之际，教师可以一语点破，让学生如有所悟，亦可留着悬念，激发学生寻根究源的动力和趣味，从而形成良好的学习动机和学习的氛围。

三、文题教学之——变（变题）

教师因课制宜，采取多种方法造出"新文题"，将"新题"与"原题"加以对比，让孩子们知晓原题目之精妙。

一变：扩展题目，提示内容，分层阅读。

有些课文的题目文字精练，具有可扩展性。这类题目的课文大多是记叙文或说明文。教学这类课文时，可以在题目的前面、后面或中间添加成分，使之扩展成一个句子，揭示文章内容，从而使学生对课文内容有一个初步的了解，然后再引导学生深入阅读，从而达到教学目的。

教学《石榴》时，可启发学生将题目扩展为"红红的石榴""甜甜的石榴""圆圆的石榴",这些扩展不仅点出了石榴的颜色、味道、形状,也为下文的教学做出了铺垫。《西湖》可扩展为"杭州西湖""美丽的西湖""风景优美的西湖""令人神往的西湖"等,同样能帮助学生从多个角度感受西湖,为课文的学习服务。

在让学生对题目进行扩展之前,教师首先应指导学生初读课文题目,然后要求学生初读课文,整体感知课文内容,再扩展课文题目,最后深入阅读课文。这样层层深入地阅读,有利于学生理解课文内容。这种分层阅读的教学方法符合学生的认知规律,教学效果较好。

二变:变换题目,换位思考,比较阅读。

不比不知道,一比忘不掉!"比一比"后孩子们往往更能发现文章题目的价值和意义。有些课文如果教师直接分析题目进行阅读,学生往往对课文的内容、结构、写作方法等难以把握。如果将原来的题目替换成其他题目,再对两者进行比较,找出两者的异同点,了解变换后的效果,再进一步阅读课文,学生就容易理解课文的内容和中心了。

若将《掌声》改为"小英",再比较两者的使用效果,就可使学生更容易理解用"掌声"做题目的好处:它不仅仅是对"小英"个人的记叙和描写,更多的是对"掌声"价值意义的顿悟,推而广之的是"掌声"的影响和普遍意义,完整地展现出"小英"而又不仅仅局限于"小英",经过这番比较,可以发现文章的原题意境更为深远,在对题目的分析探究中学生对课文中心的理解也会更深。

还可以变换题目中的部分词语,再比较它们的使用效果,这样也能加深对课文的理解。比如苏教版小学语文五年级下册中的《艾滋病小斗士》,可以把"斗士"换成"战士""勇士",在比较、朗读的基础上,学生自然能发现其中的细微差别,从而更能体会到"斗士"一词的精当和内涵。

四、文题教学之——辨("辨"题)

此"辨题"有文章梳理之功效,即深度挖掘文题中隐藏的有效元素,为梳理文章做好铺垫。在阅读课文之初,我们引导学生反复朗读和感悟文题,从多个角度进行审视,从中理清文章思路,分析文章内容,体会作者感情,揣摩表达方法。有的文题暗示文章的写作重点,通过理解文题可以理清层次，明确文章重点。有的文题比较含蓄，只是文章的线索，起到贯穿全文的作用，需要教师引导学生思考和理解。

苏教版小学语文六年级上册《半截蜡烛》：蜡烛，已随着时代的发展逐渐淡出历史舞台，只是偶尔在我们的生活中露一下脸。本文以"半截蜡烛"为题，突出蜡烛在文中的独特地位。它是伯诺德夫人藏匿秘密情报的所在，它是突然闯进家中的德军的照明之物，它维系着伯诺德夫人、杰克、杰奎琳的生命之线，维系着情报站的生死存亡，维系着大批军人乃至国家的利益与命运！全文以"半截蜡烛"为线索，层层推进，让读者的心随着它的点燃、熄灭、点燃而一次次揪紧！"半截蜡烛"在文中数次出现，抓住"半截蜡烛"就能清楚明白地理出文章的脉络层次，抓住文章标题，"梳辫"文脉，条清目明。

苏教版小学语文四年级下册的《黄河的主人》，学生通过审题，便能提出"黄河的主人是谁？""为什么说他是黄河的主人？""他为什么能成为黄河的主人？"三个问题一出，其实就已经对课文的知识内容形成了梳理，学生围绕这些问题，在阅读课文的过程中全神贯注地寻找答案，并且通过反复阅读印证自己的初步猜测。学生通过初读，就会知道黄河的主人是羊皮筏子的艄公；通过细读，就会了解艄公的勇敢和机智，镇静和机敏等；通过深读，还能领悟到只有伟大的黄河才能造就伟大的主人，艄公的精神便是中华民族的精神等深刻寓意。对文章题目的"梳辫"，为课文的学习和理解提供了帮助，让学生有了学习的抓手，使其有"题目"可依，有"脉络"可循。"提领而顿，百毛皆顺"，教师通过引导学生分析文题达到了课文教学事半功倍的效果。

"教无定法，贵在有法"。著名语言学家吕叔湘也曾经说过：在许多种教学方法之上还有一把总钥匙，它的名字叫"活"。文题教学的策略是"活"的，是丰富多样的，教师在教学实施中应因人而异，因教材而异，凸显灵活、灵动，归纳出最适合自己的文题教学方法。

[此文发表于2014年10月《辅导员（教学版）》]

解读文本切莫拘泥于字眼！

美丽的金秋十月，著名教育学者、诗人、生命化教育倡导者与践行者张文质先生第一次走进枫桥，走进枫桥中心小学，传播其生命化教育理念。

张老师来校后要先听听课，学校安排我上一节语文课，上什么课文呢？经再三考虑，我决定就上《青海高原一株柳》一文的第二课时，正好按进度就学到这篇课文。在和同组老师交流的时候，大家一致认为这是一篇很好的文章，意蕴深厚，语言优美流畅，情景交融，由物及人，托物抒情，是丰富学生语言积淀和情感体验的好材料，况且和生命教育的内涵也非常吻合。但是大家也都觉得这是一篇新课文，可以借鉴的范例很少，要想上好这篇课文不是一件易事。

备课伊始，我深入解读课文，大胆取舍，最终明确了学习的重点和授课的思路，即按作者的所见、所想两个层面展开，逐层推进，进而收束全文，第二课时重点学习作者的所想并总结全文。课文的第6~9节，作者想象到了高原的恶劣环境：持久的干旱，严酷的寒冷，高原风雪，雷轰电击；想到了这株柳树的成长历程：从遥远的河川飘来的一粒柳絮经历种种磨砺终于长成参天大树；想到了家乡灞河的柳树：长在河边，两三年便婀娜多姿、风情万种，想到此作者感慨万千，两相对比，同是一种柳树，生活的道路和命运相差何其远！

课在紧凑和热议中落幕，张老师听得细，记得实，想得远，让人钦佩。在下午的讲学中张老师把评课穿插其中。在肯定的同时，张老师提出了一个和我共同探讨的问题："青海高原的那株柳树和灞河边的柳树是同一种树吗？也许根本就是两种不同的树种呢？比如胡杨和我们身边的杨树就是不同的品种啊！"是啊，它们是相同的树种吗？如果本身就是两种不同的树种，也许青海高原的柳树就像沙漠中的胡杨一样，就适合在这样的环境中生长呢？那我们还需要对这棵柳树如此的敬畏吗？那么……

晚上我立刻再次阅读课文，逐句分析，终于有了这样的认识：也许，它们就是同一类树种。文中写到"风从遥远的河川把一粒柳絮卷上高原"，这粒柳絮来自遥远的河川，至于它是否来自灞河，无从考证，也无须考证，因为至少它是一粒平原柳树的飞絮啊！再有，"同是一种柳树，生活的道路和命运相差何远？"作者肯定地认为"高原柳"和"灞河柳"就是同一种柳树，不同的是它们所处的位置和环境，这造就了它们各自不同的风格。

如果从文中找寻依据和答案，我想仅此而已："高原柳"和"灞河柳"就是同一种树！可是当我跳出文章再次审视课文的时候，我也不禁发问：这些不都是作者陈忠实的凭空想象和大胆推测吗？耳听为虚，眼见为实，作者仅仅是看到了这棵神奇的高原柳树，进而大胆逆推才有了课文中的"所想"。我想，作者的所想，也许是真，这真的是一个传奇，这粒来自河川的柳絮，耐高温，抗严寒，顶风雪，战雷电，最终昂首挺立于青海高原之上，造就了高原上一处壮丽的风景；也许是假，它不是漂洋越海来自河川平原的一粒柳絮，它就是高原土生的特异品种，它就适应在这恶劣的环境中生长，作者如此写仅仅是文章主题表达的需要，一种表现的手法而已，也许……

其实，从不同的角度、用不一样的思维去解读文章，结果必定是各执所见，甚至是分歧不断、争论不休。个性化解读课文体现的是教师的学识、睿智和独到的见解，个性化解读也是课改理念的一种体现，但是我们不能停留在表面，拘泥于字眼，而应更多地去探寻文章传递给我们的知识和技能，以及情感、态度和价值观。

"学贵有疑"，这是求学的精髓；"疑后方有获"，这是学习的路径。只有在不断的质疑和释疑中，知识和学问才会交替增长。对文本的审视，个性化的解读和教学内容主题的纲本合而为一。是的，教语文既要能"钻进去"又要能"跳出来"啊，深入文本细嚼慢咽，斟字酌句，品味语文，历练智慧；宏观伫立回首篇章，审时度势，立足纲本，文本天成。

(此文发表于2012年《江苏科技报 教育周刊》)

找准教学点　言语训练实

——部编教材小学语文一年级上册第14课《小蜗牛》教学谈

部编教材小学语文一年级上册最后一课是《小蜗牛》，文章有点长，是全书唯一没有全文注音的课文。一学期的最后阶段，孩子们的语文习惯渐趋明晰，语文思维在反复训练中有了一定的萌动，在收官阶段安排这样一篇"与众不同"的课文，教科书编者的意图非常明确：对本学期的语文学习点（拼音、识字、写字）、语文学习力（朗读、看图猜想、想象力、语言文字的感知力、言语的实践运用）进行综合运用。鉴于此，从这篇课文中我们可以发掘出这样的一些教学点：

1. 无拼音识字（看图猜想识字）。
2. 课文自然段的再强化。
3. 无拼音的朗读。
4. 感受四季的特点，蜗牛妈妈对小蜗牛的疼爱，小蜗牛的坚持。
5. 语言实践训练。

这里面有着"知识"层面的学习，比如识字、写字，知道四季的特点等；这里有"情感态度和价值观"层面的感知，比如蜗牛妈妈对小蜗牛的疼爱，小蜗牛的坚持等；当然还有"过程与方法、技能"层面的，比如看图猜想识字、无拼音朗读、言语实践训练等。

歌德说过："内容人人看得见，涵义只有有心人得之，而形式对于大多数人是一个秘密。"这里的"形式"正是语文素养中最为核心的言语能力。下面就结合我自己课堂教学中的一些做法重点说一说"语言的实践训练"。

课文中有这样一句重复出现了三次的话："小蜗牛爬呀，爬呀，爬了好久才爬回来。"

在梳理完课文以后，老师问："孩子们，你们在读书的过程中有没有发现，有一句完全相同的话在课文中出现了好几次？"

学生会很快发现这句话："小蜗牛爬呀，爬呀，爬了好久才爬回来。"（这里其实就是学生对文本有了整体感知后，对有新鲜感语句的发现）

"这句话在文中共出现了几次？"

"三次。"（对课文中同一句话出现的次数进行准确识别，是阅读能力中"简单信息筛选"的必备训练，起步年级最合宜）

"你们感觉小蜗牛爬得快还是慢？你从这句话中的哪些字词看出来？"

"慢——"孩子们异口同声地回答。

"好久。"有孩子说。

"哦，按照这样的格式完整地说：'我从'好久'这个词语看出来的。'"（教师适当点引，让孩子的口语表达更规范、通顺、具体）

"好久，就是指时间——"

"很长。"

"小蜗牛爬的时间很长，说明小蜗牛爬得——"

"慢——"

"谁来把'好久'添加进去完整地来说一说？"（让语言的表达逐层递进）

"我从'好久'看出小蜗牛爬得很慢，因为'好久'是指很长时间。"

"小蜗牛爬得好慢啊，来，让我们读出蜗牛的慢吧。注意，'好久'这个词可以拉得长一些哦。"（孩子们在理解的层面上去朗读，在明确知道"好久"重读的基础上，朗读的效果会有很大的改观）

"孩子们，这句话里还有一些词语也在告诉我们小蜗牛爬得很慢很慢，用我们智慧的小眼睛在句子中找一找吧。"

这里的再次追问其实是指向句中的"才"和"爬呀，爬呀"，但是班级中很多孩子发现不了（我上课后的直接感受），所以教师在处理这两个点的时候要做好充分的预设：一个是有学生能发现后的全班强化，一个是无人发现时的巧妙点引。我上课时发现"才"这个字是有孩子感知到的，但仅仅是一种感觉，孩子无法言说，这时候就需要教师的教学机智，我的做法是现场列举一些贴近他们生活和学习的例子，达到触类旁通的效用。

"这个'才'字的确是有表示慢的效果，比如：你才写了一个字啊！这里的'才'就是说——"

"写字慢——"

"对啊，原来'才'字的运用有这么大的作用啊！再比如有小朋友吃饭比较慢，你们会说——"

"你才吃一点点啊，我们都吃完了。这位同学吃饭真是——"

"慢。"

"你测试才考了60分啊！这个同学考试分数真是——"

"低。"

"爬了好久才回来，小蜗牛爬得真是——"

"慢。"

"你看，一个'才'字，让我们感受到了小蜗牛爬行的速度很慢，注意一下'才'字，读出这样的慢。"学生再次朗读，感受"才""好久"带来的"慢"效果。

从教师列举的事例中孩子们感知到了"才"字的效果，紧接着教师反过来追问，孩子们自然能简单运用。一年级的孩子对语言形式的感知需要不断地进行思维上的冲击和强化，这样语文力才会不断提升。在言语实践完成后再次回归朗读，在理解感悟的基础上读，才能真正读到文字中去。

"除了'好久'，除了'才'，这句话中还有能让我们感觉到小蜗牛爬行速度很慢的词语，孩子们读一读，找一找。"

内容人人可见，形式只有有心人才能发现。起始阶段，孩子们对文字缺少敏感性，大多数孩子不能感知到，需要老师的巧妙点引，而这正是教师的价值所在，教在学生的疑惑不解处，即所谓"不愤不启，不悱不发"，这就是能力的生长点。

"写啊，写啊，写了好久才写完。这位同学写作业真是——"

"慢！"

"老师，我知道了，是'爬呀，爬呀'。"

"你真的有一个聪明的脑袋。"

"有个同学走路很慢，他——"

"走啊，走啊，"

"才走到远足的地方。"教师适当补充，和前面的《明天我们远足》加以勾连。

"原来'爬呀''爬呀'连用就是告诉我们小蜗牛爬行的速度非常慢，花的时间也很长。这么慢的速度，这么长的时间，你能用朗读表现出来吗?"反复的表述方式,让我们感受到了小蜗牛的爬行之慢,慢慢地、轻轻地读,学生的朗读更加有模有样了,一只只慢慢爬行的小蜗牛浮现在眼前,从字面走向画面,从声音走向图画。

　　语感的练习还可以再进一步,去掉"呀"字再体味,语气词让语言的韵律更足,在比较朗读中让孩子们的语感不断升级。在此句话学习结束时,可以转向"小蜗牛的坚持""四季的变化(特点)",教学点巧妙衔接,让每个教学点敲在节点上,落在文字上,渗进骨子里。

　　从"内容"到"涵义",最终走向"形式",找准每一篇课文的"教学点",让言语实践训练实一些,课堂上语文的味道就会浓一些,学生的语文素养在潜移默化中自然水涨船高。

"荡""击"相生展魅力

"水常无华，相荡乃成涟漪；石本无火，相击乃发灵光。"水因"荡"而变成涟漪一片，婉和柔美，顽石因"击"而闪现火光，温暖无限。集体备课如"水"如"石"，倘若没有了"荡"和"击"，则会变成死水一潭、冷石一块。集体备课是集体的研讨，思维的碰撞，智慧的交流，而不是流于形式的"走过场""搞形式""读教案""一言堂"。集体备课需要"荡""击"相生，即重在"研讨"，如果备而不"研"，"研"而不"讨"，一切皆是浮云。

一、自主研——"自主探究"

集体备课需要人人参与的意识，教师自我备课的意识必须加强，即自主地探究、挖掘、钻研教材，深入解读文本，为集体的探究、共论、研讨提供必要的保证。没有自我深入的探究，何来独到的见解和观点？到大组研讨时那就只有听听的份了，人人如此，思维的碰撞何来？集体备课的作用何来？"一言堂""读教案"便会死灰复燃。在集体备课中教师要树立"群策群力，尽我所能"的思想，彻底转变视集体备课为"走过场"的想法，摆正自身的位置，不再敷衍应付。

探究是集体备课的根本，教师备课不仅仅是探究教材，还要对教法、学法进行深入的研究，关注学情，以生为本，面向全体，选择最适合的教和学的方法。在备课过程中的自我思考、探究，自我积极研备，自我参与的积极态度，能让每一位教师集体备课的实效大幅提升。"众人齐探究，争鸣方不休。"备课探究不仅能提高教师自身研析教材、探究教材、研磨教案的能力，也是教师教育教学自我内驱力的体现，更为彰显团队共生的魅力打下了基础。

二、群体讨——"百师争鸣"

"人人有观点，一人深钻研。"在备课组长的调配下，同一篇或者是同一单元的课文，有几人参与研读探究，每一篇课文都要指定一位教师重点探究，把备课过程中的好方法、好经验、好问题在大组内集体研讨。研讨的过程就是"荡击"的过程，智慧和方法不停碰撞，教育教学的睿智和创见也就翩然而至。我们不能闭塞自己的思维，必须与别人不断进行交流。可能我们的意见不相一致，会产生分歧，引起辩论，辩得脸红脖子粗，论得唾沫横飞，进而相视一笑泯"恩仇"，但这些正是"百师争鸣"的高潮体现，"仁者见仁，智者见智"，这也是集体备课最核心价值的体现。只有这样的争鸣，才能使我们的教学思维不断完善、进步，才能产生有意义的想法，我们的集体备课才会丰富、实在、高效，才会意义深远。假如没有相荡相击的个性创见，没有独树一帜的另类解读，没有包罗万象的语文思维，集体备课就是静水一泓，冷石一块。

"百师争鸣"高效进行，讨论氛围热烈，这是一次集体备课顺利完成的必要条件。讨论充分，关键在于抛砖引玉的问题要能启发讨论者的思维，要能引发热烈而有序的争论，让集体备课充满学术论证的氛围。"争鸣"的中心是：在课程标准的指导下，"教师教什么，怎么教，学生学什么，怎么学"。比如讨论：文本解读后教学目标的制定是否明确，是否渗透落实三维目标，体现创新性与发展性？教学方法是否巧、活、新？板书设计是否简明扼要、形式灵活，有针对性？等等。"一石激起千层浪"，有价值的问题定能掀起高潮，撞出火花。

三、共相生——"求同存异"

集体备课在"自我探究合作"和"百师争鸣"的基础之上会衍生出许多观点，这个时候需要"求同存异"。"同"是在课程标准的指导下，在教学理念的引导下，有正确的文本解读，有合理的教学思路，有恰当的教学方法；"同"即全体教师自我研析探究教材，和争鸣时的众师达成共识，说得简单点，"同"可以理解为"教师教什么，学生学什么"，"异"

是因人而异，允许个性。教师面对的学生不同，不能以同样的教学设计去统一施教，教师个人的教学特点不尽相同，因此以学定教，量体裁衣，选择适合自己的教学方法、教学设计就显得至关重要。"异"也可以简单地理解为"教师如何教，学生怎么学"。

在"研讨""荡击""争鸣"的基础上，集体备课仍需"回归自我"，即博采众长，取他人之长，补自己之短，结合自我个性的特点，结合学情分析，斟酌出属于自己的个性化备课教案，也就是再次备课。"撰写札记"是"回归自我"的另一种呈现方式，也可以是"自我探究"时的心得感悟，可以是"争鸣"时的启发和收获，可以是"教学后记"抒写课堂教学中的得与失。

教学不是教师自己家的"自留地"，任凭自己随意种植开垦，教学是一种集体行为，备课需要教师个体的积极参与，更需要集体备课的"研讨合作"。"好风凭借力，送我上青云。"思维创见相"荡"，"荡"出智慧教学的波澜；真知灼见相"击"，"击"出高效备课的火花。"荡""击"相生，集体备课的魅力与实效尽现。

（此文发表于 2012 年 9 月《湖北教育》）

摒弃浮华随意，还第一课时本真

课文内容有长短，难度有深浅，因此一篇课文需要通过分课时教学达成既定的学习目标和任务。第一课时作为起始课时，有的上得风生水起，华丽无限；有的上得委婉含蓄，意境朦胧；有的上得老套陈腐，索然无味……究竟如何执教方为合理、恰当，值得深思和探究。

一、乱花渐欲迷人眼，掌控无度乱弹琴（现象）

"江山代有才人出"，当今小语教坛群贤辈出，众多派系各领风骚。对第一课时教学目标的设定、教学内容的选择、教学环节的设计等，更是仁者见仁、智者见智，课因人而相异，课因地而不同。第一课时教学样式层出不穷，这方唱罢那方登场，百家争艳，真可谓是"乱花渐欲迷人眼"。

事物总是一分为二，我们在为突破创新、追求标新立异叫好的同时，也不得不承认目前阅读教学第一课时存在的鱼目混珠现象，无论是在教学内容的安排上，还是在教学环节的设计上，都存在着或多或少的问题，粗略地概括为下面三种情况。

囫囵吞枣大跃进，目标不明乱弹琴。把一篇课文的主要教学内容都放到了第一课时，头重脚轻，结果是强塞硬灌，走马观花流于形式，教师唾沫横飞，学生却收效甚微——这是一种不伦不类的第一课时课堂教学。从课的起点上看，激发趣味，营造意境导入，学生对文本一无所知，应该是不折不扣的第一课时；可从课堂的收尾来看，学生对文本已有较为全面深入的理解，甚至是能力的迁移训练，这又无疑是第二课时，可是第二课时的教学又怎么能建立在学生对文本"零"认知的基础上呢？再回首课堂教学流程，仔细琢磨，居然没有看到学生识字学词、读通读熟文本的教学环节，而是一味地跳跃，没有课时的具体目标指向，真是怎一个"乱"字了得！

　　似是而非无主次，细嚼慢品文悠长。在教学内容的安排上，一会儿是识字，一会儿是资料展示，一会儿又是无明确目标要求的朗读，只求广度、宽度，不求深度，课时主题不突出，含糊其词，模棱两可，搞得学生一头雾水，不知道老师究竟想干什么。更有甚者，一节课40分钟，有近一半的时间在导入课文，营造意境氛围，孰轻孰重，孰是孰非？教师在对教材的解读和课堂的设计方面存在误区，明显主次不分。在蜻蜓点水地接触课文后，教师开始玩味文字，由细嚼慢品"文章美不美，句子好不好"的赏析环节径直进入第一课时，年段不分，置生源情况于不顾，生搬硬套。

　　教法老套无新意，恹恹欲睡无所知。所有课文的第一课时都采用"析题导入→自由读文→整体感知→字词点拨→梳理内容"这样固定的教学环节，千篇一律，不分课文类型，不分课文长短，不关注学情，不因材施教，听众们（学生）当然审美疲劳，恹恹欲睡了。

二、暗香浮动月黄昏，墙角蜗名功利心（原因）

　　探究第一课时教学中的种种不足和怪想，其实真正的原因不在于表层的课堂展示，暗香浮动，模糊黄昏，透过宏观表象剖析教者的内心波澜和灵魂深处的痼疾，而就在于：胸中无标、眼中无生，学段目标不明晰；缺乏深度思考，教学理念转换跟不上节奏；浮华随意，只为蜗名功利心……

　　每一节课都应有自己的课时教学目标、教学任务，怎么能随意妄为呢？有的教师心中无目标，眼中无学生，教师不知道该教给学生什么知识，该培养学生的什么能力；不知道为何而教，不明白如何去教，上课就是临场发挥，信口开河。这正像射箭一样，没有箭靶，那箭该射向何方？箭在弦上，射或不射往往都是罪过，不射出箭支完不成任务，射了，没有目的胡乱发射，往往又是险象环生。有部分老师知道"课标"一说，但是对其具体内涵却只知皮毛，学段目标也就更无从把握、落实。纲本没吃透，没有目标箭就离弦，结果只能是空放、乱放，伤人毁己。教师庸碌无作为，学生乏味无收获，混日子，耗时间，这样的课堂没有任何存在的意义。

课堂，语文诗意的栖居

随着课改的推进，教学的理念和方式在不断地更新变换，时代呼唤教师要与时俱进，不断地用先进的理论去武装自己，及时调整自己的教育教学方式，更好地去发展培养学生的综合能力。时至今日，语文阅读教学的第一课时也在不断进化，对学生的能力培养要求变得更细、更明确，如果教师的意识和教学方式未能同步，往往就会产生低效的教学、落后的教学，让教学的效果大打折扣，学生的学习兴趣和激情也会消失殆尽。

除却教学理念和方法层面的考量，其实有些教师也能与时俱进，随时更新自己的教学思维和方法，但是他们往往也会给第一课时的教学"添乱"。寻根究源，是浮华随意的崔嵬，浮华和随意的背后是追名逐利、贪求新异的浮躁与功利。为了博得满堂彩，为了赢得久远盛名，为了展示自己所谓的才华和教学睿智……总是有部分老师在潜意识里认为第一课时不如第二课时精彩，没有值得展示的内容，更不能为凸显教师的华丽表演搭建平台，所以疯狂追逐第二课时，即使是第一课时也要上出第二课时的样子。每拿到一篇课文，还没读两遍，便考虑做什么样的课件，哪里可以表演，哪里可以"小组合作"，哪里可以拓展、发散，哪里可以有"多元解读"等，试图以"旁门左道"来掩饰自己的肤浅和浮躁，以至随意调配文章的内容，随意设置教学的环节，随意更改教学的目标，这是教育真谛的缺失，教学目标指向的混乱、越级、跳跃，显然违背了教育的规律，违背了教学的规律，违背了学生成长和学习的规律。

公开课中浮华尽显、常态课中随意的现象更是比比皆是：随手而画，率性而为，美其名曰"信手拈来"，实属"脚踩西瓜皮——滑到哪说到哪"，天马行空，课时目标极其模糊，课堂节奏缓慢，教学内容冗长粗糙，课堂效率低下。

一切的一切都是教师为自己个人而作，置学生于不顾，置天职于身外，随意而妄为！须知道，功利之心不可有，蝇头小利不贪得，墙角蜗名不追慕，方得语文本真色。

三、洗尽铅华呈素姿，繁华落尽归本真（对策）

风雨过后见彩虹，在阴霾散去的天际，繁华落尽，我们再回首，阅读教学第一课时的本真已素然呈现。"转变和彻悟"让语文第一课时教学焕发出新的生命活力。

（一）转变

1. 转变陈旧思维、理念，是搞好语文教学的第一步

心中要有"课标"，参透"课标"，充分认识第一课时的作用，知道学段的特点和要求，知道目标理念的指向性，做到有的放矢；心中有"孩童"，循着儿童的天性，因材施教，让教师成为孩子们学习道路上的指路明灯，成为孩子们人生道路上的"重要他人"。

2. 转变对第一课时的认识：第一课时不可略

第一课时在语文教学中是引导学生走进文本、接受熏陶的第一步，是激发学生学习兴趣、整体感知课文的关键点，是对学生进行读写训练、提高其语文素养的起始点。正确处理好第一课时，能引导学生从整体上把握课文内容，能帮助学生打下语文知识的坚实基础，能帮助学生养成良好的语文学习习惯。也只有有了第一课时的扎实教学，学生才能顺畅地走进文本，真正与文本实现零距离的交流。没有第一课时的扎实教学，就没有第二课时的精彩纷呈。

3. 转变第一课时教学流程，让课堂变得理性灵动

"未成曲调先有情"，"入境始于亲"。在学生最初接触阅读材料时，教师需要从一开始就把学生带入阅读状态，带入相应的课文情境。一篇课文的引入教学具有艺术性，好的引入能激发学生的学习兴趣，因此首推环节可以设置为"创设情境，激发兴趣"。

学习生字新词，落实识字任务，完成生字教学是第一课时的重点，教师要舍得拿出一定的时间，把识字教学抓细抓实，"识字学词，落实目标"是第二环节。当然，各学段识字、写字教学的侧重点都应不同，但在进行教学时应根据不同的生字新词进行有重点、有取舍的巧妙教学，不要面面俱到，要让学生在轻松、活泼、有趣的氛围中识字学词，感受语言，积累语言，培养语感，扎实有效地完成识字教学目标。

"读通课文，整体感知"是第一课时的主要任务之一。"书不读通不开讲"，说的就是语文教学首先要将课文读正确、读通顺，而"读通"就是第一课时的重点。应让学生有充裕的时间来朗读课文，让他们更多地接触语言材料，整体感知文本内容。在初读时，教师要注意指导，明确初读要求，给予学生初读提示，教会他们初读的方法。课标指出，语文教学要重视培养学生整体把握的能力。一篇文章是一个整体，反映了作者的思想感情，具有一定的语言美、思想美、情感美。就像一朵花，整体观赏十分美丽，一旦把花瓣、花蕊、花托都拽开，花朵就会失去美丽。同样，一篇文章，只有从整体上感知把握，才能体会到文章的思想感情和美。在第一课时的教学中，尤其要重视培养学生整体感悟课文的能力。

"抓住重点，适当精读"，这是部分老师第一课时引导学生感知课文时常用的方法，但是这一环节的运用要因人而异，因生而异，因教材而异，根据不同教材、不同年级、不同学生以及课时划分和课时目标来确定，可以适当、适度地进行精读感悟。

"一曲终了，余音绕梁"，会引发人无限的遐想，给人更多的艺术享受。在第一课时结束时，教师设置疑问，抛下话题，启发思考，留下悬念，以激发学生探究的兴趣，留给学生思考的空间，以此来引起学生细读的欲望，为第二、第三课时的学习打下基础，蓄足气势，达到课虽下，味还在，趣仍浓，思无限的艺术效果。"设置悬念，阅读期待"环节必不可少，"作业布置"环节也不可丢。

教学流程设置仅仅是常规环节，不能生搬硬套、一成不变，需要教师根据实际情况随时调整，融入自己的理念、学校的特色等，科学的、高效的，适合学生、适合自己的就是最佳的。

（二）彻悟

"大道至简""简简单单教语文，扎扎实实促发展"，很多专家学者提出了语文教学的真谛，"简约和扎实"是语文第一课时教学的中心词，"读书和写字"是语文第一课时教学的主要内容。

1. 简约和扎实

简约的语文课堂，就是用最有效、最直接的方法去取得教学实效，要减少花样，简化环节，留给学生更多读书、思考、讨论的时间，使学生从感知到理解，从理解到内化，最后学会表达运用，从而提高语文能力。简约不是简单，它是一种课堂感受；简约不是随意，它是一种精心设计；简约不是低能，它是一种高效整合；简约不是随意放纵，它是一种以人为本的教学境界。

荀子说："不全不粹之不足以为美。"莎士比亚还说："简洁出自智慧。"教学中面面俱到、平均用力、点滴勿漏是不可能的，这样做的效果也未必好。其实，正是这种"不全""不粹"，语文教学才更精练、更精彩。

教学目标简明而不失品位。阅读教学最忌浮光掠影、蜻蜓点水般的"眉毛胡子一把抓"。教学时，教师应把握"三个维度"和阅读教学的阶段目标，依据课文的特点与单元训练重点，彻底解决一两个切实需要解决的阶段性目标，拟定简明的教学目标。

教学内容简约而不失精彩。课堂的教学时间是有限的，学生的学习精力也是有限的。因此，教师要深入研读教材和教学内容，发现那些学生真正需要的、有用的东西，以充分发挥教材的价值。

教学指导简要而不失到位。教学中，当学生的理解出现偏差时，教师要"引导"；当学生思路不清、认识肤浅时，教师要"开导"；当学生遇到困难、思路卡壳时，教师要"辅导"。我们倡导"简简单单教语文"的教学指导，教师应努力追求指导得恰当、指导得明白、指导得科学，使指导的内容具有提示性、启发性和示范性。

教学方法简便而不失高效。陶行知指出："凡做一事，要用最简单、最省力、最省钱、最省时的法子，去收最大的效果。"是的，虽然说"教无定法"，但"贵在得法"，教师应努力追寻最简便、最有效的教学方法。

简简单单的语文课堂，应是简明而不失品位，简约而不失精彩，简要而不失到位，简便而不失高效。语文教学追寻的简简单单，其实就是一种更高层次的返璞归真。这种"简单"是对冗繁的语文课堂的一种"清洗"，是对语文学习本质的一种回归。

语文教学追求的是"人本"，即"本实"做人，"本实"教人。学生学习语文的过程是一个文化浸润的过程，是一个人格完善的过程，它需要的是平实从容，需要的是扎实有效。语文教学的各项训练都要扎实，不可望浮云，走过场，要耐得住性子，在点滴积累中提升学生的语文综合素养。读书训练扎实：读得通顺，读得透彻，读得流利，读得韵美；写字训练扎实：写得正确，写得美观，写得大气，写得流畅，习得方法，悟得要领；习惯培养扎实：良好的读书习惯，良好的写字习惯，良好的听课习惯，良好的作业习惯，良好的思考习惯，让好习惯在课时进行中逐步形成，让好习惯受益终生。

2. 读书和写字

阅读课的教学主要目标、核心目标是读书，教师应该紧紧抓住读书训练不放。阅读课只有通过读书训练，才能整合现在语文课程标准提出的三维目标。在深度读书中学生可以学到知识，可以领悟学习的方法，可以明晓道理，可以受到情感的熏陶。抓住读书不放，语文教育的三维目标就能得到很好的整合，唯有在阅读中才能涵养学生的语文素养。

当前的第一课时还须着重强化的是"让每一个学生读好课文"。这里的读书不仅是深度阅读文章，还包括朗读，朗读要读得通顺、读得透彻、读得流利、读得韵美才行。在现实中，课文学完了，常常还有学生读不上课文。因此，在第一课时教学中不要只让几个学生读书，要通过老师范读和优秀学生范读等形式先帮助所有学生读正确，然后变换形式（领读、引读、小组读、同桌互相读等）一遍又一遍地、不厌其烦地训练每个学生的朗读能力。"书读百遍，其义自现"，在学生朗读水平和语感提高的同时也为更好地理解和学习文章做好铺垫。

《语文课程标准》在第三部分"实施意见"中明确提出要求：要指导学生掌握基本书写技能，养成良好的书写习惯，提高书写质量，小学1~6年级，要在每天的语文课上安排10分钟，在教师指导下随堂练习，做到天天练，在日常书写中增强练字意识，提高书写效果。因此，第一课时的识字和写字应该落到实处。1~6年级各学段的要求各不相同，教师要做到心中有数，恰当适时而教，切不可越俎代庖，应在指导学生写正确的基础上引导其写出汉字的形体美。在进行教学时，应根据不同的生字新词进行有重点、有取舍的巧妙教学，而不是面面俱到，应让学生在轻松、活泼、有趣的氛围中识字学词，感受语言，积累语言，培养语感，扎实有效地完成识字教学目标。教师可以相机范写，在范写过程中不仅要讲解结构、部件，也要讲解笔画的运笔及变化。易错字在第一课时教学中也要体现教学艺术，依靠教师的智慧帮学生总结规律，记准记牢，不留下"再难改正"甚至"终生写错"的遗憾。因此，写字成为语文第一课时教学的重中之重。

课堂教学是一个永恒的话题，"语文教学的过程，是学生精神享受的过程,是为学生的精神生命铺垫底子的过程"。有效的语文课堂是具有灵动生命力的课堂,是具有张扬个性的课堂,也是符合语文教学规律的课堂。什么样的第一课时教学是成功的?我想,如果它真的激发了学生的学习兴趣,真的让每个学生都读通了课文,真的提升了学生的写字水平,而且还能体现"简约和扎实",那么它就是最为理想的第一课时语文教学。

(此文获苏州市教育学会2014年教育论文评选一等奖)

合理运用背景资料，为教学增色添彩

语文教材具有深厚的文化底蕴和广阔的知识背景，合理运用背景资料能为课堂教学增色添彩。

一、运用背景资料，激发学习兴趣

风起水涟漪，金石荡生火。学生对学习的热情需要调动，教师如果能够巧妙地运用背景资料，就能激发学生学习的兴趣。

上海松江区语文教研员谈永康老师在教学《爱因斯坦二三事》时，像大部分老师一样出示了爱因斯坦的照片向学生介绍人物，与其他老师不同的是，谈老师选用了爱因斯坦少年、青年、中年、老年等不同人生阶段的照片。随着照片的缓缓移动，谈老师言简意赅地向学生介绍爱因斯坦的一生：爱因斯坦，1879年出生于德国。小时候不善于说话，却有强烈的好奇心。1905年，26岁的爱因斯坦发表狭义相对论、布朗运动和量子论，震撼科学界。1921年因在光电效应方面的研究贡献而获得诺贝尔奖。1955年，爱因斯坦在美国去世。他一生光辉，犹如划过夜空的星星，留给人类无限的遐想和怀念，也给我们留下了宝贵的精神财富。

运用之妙，存乎一心。教师对图片资料的合理重组，对文字资料的有效整合，极大地激发了学生走进文本、走进人物的兴趣。

二、运用背景资料，体悟人物情感

古代诗词历史久远，底蕴丰厚，用好其背后的资料能进一步引领学生感悟诗词意蕴，体悟人物情感。

《示儿》是南宋陆游的绝笔诗，强烈的爱国深情令人动容，忧伤无限、字字传情。在学生通过对古诗的阅读理解人物情感后，我创设问题情境：

"陆游的遗愿到底有没有实现呢?"适时补充《示儿》"续篇"《题陆放翁诗卷后》,在学生知道了诗意"你的子孙虽见到了统一的国家,但是这个国家却由元兵统一,怎么能在家祭时告诉你呢?"后,我又出示南宋诗人林升的《题临安邸》,引导学生了解朝廷灭亡、国家衰败的根源,即为官者歌舞升平,醉生梦死,毫无作为。在此基础上,我引导学生再回到《示儿》,走进诗人的临终遗愿,学生就对陆游的爱国、忧国之情体会得更加深切了。

"歌以咏志,诗以传情",教师精心利用背景资料可以让学生的情感体验更进一层。

三、运用背景资料,拓展延伸课外

新课标对学生的课外阅读提出了更高的要求:"培养学生广泛的阅读兴趣,扩大阅读面,增加阅读量,提倡少做题,多读书,好读书,读好书,读整本书。"

苏教版语文五年级下册《我和祖父的园子》一文节选自作家萧红的《呼兰河传》,文中描绘了一个自由的园子,一位慈祥和蔼的祖父,一个顽皮活泼的"我",绘景造境,营造出爱的天堂。教师在引导学生感悟出"我"和祖父间的深厚感情、"我"童年的自由快乐后,话锋一转,引入萧红的背景资料,特别是茅盾对萧红的评价:一篇叙事诗,一幅多彩的风土画,一串凄婉的歌谣。快乐自由的园子,洒满爱的阳光的园子,怎么就成了一串凄婉的歌谣了呢?

走过 31 年短暂而坎坷的人生旅途后,对人间的"温暖与爱"怀着"永久的憧憬与追求"的萧红,离开了人世,怎能不悲情叹惋!但是萧红给世界留下了宝贵财富——有着亿万读者且历久不衰的《呼兰河传》。教者借助背景资料从情感的激发升腾,再到整本书的推介,水到渠成。

背景资料的灵活运用,既提升情感,加深了学生对作者的了解,又巧妙地从课内拓展延伸至课外,引导阅读整本书,携手孩子们走进"我和书的园子",品味"书香园子"的快乐。

四、运用背景资料，加强能力训练

《语文课程标准》"教学建议"提出：语文教学要注重语言的积累、感悟和运用，注重基本技能训练，让学生打好扎实的语文基础，提高学生发现、分析和解决问题的能力，提高语文综合应用能力。

在《爱因斯坦二三事》一文的教学中，谈永康老师课堂收尾部分灵活巧妙地运用背景资料提升学生的语文能力：大科学家爱因斯坦为什么生活得如此简朴呢？学生回读课文，从文本中找到答案，谈老师趁热打铁，补充了爱因斯坦的事例（背景资料），如"爱因斯坦来到普林斯顿的高等科学研究所工作时，当局给他年薪一万六千美元，他却说：'这么多钱，是否可以给我少一点？给我三千美元就够了。'"谈老师请学生选一个最感动自己的事例读好，然后在这一事例的开头加上一句概括的话，接着请学生上台朗读。就这样，学生在不知不觉间合作完成了一篇"新爱因斯坦二三事"。

精心而巧妙的设计，在行到水穷处，临近收官时，再次一石激起千层浪。教师抛出背景资料，让学生的思维训练更进一层，既突出了五年级"篇"的训练，又拓宽了学生视野，让知识与技能双丰收。

背景资料是语文阅读教学中值得利用的资源，教师要有强烈的资源意识，去努力开发，积极利用，把背景资料的辅弼作用发挥到极致，以增强学生学语文、用语文的意识，多方面提高学生的语文能力。

[此文发表于2015年4月《小学语文教学（会刊）》]

曲之徐疾因有节，课之精彩需节奏

"大弦嘈嘈如急雨，小弦切切如私语。嘈嘈切切错杂弹，大珠小珠落玉盘。"这是唐代诗人白居易在《琵琶行》中生动描绘歌女弹奏琵琶绝妙技艺的句子，这几句诗其实也是对音乐节奏最恰当的诠释。节奏是音乐的主角，正是节奏的变幻让音乐变得或灵动优美或激扬热烈，正是节奏的丰富让音乐变得韵味十足、题旨鲜明，节奏主宰着乐曲的灵魂，是鉴别乐曲质量和高度的标杆。课堂教学中同样存在着丰富多变的节奏，教师对节奏的认识、把握、掌控程度往往也会决定一节课的质量。

课堂教学中"起承转合"的每个细节，教师都应缜密思考、精心设计，只有这样才能真正把一堂课雕塑成精美的艺术品，把一节课缔造成一首美妙的乐曲。课堂教学的节奏必须综合考虑，巧妙安排，使构成各要素搭配合理，穿插得体，衔接有序，融洽统一，以构成整体节奏的和谐美。课堂教学的节奏要有一定的章法，如一首乐曲，不可乱弹。正如徐大椿在《乐府传声》中所说："曲之徐疾，亦有一定之节，始唱少缓，后唱少促，此章法之徐疾也；闲事宜缓，急事宜促，此时势之徐疾也；摹情说景宜缓，辩驳趋走宜促，此情理之徐疾也。"课堂教学的节奏应存在于每一课时自始至终的渐变之中，符合一种有生气的变化规律，正像音乐里的"渐强""渐弱"一样，通过规律性变化，体现出一种流动美，使整个课堂教学节奏分明、充满活力。教学节奏的整体和谐程度，体现着教师教学艺术的水平。在讲台上，教师犹如乐队指挥，要用心调动每一种乐器，演奏出节奏和谐、旋律优美的乐曲。具有整体和谐的教学艺术节奏的课堂教学，可以给学生美妙的艺术享受，让他们在身心愉悦中接受深刻的教育。

如果一节课四十分钟都是一个腔调，平铺直叙，朴实无华，像杯白开水，学生定会感到乏味，打不起精神。当然，如果通篇语气激昂，慷慨陈词，像擂响的战鼓不停息直到下课，学生的思弦也会难以承受这样的密度和强度,懈怠者、疲惫者肯定不少。那么,怎样的课堂教学节奏才是和谐恰当的呢?

一、动静结合,相辅相成

教师课堂教学方式的间隔变换,有助于学生消除疲劳,保持注意力,提高教学效率。教师在组织教学时,要巧妙安排教学方式,使之动中有静、动静结合。如可以把教师讲学生听、教师演示学生观察、教师提问学生回答、学生动手教师指导、学生自学教师辅导等教学双边活动有机结合起来,使教学活动在动静交替中有节奏地进行。优秀的教师非常注重动、静的合理安排与巧妙转换,在学生答问、讨论之后,教师来一个总结、板书,学生做笔记,进而课堂气氛由闹转为静。这样做可加深学生对讨论问题的理解,把讨论的问题条理化,达到动静相辅、动静相生的效果。

二、快慢搭配,错落有致

教学内容有易有难,有重点与非重点。为此,在设计教学节奏时,要求教师将教学内容安排得错落有致,时间分配得当,切忌平均用力。小步骤过渡可以快,新知识衔接需要慢些;新课引入宜快,学生做笔记宜放缓些;学生易懂的地方"蜻蜓点水",难懂的知识点则"重锤出击"。突出重点,分散难点。使用快节奏时,学生的思路能跟上进度,学困生不掉队;使用慢节奏时,仍然保持适度紧张的学习活动,不出现注意力涣散现象。上述做法有助于使整个教学节奏如行云流水,顺畅自然。

在强调教学活动总体上应当有一个恰当的快节奏的时候,还应当指出,在某些教学环节应当保持慢节奏。或者说,教学的某些环节必须以慢节奏进行。有时候,还必须出现如同音乐中的"休止符"一样的短暂停顿。例如,在课堂提问中,教师应该有两个最重要的停顿时间,即第一等待时间与第二等待时间。第一等待时间是指教师提出一个问题之后要等待足够的时间,这时,不能马上重复问题或指定学生回答。第二等待时间是指学生回答问题之后,教师也要等待一段时间才能评价学生的答案或提出另一个问题。生理学和心理学研究表明,人的思维是间断性、跳跃性的,而不是连续的。当学生在头脑中出现一个思维高峰后，往往要停顿3～5秒钟才会出现另一个高峰，思维的这一特点好像是"间隙喷泉"。因此，教师在提问过程中应当设置必要的停顿时间，以利于学生思维高潮的出现。这样，"提问—等待—回答—等待—评价"就构成了快慢相宜的课堂提问节奏。

三、张弛有度，强弱分明

四十分钟的一节课，教师要精心安排教学的开始、发展、高潮和结局，使教学过程有起有伏，形成节奏，要在教学的最佳时间出现高潮，在高潮之前要有数个小潮铺垫。教师的教学语言要抑扬顿挫，要注意语言中节拍的强弱、力度的大小交替变换，以增强表达力和感染力，打破一种单调声音的催眠刺激。教学信息的安排要疏密相间，既要使学生保持旺盛的精力，又不使学生产生疲劳或过于松弛。一首乐曲不能乱弹，一堂课也是如此，必须综合考虑，巧妙安排，构成一堂课的各要素要搭配合理，穿插得体，衔接有序，融洽统一，以形成整体节奏的和谐美。在每天学习的节奏中，我们应该既能看到"上课—下课—上课—下课"这样类似音乐"四二拍"的强弱交替、明快有力、"进行曲"式的刚性节奏，也能看到由学生自由活动构成的强弱交替不明显的、悠闲而舒缓的"散板式"的弹性节奏。在这种和谐的节奏中，张与弛、强与弱就得到了辩证的统一。

课堂教学节奏贯穿于每一节课，教师要通过创造性的预设和智慧的把握，展示一些规律性的变化，体现一种流动美、灵动美，让整个课堂教学节奏分明，充满活力。正所谓：动中有静，静中显动，动静结合，情智共生；急中有缓，缓中见急，缓急相映，节奏天成。

（此文发表于2011年8月《信息教研周刊》）

杏花红　文韵丰

又是一年芳草绿,依然十里杏花红。在上学期,通过对《春联》的学习,孩子们记住了"芳草绿",回味着"杏花红",浅草芳绿,水面初平,柔风轻吹,泛起圈圈涟漪,吹绿了柳梢,吹青了小草,吹醒了孩子语文的情思。苏城杏花未红,但春脚已到,在文字的世界里行走如春,找寻属于每一个孩子的"第一朵杏花"。

"小楼一夜听春雨,深巷明朝卖杏花。"陆游听一夜春雨,翌日清晨又闻深巷杏花叫卖声,淡雅春意油然生,烟雨江南入眼帘,湿漉漉、绿幽幽、亮晶晶、香喷喷的春色,浓而淡,淡而又深,深而且远。金戈铁马的陆游,辗转反侧,彻夜难眠,清幽空寂独惆怅。"素衣莫起风尘叹,犹及清明可到家。"陆游时年六十二,宦海沉浮,壮志未酬,又兼个人生活的种种不幸,这位命途坎坷的老人发出了悲叹,临安春色,清淡寡味,人情冷漠,世味索薄。一切景语皆情语,再美的景,与孤寂的心遭遇,都会黯然失色,索然无味,悲情归途,清明可及。杏花点燃情绪,杏花开时节气"清明",《第一朵杏花》中第一朵杏花的开放时间就是清明,原来,陆游的时代里已然知晓:杏花前后与清明时节。教学的补充厚度之一:杏花、陆游、清明。

如果说陆游是悲春、伤春、薄春,那"绿杨烟外晓寒轻,红杏枝头春意闹",绿杨轻舞,霜寒不再,杏花浓春,铸就绝唱,在"红杏尚书"宋祁的眼里则是春光烂漫,大好春光在红绿的绝色搭配中一览无余,赏春、赞春、美春、闹春里的春意盎然,"闹"字里的活色生香,"一个'闹'字境界全出"。同是杏花诗,心境渡春秋,教学的补充厚度之二:红杏、宋祁、春意闹。

对于四年级的孩子来说,这两个文学补充可能太"厚",但是传统文化的濡染总是从"厚积"开始的。

教学的补充厚度之三:苍苔屐齿、柴扉不开、春色满园、一枝红杏。

孩子们对绍翁先生的《游园不值》知晓甚早。"春色满园关不住，一枝红杏出墙来。"红杏的活力更强，红色的炽热点染着春韵，"一枝红杏"的悄然凌墙而望，望出了遐想中的满园春色，窥一斑而见全豹，撰文立意应如是。

苏教版语文四年级上册《第一朵杏花》在学习课文的基础上让文章更具有厚度，上面的诗文补充未尝不是一种好方法。"第一朵杏花什么时候开？"稍不留神就上成了生物课，这篇简单的文章最大的立足点不是让孩子们知晓"第一朵杏花是开放在清明节"，而是让孩子们明白围绕"竺可桢爷爷对待科学研究严谨认真和一丝不苟的态度"这一主旨选取合理有效的写作素材，学会有效的语言表达。正如课后习题"课文为什么以第一朵杏花为题？"第一朵杏花串起了文章的始末，竺可桢和小男孩的两次对话揭晓了课文以"第一朵杏花"为题的原因之一，即"发现第一朵杏花开放时间的过程"。第一朵杏花的开放让小男孩兴奋，更让竺可桢爷爷兴奋，竺可桢爷爷兴奋的是知道了第一朵杏花开放的时间，兴奋的是邻家小男孩持续观察一年终于发现了第一朵杏花开放。物候的观察有结果，男孩的纯洁品质暖人心。

课文最后一段看似与问题关联不大，但这正是这类文章的特色，在篇末夯实人物形象，凸显文章主旨，让文章情感、态度、价值观的味道更浓一些，在竺可桢的科研品质里，指向"第一朵杏花"为题秘妙。

春风吹，花苞鼓，杏花开，童颜亮，竺可桢爷爷的精神也亮了，严谨认真、一丝不苟、持之以恒的研究品质需要典型的事例，需要这些事例中的"他人"参与、辅衬、烘托，让人物变得立体，语言、动作、细节让文章血肉丰满。人融于事，事凸显人，细节描写一直是写好人物的法宝和利器。文中对话描写虽简洁，但后缀提示语丰富，在一定程度上可以让我们更好地进行分角色朗读，有感情地对话，你读，我读，交换读，你仰望，我弯腰，配上动作读，越读越有感觉，越读领悟越深，在读的互动中推动课堂氛围走向高潮，化人于胸，明法于心。

第一朵杏花开，知事，读人，悟理，得文法，补诗文，添厚度。

"拔萝卜"拔出思维新高度

语文从来不是只有情感的渲染，更应该有思维的训练与提升。今天和班上的小娃娃们一起学习《语文园地五》中的"和大人一起读"《拔萝卜》，简单的故事情节，在反复中随着人物的不断增加进行语文扩充训练。

从老爷爷拉着萝卜叶子拔萝卜"嗨哟！嗨哟！"开始，人物不断增加，老婆婆、小姑娘、小狗、小猫。

小狗叫小猫来帮忙……到了这里故事打住了，教科书编者问：后来怎么样了呢？

我带着孩子们边读边猜，从老婆婆就开始猜，猜什么？猜他们拉着萝卜叶子拔萝卜"嗨哟！嗨哟"的口号和动作，学生最喜欢读这句话了，读着"嗨哟"嗨起来，课堂气氛热起来。

老婆婆又叫来小姑娘，他们会怎么拔萝卜？小姑娘拉着老婆婆，老婆婆拉着老爷爷，老爷爷拉着萝卜叶子拔萝卜。小姑娘来了，人物不断增加，动作都一样，一个拉着一个，不断重复"嗨哟！嗨哟"的号子。

后面小狗来了，小猫又来了，队伍越来越长，人多力量大，他们有没有拔出萝卜呢？孩子们有的说没有拔出来，有的说拔出来了，其实萝卜有没有拔出来我想并不重要，重要的是"怎样拔出来的"和"为什么没有拔出来"。

当小狗喊来小猫后，故事的发展会怎样？孩子受到之前的句式启发，顺理成章地说："小猫拉着小狗，小狗拉着小姑娘，小姑娘拉着老婆婆，老婆婆拉着老公公，老公公拉着萝卜叶子，'嗨哟！嗨哟！'拔呀拔，拔不动。"

这里的句式反复练习指向一年级孩子的语言思维，在借鉴前面句式的基础上进行模仿练习，绝大多数孩子都能完成这样的句式练习，这也达到了"和大人一起读"的教材设置目的之一。但是"和大人一起读"一定是要高于孩子们自己阅读的，那"大人"的作用体现在哪里呢？在课堂上,"大人"就是咱们的语文老师,语文老师的作用如何凸显决定着"和大人一起读"的教学实效性。

也许有的语文老师会让孩子们"演一演",从拔萝卜人数的增加上着手,从"'嗨哟!嗨哟!'拔呀拔,拔不动"的语言和动作上进行表演,这样的教学方式趣味性一定很足,课堂的气氛肯定轻松愉悦,但是从语文的素养角度出发,这样的教学方式其实根本不能提升学生的语文能力,不管是思维的拓展,还是言语的训练,学生都无法触摸。

也许有的语文老师会让学生仔细观看插图,从中发现故事的发展过程和结尾。这是一个不错的教学点,课文中的四幅图中有着丰富的信息:最后一幅图中又来了小老鼠,随着拔萝卜人数的增加,萝卜从土里出来的程度也在不断发生变化。在引导孩子们仔细观察后,很容易就能发现这两个信息,所以语言表述训练有了抓手:"小老鼠拉着小猫,小猫拉着小狗,小狗拉着小姑娘,小姑娘拉着老婆婆,老婆婆拉着老公公,老公公拉着萝卜叶子,'嗨哟!嗨哟!'拔呀拔,拔不动。"当孩子们的思维依然停留在"拔不动"这个点上的时候,"大人"的作用便愈发明显。

"孩子们,小老鼠来了萝卜还没有拔出来,小老鼠又会叫谁来呢?"教师顺势发问,这是教学策略之一。

"小马""公鸡""鸭子""大象"……五花八门的答案来了,到底是这些天马行空的答案都行,还是答案必须有一定的规律呢?这时候需要老师对教材进行深度研究与解读,从老公公到小姑娘,再到小狗、小猫、小老鼠,个体是越来越小,力气也越来越小,叫来的人和动物都是日常生活中的,这么一讲,孩子的思路就会更清晰。"小马"太大了,"公鸡"还可以,"鸭子"也能将就,"大象"肯定不行,小老鼠还能叫来谁?孩子们猜来猜去又多了一些答案,"小蚂蚁""小蜗牛""小麻雀",这几个还不错,当然还会有"小鱼""小蝌蚪""小青蛙",那要说清楚:"水里的一些小动物实在是不能爬到岸上来的。"思维的拓展在这个点上进行延伸,让孩子们敢于想象,合理想象。

"孩子们,小老鼠来了萝卜有没有拔出来呢?请同学们看看课文中最后一幅插图。"教师顺势发问,这是教学策略之二。

孩子们经过仔细观察发现,萝卜其实已经快要拔出来了,对比前面的几幅图片,很容易发现当小老鼠加入后,人多力量大,萝卜即将被拔出来，这个时候只要大家一起喊口号，萝卜就能出来啦！

"嗨哟！嗨哟！"孩子们欢快地呐喊着。

"再加把劲，萝卜就要被拔出来啦！"老师适时鼓劲。

"嗨哟！嗨哟！"孩子们的号子声越发响亮。

"啊——"我大叫一声，"孩子们，你们猜——"

"萝卜拔出来啦！"孩子们欢呼着。

是的，到了这里，故事圆满结局，教师可以适当小结：人多力量大，齐心协力就能战胜困难。但如果是语文思维和想象力的训练，这里一定是一个绝好的训练点，你看：

"啊——，孩子们，萝卜没有被拔出来，为什么要'啊——'一声叫？"教师冷不丁地抛出这个出人意料的问题。

"啊？"孩子们面面相觑，不知所以然。

"孩子们，你们看老公公抓着萝卜叶子，会不会——"我点拨着。

"老师，是不是萝卜叶子被拔断了啊？"

"对，对，对——"孩子们附和着，"劲太大了，叶子肯定会被拽断的……"

孩子们的固定思维在这一刻被彻底颠覆，每一个故事都不是只有一个结果，让思维发散，让多维发生，让想象合理，这也是语文课堂教学的使命之一。

当然后续还会发展，萝卜是一定要拔出来了，至于使用的方法，孩子们很有想法，有的说："这次一定要多抓几根萝卜叶子，就能拔出来了。"这个考虑就变得合理了。有的说："假如叶子都被拉断了，就用铁锹挖。"这个不是没有可能性。有的说："直接用挖掘机挖。"这个更现代化，但是感觉合理性差了些。

林崇德教授在关于"语文核心素养"的论述中提到：学生在语文学习过程中要获得思维能力发展和思维品质的提升。语言的发展与思维的发展相互依存，相辅相成。低年级孩子的思维处于极好的发展可塑期，教师要抓住语文课堂上的每一个教学点，在建构语言的基础上训练学生的思维，让课堂教学有力度，思维训练上高度，让孩子们想说、会说、说得好。

（此文发表于2020年3月《名师说课》）

让作业布置更给力

作业是教学的必备内容之一，现行作业从完成时间上可以分为两大类：课堂作业和课后作业（家庭作业）。无论是哪一类作业，教师设计和布置的好坏都直接影响着教学的效果与质量。下面我结合自己的语文教学实践说说对作业布置的一些体会。

一、适量与适当相结合，质量和数量相结合

作业的设计必须考虑学生的综合情况，因为学生的学习能力、书写速度存在差异。新课程观认为：每个学生的学习方式，本质上都有它特殊的一面。这就意味着我们要尊重每一个学生的独特个性。同时，特殊性也意味着差异性，不同的学生在学习同一内容时，实际具备的认知基础和情感准备以及学习能力倾向不同，也就决定了不同的学生对同样的内容和任务的学习速度与掌握它所需要的时间及所需要的帮助不同。这样我们就不能要求所有的学生在同样的时间内运用同样的学习条件，以同样的学习速度掌握同样的学习内容，并要求其达到同样的学习水平和质量。因此，教师在设计和布置作业时要有梯度和区分度，要综合考虑，不可"一刀切"、千篇一律，否则会出现好学生轻松写完"没吃饱"、后进生费尽气力"撑得慌"的现象，"适当和适量"的作业布置尤为重要。在设计和布置作业时，可设有必做题（基础题）和选做题（提高题），有的同学要全做，有的同学可以只做基础题，少做或不做提高题。这样才能真正体现"因材施教"的原则，才能让不同情况、不同程度的同学都得到提高，都感到满意。因此我在布置作业时总是综合考虑，设置灵活的作业。比如：选做类的，让学生在老师布置的作业范围内自由选择，学生依据自己的学习状况酌情选择。例如，我在布置小学三年级课文《拉萨的天空》的课堂作业时就这样设置：请同学们用"一碧如洗""湛蓝"造句，根据自己的能力和

兴趣，你可以任选一个词造句，也可以用两个词造句，更欢迎用词语写一段话，甚至是两段话。这样的一份教学设计既照顾了学有余力的孩子，更考虑到了基础薄弱的孩子，让每一位孩子都能有事做、都能做好。这样的作业设计不仅体现了教学中"以生为本"的理念，也符合《语文课程标准》对中年级学段的学习要求：加强语段的教学和训练。

有不少教师认为，只有让学生多做作业才能提高自己的教学成绩，并美其名曰"勤练补拙"，事实并非如此。如果教师不加筛选地、随意地、盲目地加大学生的作业量，往往起不到应有的作用。当前，各类辅导材料铺天盖地且良莠不齐，很多资料又是大同小异。因此，我在设计和布置作业时，都会认真筛选，把具有代表性、典型性、趣味性和富有生活气息、充满时代感的作业挑选出来，把那些重复的、机械的、陈旧过时的作业砍掉，力求少而精，力争布置给学生的作业能够"以一当十""举一反三""活学活用"，做到质高量精。这样，既能保证学习效果，又能减轻学生过重的作业负担。当然，如此一来，势必要占用教师更多的备课和研析时间，但是一个人的汗水和付出能免去几十个孩子的低效机械的训练，还是非常值得的，因为"质量"远比"数量"重要!

二、长短线与课内外相结合，书面和实践相结合

作业的布置和完成不能总是急急匆匆，火烧火燎，而应有快有慢，有长有短。

短线的作业可以培养孩子的速度和专注力，长线的作业则可以培养孩子的学习习惯和坚持精神，所以应该长线和短线相结合。长线：作业时间和学科跨度较大。比如，语文作业中的"读整本课外书""做手抄报""标本卡片"等。这些作业涉及的学科范围广，实践性强，周期也较长，有利于培养学生持之以恒学习的习惯，更能培养学生的综合学习素养和能力。短线：课内作业，需要在短时间内完成的作业，课堂和课后的都是。在教学中，绝大多数教师在设计和布置作业时，往往只布置枯燥的、理论性的书面作业，而忽视了实践性、体验性和操作性的作业。事实上，学生最不愿意进行机械的抄写，最不愿意背诵纯粹靠记忆的概念。如果老师在设计和布置作业时，把来自实践的理论知识和丰富多彩的客观世界联系起

来，让作业贴近生活、接近社会、融入大自然，学生既乐于接受，又能掌握和巩固所学的课本知识，那就两全其美了。

显而易见，作业量过大挤走了孩子应有的欢乐时光，暗淡了青少年绚丽的七彩人生。作为教育者，我们要多从学生的终生发展着眼，让作业布置更给力。少一点分数情结，多一点人文关怀；少一点粗制滥造，多一点精挑细选；少一点机械重复，多一点探究创新。如果教师布置作业时能做到这几点，孩子们的学习兴趣将更浓，学习的质量也将更高。

(此文发表于2011年11月《教育论坛》)

"批""评"有法，独觑作文互批好风景！

作文教学本身就是一件棘手的事情，作文批改任务繁重，耗时费力，教师对作文批改可谓绞尽脑汁，费尽心思。大量时间花在作文批改上，一篇三四百字的作文，几乎改得满篇红，但效果并不佳，学生也不领情，很少有学生仔细去看修改的地方，甚至连老师的评语也懒得看一眼。在日常教学中，我常发现，教师圈出的错别字，到下次批改时依然是刺眼的错别字，学生对教师作文批改的态度可见一斑。还有的学生觉得老师是在伤害自己，把自己的作文改得面目全非，显得自己的作文一无是处，这就使得原本对写作就没有信心的学生更加对习作没有兴趣，与作文渐行渐远。一句话：教师受苦出力不讨好，批改高耗低效枉费力。

孔子云："知之者不如好之者，好之者不如乐之者。"兴趣是最好的老师，学生的作文能力与学生对写作的兴趣、掌握的写作方法息息相关。如果能找到一种融兴趣和方法于一体的教学方法，那学生写作能力和素养的提高就不是一句空话。

《义务教育语文课程标准（2011版）》第三学段"习作"中明确指出："修改自己的习作，并主动与他人交换修改，做到语句通顺，行款正确，书写规范、整洁。"在此基础上，引导学生"互批"作文的教学方式应运而生。学生互批作文的训练，绝不是教师的偷懒耍滑，而是"以生为本"教学理念的体现。而要实现真正高效的互批，教师往往要付出比自己批阅作文更多的时间和精力。"互批"既是方式方法，也是教学内容。下面我结合自己的教学实践，谈一谈自己在作文"互批"教学中的一些实践感悟。

一、借力童真好奇心，批阅期待巧转换

一颗天生的好奇心会让学生产生读读同班同学作文的想法，传统的教

师批阅方式让学生的这一美梦彻底落空。孩子们谁都不想在老师批阅评讲前让同伴读到自己的"大作",他们神神秘秘地写,轻轻悄悄地交,如果有好事者想偷看一眼,那局面必是"紧捂本子不放手,怒目圆睁大声叱",或者是"夺取文本扭头走,气急败坏直埋怨"。千捱万等,终于等到了老师的作文点评,走上讲台读的总是那几篇、那几人,听来听去老声音,左看右看旧面孔,学生的倾听期待被消磨殆尽。如果再有少部分老师不分青红皂白地狂批后进生的作文,那班级写作的后进生们思想上懈怠了,行动上落伍了,就会成为名副其实的"后进生"。长此以往,作文教学就会走进死胡同,遇到难以突破的瓶颈。

学生作文"互批"彻底扭转了这一被动局面,孩子们不仅可以"一饱眼福",读到同伴的作文,还可以逐字逐句地精批细改,那岂是一个"乐"字了得啊!消极被动的批阅在转瞬间变成积极的批阅期待,再加之还可以做做小老师,与老师进行终极"PK",那岂是一个"爽"字了得!

兴趣贯穿"互批"始终,二次批阅的期待,批阅者与作者的交流碰撞、质疑辩论,终极环节的"互批"展示等,都是在一次次地调动学生的习作兴趣。看着孩子们兴奋的表情和挂满笑容的脸,听着"耶、耶"的欢呼,我们知道孩子们的"兴趣"这根弦已经被我们牢牢抓在了手里。

二、巧用"批评"出新意,凸显互批新步骤

有兴趣只是第一步,只有习得真方法才能真正激发学生的内在动力和潜能。很多孩子一和他谈起写作方法,就会有一种本能的反感和畏难情绪,所以教授方法本身就需要趣。趣味的生发有时只需要简单的文字游戏就能奏效,从而紧紧地吸引住孩子们的注意力,在淡然无痕间巧引妙渡。"批评"一词学生有点小感冒,因为有的孩子犯了错误老师会采用批评教育的方式。上课时,老师板书竖写"批评"二字,从幽默谈话导入,引领学生换角度横着组词,筛选出"批阅""批改"和"评价""评语",巧解"批""评"二字,融文字辨析趣味于其中,很自然地过渡引申出批作文的两个层面、两种方法。

读文如读人，人有表里之分。外貌与穿着是"表"，道德与思想是"里"，是核心所在，要读透人需要深层次的交谈，读文亦如此，先粗看文章外部，再深究文章内在的主题。"由粗到细，由表及里，由现象到本质"是了解认识一切事物的总则，在"批"的诠释中紧抓"批阅—批改"，在"评"中强调"评价—评语"，这就是读文的两个层面。两种方法即"批"法和"评"法，先外在"批"，再深入"评"，"批"和"评"皆有章有法，每一种方法中又有具体的操作模式，学生一目了然，一听即明。

"批"法。第一步："粗线条浅层批改"——阅读为主。一看文面是否干净整洁；二看格式是否完整齐备；三看有无错别字；四看有无用错的标点符号；五看有无表达不当的句子（病句）。第二步："细探究深层批改"——探究为主。一看文章的中心是否切题；二看文章的选材是否新颖；三看文章的结构是否合理；四看文章的条理是否清晰；五看文章的语言是否丰富。

"评"法。第一步：评阅符号。一是"错别字"圈起来，订正栏打方框；二是"好词好句"画波浪线，句首加五角星，订正栏做出评价（眉批—赏批）；三是"需修改完善的、疑惑不解的"画横线，句末加问号，订正栏写出想法或改法（眉批—质批、改批）。提示：可以大到篇章段落（总分总的结构，过渡句的运用，首尾呼应等），小到一个字、一个标点（精致），好在哪里？疑在哪里？精彩的不一定都是文字，还有作者的真实情感。好字、好标点下面打三角符号。第二步：评语书写。一是"优点+希望"写总批语。二是创新的表达形式、个性化的评语，用赞赏的目光去看待，用鼓励的言语去激励，用委婉的表达提示不足。

作文批改的方法一经确定，学生在自行批改时就变得有规可依、有矩可循。当然，教学时需要结合学生的年段和学习基础适当调整难度，不宜贪多求全。可采用循序渐进的方法依次安排训练批改项目和内容，一次只要求学生做到一两个方面，点拨到位，训练到位，直至熟练，在渐进的过程中学生互批互改时就会顾及得比较周全，兴趣贯穿始终，学生在"批评"能力提升的同时，作文的能力也悄然跟进。

三、细化眉批新纹路，缓冲起步造亮点

在互批的教学互动进展中，核心点很多，亮点也很多，如眉批中的赏批、质批、改批，总评语的撰写等。学生脑海中对眉批不是一片空白，依稀的印象来自老师作文的批改，但由于只是匆匆一瞥，所以根本不知道眉批中还有新天地、细纹路。

按照学生的认知规律，由易到难，先从眉批开始训练。理清楚眉批的纹路，眉批包括赏批、质批、改批。赏批就是发现学生作文中的亮点，小到字、词、句，大到段、章、篇，皆可以进行赏析品味，在涵泳之间，激励写作者的创作热情，提升批阅者的赏析能力。

朱熹说："学贵有疑，小疑则小进，大疑则大进。"巴尔扎克也曾说："打开一切科学大门的钥匙都毫无疑问是问号。"学起于思，思源于疑。各种学习能力提升的过程实际上是一个不断产生疑问并解决疑问的过程。质批是质疑的过程，对作文互批的质疑环节学生比较感兴趣，因为有点"挑刺"的味道在里面，学生热情很足，甚是细心，发现的问题也很是独到。教师可以让他们写下自己的疑惑和不解，在交流环节和作者探讨，从而达成共识，互为促进，互相提高。互批要有疑，疑能得教益。

改批是我们常用的一种眉批方式，也是一种要求较高的批阅方式。批阅者不仅要发现文中的不足，还要能有针对性地加以修改完善，让原文变得词畅文达，展现出修改者的作文功底。孩子们喜爱表现，因此改批的动力很足。但是由于他们的语文能力水平有差异，所以改批出来的"成品"会千差万别，有的技惊四座，有的则可能会让人啼笑皆非。这样的改批也为教师更好地发现问题和调整互批的指导提供了素材，在交流环节教师可以有选择地加以示范分析和点拨，让改批更清晰明朗。

互批作文是个大工程，急不来，教师可以引导学生从眉批缓缓起步，赏析品鉴，质疑问难，修改润色，在锤炼文字中，在品析语言里，在服务同学的同时，让自己的习作能力缓缓爬坡。

德国哲学家雅斯贝尔斯说："真正的教育就是一棵树撼动另一棵树，一朵云推动另一朵云，一个灵魂唤醒另一个灵魂。"教师用自己的笔耕不辍、勤勉认真默默地感染着学生，用自己对作文的潜心思考和探索，唤醒

学生对作文的偏爱。互批作文对于学生语文能力的训练，对于学生作文素养的提高，真的是功不可没。在潜移默化间学生涵泳了语言，学会了赏析品味，这是语文教学"关注语言"的拓展和延伸，这是学习的根本。在批批改改、说说议议中，学生的作文能力又迈上了新的台阶，从字、词、句着手关注语言，从句、段、篇感悟章法。"赏字赏词赏标点，赏出语文真内涵；批句批段批文章，批出写作新思想。"这是我在互批习作研讨展示课的结尾送给学生的原创对联，作文互批，兴趣与方法并行，能力共素养齐飞，此法可行！

顺趣而导重天性，重组叠加出佳篇
——苏教版语文三年级上册《习作7》例谈

苏教版语文三年级上册《习作7》的主题是"摆玩具，编童话"，让孩子们选择自己喜欢的玩具，然后编一个童话故事，看谁编的故事有意思。对于三年级的孩子而言，童话故事并不陌生，小时候耳濡目染，接受了许多童话的浸润和熏陶，再加之本册课本前面七个单元学习了《蒲公英》《三袋麦子》《小露珠》《小稻秧脱险记》等童话故事，因此学生与童话已经有了亲密接触。童话的分类较多，但对于三年级的孩子来说只有一类，那就是"拟人体童话"，本学期学习的几篇童话都属于"拟人体童话"，这类童话也是低龄儿童最喜闻乐见的。

结合三年级孩子的特点，我们可以把本次写作的目标定为：读懂例文，知道童话故事的编写方法；发挥想象，突破思维，编写一篇有趣的童话故事。

怎样才能利用紧凑的课堂时间对学生进行作文指导，完成规定的习作呢？我认为可以从以下几个环节着手。

一、解读教材，厘清低段童话概念

回顾这学期学习的《蒲公英》《三袋麦子》《小露珠》《小稻秧脱险记》这几篇童话，我们不难发现它们的共同点：让动植物像人一样开口说话，而且整篇文章都是拟人。这样的一个直观认识就让童话的概念简单化了，"拟人"的特点一目了然。

其实童话不仅仅有"拟人"这一特点，童话中的主人公都有着自己的经历，发生了许多有趣的故事，这就是童话的"故事性"。从蒲公英种子的选择差异而带来迥异结果，到小猪、小牛、小猴对麦子的不同处理方法，再到小露珠生活的每一天，这些课文都在给孩子们讲故事，讲述着一个又一个有着丰富情节的故事。

优秀的童话故事，不仅情节丰富，还耐人寻味，在蒲公英种子的迥异命运里我们若有所思，在三袋麦子里我们体悟勤劳和智慧，在小露珠的无私奉献中我们收获感动——童话故事里，有故事还"有意思"。

教师可以设置话题："课文中的动植物都会说话了，这就是——拟人。"

"课文中的动植物们发生了什么有趣的事？"孩子们七嘴八舌，教师一语道明：这就是最简单的童话——"拟人故事"。

二、课堂指导，顺性而导思维突破

1. 开门见山奔主题，自由倾吐话心声

"摆玩具，编童话"，看着这个要求，孩子们的学习热情很高，高在两处：自己带玩具——开心；摆玩具，编故事——激动。这样的情境老师必须适度调控，这样的情形更由不得老师在前面兜大圈子，必须开门见山，直接切入话题：拿出玩具，说说故事。

这样的开场设置，基于教师布置的预习。上这样的需要实物的习作课，必须事先准备好玩具，因此预习必不可少，学生选定自己喜欢的玩具后，可以自己预习例文，提前构想一下属于自己的玩具故事。

这是正常程序，常规思路，我们也可以想象得出，上课时孩子们拿着自己喜欢的玩具兴奋不已，积极踊跃地讲述着自己编撰的故事。

顺趣而导，顺性而为，直接切入主题，先让孩子们将玩具摆起来，将故事说起来，让思维动起来。兴趣永远是最好的老师，抓住了兴趣，就抓住了课堂，这样的课有活力，有生机。你的玩具叫什么名字？在它身上发生了什么有趣的事？让跃跃欲试的孩子先吐为快，教师引导孩子静心聆听，我们不难发现，很多孩子给玩具起了名字，也有了故事，但是有的说得笼统概括，有的虎头蛇尾，缺少了故事的完整性和生动性。这时，"范例"指引也就呼之欲出。

2. 回顾旧文知童话，研析范文悟真法

"不愤不启，不悱不发。"当孩子们在老师的点引下发现自己知识的欠

缺和不足，需要自我完善时，教师引导孩子们一起回顾学过的童话课文，走进童话世界，厘清简单童话的要素就成了必要手段。在最口渴的时候，水的价值最大！教师引导学生将课文与自己编想的故事加以比对，让他们豁然明白自己的小故事里缺少了什么：有拟人，有人物，有名字，但是没有说话，没有动作，没有心理，只是一个人的称谓；故事残缺不完整，情节太简单，不丰富。

那么究竟该如何去写作这篇作文呢？来，我们一起看看范文《找"饿"》。在初读的基础上，交流：为什么要"饿"呢？谁和谁找"饿"？怎么找到"饿"的呢？学生一眼就能从文中找出相关语句：熊猫娃娃感觉不到饿，妈妈带她去找饿——穿越树林翻高山，气喘吁吁直喊饿——熊猫妈妈开心笑，这不，饿找到啦。

学生在理清故事的情节后自然能隐隐悟到：爬山耗体力肚子就会饿，运动促进消化，要多运动。教师顺此点拨：想象一定要合理，要符合现实生活的规律。

由此教师板书明确：合理想象—拟人—故事—道理。

在拟人的基础上引导孩子再细探一下熊猫妈妈和熊猫宝宝的找"饿"过程：拟人，要说话，有动作，有表情。明确板书：说话、动作、表情。

在学习感悟中编童话的方法一目了然。

3. 自由重组再激趣，故事叠加出新意

在我们给写作画上一些小框框的时候，孩子们由于对摆玩具感到兴奋，想象编故事的热情随着时间的推移渐渐消退，很多孩子可能已有思维定式，懒得再思考，内心已经默认了自己当初构想的故事。在老师的点拨下，他们也知道了童话要拟人，童话要有故事，最好还能有点"意思"，但又心想：就这么改改吧，懒得去思考了。这时教师的思维突破就决定着学生的思维高度。这里我们可以采用"重组"和"叠加"的方法，把课堂推向第二次高潮。

其实三年级的孩子性别意识已经明显，各自喜欢的玩具明显带有性别色彩，男同学喜欢恐龙、变形金刚等，女同学则喜欢芭比娃娃、Kitty猫等，因此编出来的故事也稍微显得有些单一，这时我们可以采取"重组"的方法，即让孩子们把玩具自由重组，最好是男生、女生的玩具放在一起，组合出新的童话人物，编出新的童话故事。孩子们的兴趣来了，他们纷纷寻找自己心仪的玩具进行配对重组，这样写作的思维又一次被点燃，热情不可阻挡。同桌共议，邻座互讲，又是一派热火朝天。在这样的情境下，何愁没有好故事？

在孩子们热情高涨之际，教师再推出一个重磅"炸药"——"故事叠加"，即让学生把自己的前后两个故事进行叠加组合，发挥自己丰富的想象，可以穿越时空，让两个故事中的人物生活在同一个世界里，这样的童话故事人物更丰富，情节更精彩，也更带劲、更有趣。也可让学生把自己看到的玩具、把自己听到或想到的故事再次整合，让人物动起来，让内容多起来，让故事顺起来，在一篇童话故事里有海绵宝宝和芭比娃娃，有聪明 Kitty 猫智斗小暴龙……

童话故事，在说说议议的过程中已经初现端倪，动笔写也就顺理成章了。

【点评】①

基于年段和学情，习作前的热身旨在让学生从已经熟识的童话故事中发现：故事中的动植物都能像人一样开口说话、做事，在他们身上发生着许多有趣的事。这样一下子就缩短了动植物与人类之间的距离，让学生在心理上消除了编写童话故事的畏难情绪。

教师在指导时开门见山直奔主题，让学生把玩具摆起来，把故事说起来，旨在引导学生一吐为快，在倾吐中发现问题，随后有的放矢，引出"习作例文"，进行有效指导，使学生在学习感悟中明了编写童话的基本方法。

最后一个环节的设计可谓独到——自由重组再激趣，故事叠加出新意。简单的一个重组，一个男女同学搭配，就如一把开启这堂习作课之门的金钥匙，它帮助学生喜于动笔，乐于表达且善于表达，让学生轻松踏上习作之路。

1. 形式不拘：学生可将自己喜欢的玩具与同学的玩具自由组合，自由摆布。
2. 内容不限：内容可以凭个人喜好，根据自由组合的玩具进行自由创编。即便是同样的玩具，发生在它们身上的故事也可以是完全不同的。

---

① 本文点评人系苏州高新区教研室小学语文教研员、苏州市名教师周雪芳。

3. 新鲜脱俗：故事中的角色是临时组合的，故事也是当堂新鲜出炉的，不会落入俗套，更具挑战性。

4. 便于"脱贫"：一部分习作后进生可以在组合过程中向同伴学习，取长补短，增强习作的自信。

让学生在习作中始终保持愉悦的心态和旺盛的创作激情，创编出趣味横生的童话故事，郑老师做到了。

（此文发表于 2017 年 11 月《小学作文创新教学》）

习作教学需要"研""思"结合

——苏教版语文四年级上册《习作1》例谈

习作教学是个硬馍馍,牙齿好的人啃得喷喷香,既顶饿又绿色健康;牙齿不好的啃不动伤了牙不说,还贻笑大方。在阅读教学风靡的时代,搞习作教学是一种挑战,需要勇气。习作教学的作用毋庸多言,很多教育新作里都有关于"习作本位论""表达本位论"的诠释,不管哪种理论,只要是着眼于学生综合素养提升的,都是可行的。教师应该在课堂教学中有针对性地加强习作教学的研究和探索,注重学生思维情感的熏陶,努力寻求突破,寻找一条适合学生、适合自己的作文教学之路。在平时的习作专项教学中,如果我们能够研究多一些,思考多一些,理念新一些,关注多一些,改变多一些,收获也就能多一些。下面我结合苏教版语文四年级上册《习作1》,谈谈自己在习作教学方面的一些感悟。

一、研析教材,重实重透

教学是教师、学生、教材三者之间的对话,因此教学首当其冲的是研析教材,挖掘出教材的厚实与凝重,吃透教材是备好课、上好课的前提,是课堂教学成功的保证。苏教版语文四年级上册《习作1》是关于"节日"话题的作文训练,要求学生在教师的引导下完成一篇以"设立自己心中的节日"为内容的作文。数遍研读教材后,我认为,本次习作编者的设计理念无外乎这样几点:一,通过习作让孩子们了解一些节日,了解节日的由来和过节的情景。二,知道节日的设定并非随意而为之,里面包含着一定的典故,寄托着人们的情感和愿望。三,说出自己心中最想设立的节日,说明白设定这个节日的缘由,写出过节时的情景。在研读教材后,会生出一些疑惑和偏差:一,"节日"的定义是否需要讲得透彻?"节"和"日"是一回事吗?二,每一种节日传递的都是喜庆和温馨吗?三,自己心中的节日设定是否随意确定日期？四，一直固有的"范文引路"模式怎么突然没了？学生该如何寻得写作的抓手？

　　四年级学生经过一年的习作训练，写作能力有所提升，但是远没有达到能随心所欲地说、信手拈来地写的程度，因此对本课编辑意图的理解，对本课教学目标的设定，教师都必须综合考虑，结合年段特点，结合本班学生的习作能力，量体裁衣，量力而为。如果一味求高求大，有可能适得其反。在分析了本班的教学现状后，我把侧重点放在了"为何设立此节""如何过节的情景描写"和"如何确立节日的日期"这三大板块。

　　"为何设立此节"是本次习作的精髓所在，也是本次习作的情感目标。无论是阅读还是习作，总要体现教学的"三维目标"。"文章本是有情物，无情莫动笔。"没有情感因子的文章缺少生命的灵气，更不会撼动人心，击中心灵。可能每一个孩子都有自己内心最真实的想法，都会设定自己心中的节日，但是这个节日是否饱含着美好的情感和愿望，是文章质地的决定性因素。

　　"如何过节的情景描写"是写作基本功最直接的体现，"描写"是习作的重武器，没有描写就不会有栩栩如生、活灵活现的人，没有描写就不会有鸟语花香、美轮美奂的景色，没有描写就不会有如临其境的氛围……没了描写，世界就少了活力，没了颜色，失却了声音，这样的作文又何来精彩？

　　"如何确立节日的日期"是一个容易忽视的环节，在备课之初，我广读与之相关的教学设计和案例，但是并没发现涉及此话题的文本。设定节日的日期究竟有没有讲究的学问？在教学时是否有必要将此作为习作的次重点？我煞是费了一番苦心：是教材编者的有意忽视，还是本来就是思维的真空地带？在查阅研读相关资料后，我渐渐明白：每一个节日的日期设定总有着自己的理由和依据。

　　譬如国际妇女节。1909年3月8日，美国芝加哥女工举行了声势浩大的罢工和示威游行，要求增加妇女工资、实行8小时工作制和获得选举权，结果得到了美国乃至全世界广大劳动妇女的热烈响应和支持，因此将国际妇女节的日期设定在每年的"3月8日"。

　　又如西方节日"圣诞节"（12月25日）。圣诞节相当于我国的春节，是西方各国最主要的节日。一般认为，选择这一天为圣诞节，是为了和世俗的农神节一致（农神节也是在 12 月 25 日），从这天开始昼长夜短，日照时间变长，太阳赐予人们的光明和温暖与日俱增。人们为了感谢太阳赐福，常常举行各种欢庆活动向太阳顶礼膜拜，于是把耶稣诞辰日定得与传统的农神节日期一致。

再看中国的传统节日"春节"。春节日期的确定也有其历史渊源和依据。1911 年辛亥革命后建立中华民国，同时使用公历和夏历两种历法，行夏历为顺应农时，从西历为方便统计。当时各省代表在南京开会，决定把阳历 1 月 1 日定为新年，把农历正月初一定为春节。1949 年中华人民共和国成立，当时的政治协商会议更明确制定了"公元纪年法"，并把阳历 1 月 1 日改为新年元旦，保留农历正月初一为"春节"不变。

由上述三个代表性节日日期的设定来看，一个节日的日期设定在哪一天，不是随意而为之的，总有一定的学问和依据。因此在教学设计时我把"如何确定节日的日期"作为习作指导的重点。吃透教材为教学之根本，教师必须科学恰当地确定课程的教学重点、难点、关键点，因为教师对教材的研析高度制约着课堂的高度，更影响着学生的高度。

二、研究设计，求新求异

在把教材研析透彻的基础上，教师还要理清楚自己的教学思路，设定好课堂的教学目标，围绕目标进行课堂教学设计。课堂教学设计的质量也决定着整个教学的质量，决定着学生成品作文的质量。课堂教学设计只有与众不同，异于同类，在科学合理的前提下另辟蹊径，方能高出一格。

1. 旧节引路，循序渐进

教学的最佳境界是：于学生来说是有趣的活动，于老师来说是精彩的教学，结果是学生在不知不觉中创造性地掌握了应该掌握的东西。生活是写作的源泉，教师要引导学生调动生活积累，为习作开辟蹊径。我引导学生共同回顾熟知的"旧节日"，侧重研析教材中的三点："为何设立此节""如何过节的情景描写""如何确立节日的日期"，循序而渐进，让学生懂得节日的设定饱含了人们美好的情感和愿望；让学生尽可能用生动的语言描述出自己熟知的节日是如何度过的（注意：用"度过"而不用"庆祝"，因为并非每个节日都是喜庆的）；通过探讨和教师的材料补充让学生知晓节日日期的确定并不随意。习作是学习生活的一部分，其最终目标是提高学生的语文素养和生活认识，培养学生热爱生活的情趣。所以在此环节的言谈中宜渗透一些"超越习作"的理念，在本课教学目标定位上有意识地进行拓展和提升，让学生多一点节日文化的体悟，多一点风俗习惯的了解，多一点人文情怀的关注。或许只有这样，才能在真正意义上激发内驱力，使习作成为学生生命的一部分。在说说议议中，孩子们已经沉浸在节日的浓厚话题氛围中，"节日情结"已然在心中，抒写心中的新节日的教学情境营造完成，教师也已经相机在黑板上板书出了写作的经络、框架：（1）为何设立；（2）怎么过节；（3）设在哪天。"引"的环节卓有成效，"导"的主体呼之欲出。

2. 热议新节，侧重随心

托尔斯泰曾经说过："成功的教学需要的不是强制，而是激发学生的兴趣。"兴趣是最好的老师，学生对一节课的兴趣如何直接影响着这节课的教学效果。所以，抓住了孩子们的学习兴趣就抓住了课堂，也才能抓出实效。谁都喜欢过节，不论是大人还是小孩，特别是欢庆的节日，谈节日，谈自己知道的节日就是孩子们的兴趣、如果能依据孩子们的喜好设定一个节日，那他们的学习兴趣肯定会更浓。

鼓励孩子们大胆地说，自由地说，力争"随心所欲"，因为只有在自由的情境里，心才会释然，思维才会活跃，奇思妙想才会应运而生，智慧才华才会在课堂尽显。想得好，说得妙，不仅触发了学生写作的思维灵感，也让学生的口语表达能力得到了训练。在学生叙述的过程中，教师和学生静心聆听可以发现闪光的观点，也可以发现偏离航线的观点，好的可以推介，不足的可以点拨引导，适当矫正，一箭多雕、一举多得的事，何乐而不为呢？

学生"随心"，但是我们老师不能"随意"，这里特别要加以引导的是学生设定节日的初衷，这是文章的情感内涵，要判断它是否美好、是否有价值。学生"信口开河"，老师可不能"信马由缰"，要牵着小手领一领，抓着思绪引一引，让讨论"随心"热烈而不"随意"瞎扯。

3. 范文推介，关注整体

这次习作一改往常"范文引路"的教学方式，这是课本中的"真空地带"，不管教材的编写者是出于何种目的，我们都可以在教学设计时加以创造性的"补白"。"补白"是一门艺术,怎样补出最恰当的效果,需要老师的精心设计。四年级孩子的习作能力虽然有一定提升,但是仍然需要习作的"抓手",就像爬山虎需要攀爬的附着物一样,否则就会无所依靠,无从落脚。教师可以利用创造性"补白",给学生一个习作的"抓手",让孩子们有文可鉴,有纲可循。我设计的"抓手"是教师的"下水文",即为学生提供一份可参考的范文,范文不仅明确了写作的要求和方向,还在写作的方法和路径上对学生加以引领。首先是文章的写作内容在范文中得到很好的展现(为何设立;怎么过节;设在哪天);其次是文章的结构层次非常清楚,不仅有丰富的段落描写,全文的结构也非常严谨;再有就是语言表达的侧重点(描写方法)能给学生一些借鉴和参考。

如:公园里,人们正锻炼得不亦乐乎,有的在跑步,有的在打太极,有的在跳扇子舞,还有的在举哑铃……体育馆里,大人们有的打篮球,有的打排球,有的游泳,有的溜冰……到处是一派热火朝天的运动景象。小朋友们也有自己喜欢的体育活动。看,他们三个一群,五个一伙,有的跳绳,有的跳高,有的跳远,还有的在跳拉丁舞。听,他们开心爽朗的笑声,随着音乐节奏整齐迈动的脚步声,"嘭嘭嘭",似乎还听到了他们强健的心跳声……

这是对"怎么过节"的情景描写,语言生动而又层次清楚,兼顾多个角度:地点的变换,"公园里"—"体育馆里";人群的分类,"大人们"—"小朋友们";观察角度的变换,"看"—"听"。采用场景描写常用的造句格式"有的……有的……"力求多方位呈现"过节的情景"。教师在孩子们纷纷阐述了自己心中的节日后,顺势将其牵引到对范文的关注上,使其从范文中习得本次作文的精髓:为何设立;怎么过节;设在哪天。在此基础上加以点拨,让学生领悟可以借鉴的方法:段落层次,行文结构;场面描写,词句锻造。

三、研讨反思,悟法悟效

教学永远是一门遗憾的艺术,再好的课堂实践也有值得商榷改进的地方,所以教学需要反思,只有进行反思才能有进步和提升,习作教学也不例外。反思有两个层面:一个是教学中的闪光点,值得肯定和坚持的地方；一个是整个教学流程中需要完善和改进的方面。习作教学的目的是通过课堂的指导，让学生写出一篇符合习作要求而又文从字顺的作文。判断整个习作教学课堂的效果，我想还是要从两个角度：说和写。"说作文"。孩子们只有能说，会说，有话说，把话说得精妙，才能体现出思维的参与度，以及对习作认识和领悟的程度。学生的参与度如何也是教师教学设计是否合理高效的反馈，学生的领悟度如何也能反映出教师教材解读得恰当与否，教学目标重难点的确立是否合适。"写作文"，作文的终极目标是要动笔写出来，无论是片段还是全章，都能反映出习作指导课的实际效果。

鉴于此，回顾我自己的课堂教学，它们有与众不同的闪光之处，也有粗糙欠缺的教学短板。

1. 得法收益之处

抓住闪光点，呵护想象力。美国哈佛大学教学论专家达克沃斯说："课堂教学必须建基于每一个学生的独特性之上，而学生的独特性集中体现在每一个人的观念的独特性中，教学的目的（或价值）就是帮助学生在原有观念的基础上，产生新的、更出色的观念。"独特的、出色的观念，是创新的绿芽，也是创新的前奏，甚或是创新的前提，它凝聚着一个人创新的心智，意味着新的创意、奇妙愿景的出现和实现。习作教学更是培养学生创新精神的沃土，这并不是虚空的、玄妙的，而是可以很实在、很具体，如引导学生的一个稀奇的念头、一次异常的想象，都可以促使学生新观念的诞生。

在这次的习作教学中，一名学生在谈及"节日设定在哪天"的时候，独树一帜，给出了与众不同的答案："爱鸟节"，"爱"的笔画数是 10 画，"鸟"的笔画数是 5 画，所以我把"爱鸟节"定在"10 月 5 号"。不管这个理由是否恰当合理，首先他一改其他学生含糊其词、人云亦云的风格，另辟蹊径，敢于从其他角度加以思考，加以创新，这本身就是一种思维角度的创新，也许不一定妥当，但是对于这种精神应该予以肯定并加以推介。因此当学生说出这一答案后，我又让他声音洪亮地重复了一遍，在送出奖励的掌声后我适时加以引导："同学们，这就是创新——与众不同，独树一帜！我们的思考需要创新，换个角度看看，换种方法想象，你的答案也会让我们拍案叫绝、啧啧赞叹！"后来有几个孩子也说出了有新意的答案。我想，只要慢慢引导，细心呵护，长久坚持，每个孩子潜意识里的

"创新能力"都会被激发、被调动。

兼顾包容，呵护童心。学生的思维正处于成长期，很活跃但也有着片面性，思考出来的观点难免会有失偏颇，这时我们需要兼顾众生，呵护孩子纯洁的童心。有的孩子在描述自己心中的节日时，选择了"游戏节"。我们能洞悉孩子内心对游戏的渴望，我们也知道游戏会对孩子造成什么样的影响，但是我们不能生硬地扼杀孩子想的权利，谁也不能！所以当有的孩子说"游戏节"的时候，我们应加以点拨、引导，向着游戏的放松意义、游戏的多维内涵等方面思考。有的孩子想"免费节"，这是一个具有两面性的话题：是自私、贪便宜心理的凸显？还是大爱无疆、关注民生高尚品性的体现？这个时候教师的点拨和引领就变得至关重要，高尚与低俗，大爱与庸俗，仅在一线之间。我们要做的是呵护孩子的心灵，允许不同的想法，兼容不同的声音，适时巧引妙点，让节日寄托的情感变得更美好。

范文牵引，凸显实效。榜样的力量是无穷的，示范的价值不容忽视。针对本文的空白之处，教师创作下水范文，让孩子有本可依，有章可循，起到了实际的效果，在后续的作文中学生的文章结构是合理的，层次是分明的，习作的外在要求基本达到，形神兼备中的"形"已经有了。

2. 粗糙忽略之处

有"形"缺"神"，平淡生成。习作课堂教学主要以实现教学效率的最大化为目标，教者通过各种手段的应用追求教学过程的鲜活、生动，诱发学生的认识、思维、交流，实现自由表达和最终完成书面表达。形神兼备的课堂"生成"，气氛是活跃的，学生的个性是张扬的，习作表达丰富而流畅。有形无神的课堂"生成"则是平淡的、乏味的，基于此而形成的书面习作干涩而空洞，缺乏真情实感，更谈不上有个性。在我的精心设计和循循善诱下，孩子们写出了符合要求和格式的文章，但是那仅仅是一个"外壳"，是一个"形"，而能凸显文章情感和生动细致描绘的"神"却难觅踪影。其实一篇文章真正能打动人心的地方就是丰富而细腻的情感，只有细致的描写才能流泻出作者的真情实感。

面向全体，缺少梯度。"全体"就是"全部"，不是"大部分"，教师在设计之初考虑的是大部分学生，因此在设计时淡化了两端，结果两端的问题最为明显。优秀的学生由于受到了"框束"，思维未能尽情飞翔，缺少了心灵碰撞的智慧火花，张扬的个性未能释放；学习困难的学生未能积极有效地参与，游离于活动之外，或略知一二而不能通盘把握，写出的文章与要求有一定的距离。因此，习作的课堂教学宜分层设计，面向全体，不能只流于形式，必须抓好两头促升中间。

　　《习作1》的教学仅仅是我们习作教学的一个模本，一个抓手，对习作教学必须深入研究和深度反思，在研究中把教材、教法、学生、学法悟透，在反思中让教学变得扎实、灵动、高效。"横眉冷对作文纸，抓耳挠腮啃笔头"，这是当前不少学生写作的窘状，如何让孩子们爱写、乐写、会写，这需要我们老师的引导和激励。在习作的教学中教师应多揣摩，多研究，多反思，找出一条作文教学的高效之路，让孩子们爱上写作，写出佳作，文从心生。

（此文发表于2013年3月《小学作文创新教学》）

作后修改有千秋，点点做法细探究

南宋大诗人陆游写道："文章本天成，妙手偶得之。"纵横古今，有多少文人墨客能有如此气魄？更多的是"文章不厌百回改，反复推敲佳句来"。老舍说："文章必须修改，谁也不能一下子就写成一大篇，又快又好。"巴金"写到死、改到死；用辛勤的修改来弥补自己作品的漏洞"。大家尚且如此，何况是普通人，又更何况是入门才几年，根底尚浅的小学生呢？小学生作后修改毋庸置疑，势在必行，而改什么、怎么改则是重中之重。

一、兼"修"内外——改什么？

小学生的作文修改可以从两个大的角度进行：一是内在的主题，看主题是否符合习作的要求；二是外在的修饰装裱。

内在的主题是习作的灵魂，文不对题，作文就没有了存在的价值，也就是我们常说的"走题""偏题""跑题"，因此习作修改的第一步就是判断自己的习作是否符合要求，是否吻合主题。

习作外在的修饰和装裱也必不可少，文字是思想的载体，因此对文字的修改和品鉴尤为必要。诸如标新立异的创见，与众不同的灵感，独树一帜、另辟蹊径的奇思妙想等，都是作文的关键，但是这一切最终都必须通过文字来展现，所以对文字的修改至关重要。如果加以细化，那就是对字、词、句、段的润色和拿捏。外在的装裱还包括结构的设计、形式的创新等，新的总是能吸引人的注意力，新的总是能让人耳目一新。

对于命题作文，如果内在的主题思想（文章想传递的信息）不符合习作的要求，那就必须推翻重来，否则会"失之毫厘，谬以千里"；如果主题是模棱两可的，那就通过切换文章中的内容来让自己的观点更具稳定性，如换事情、换人物、换环境等，目的只有一个，那就是让主题更吻合习作要求，传递的思想更准确、更精当。

习作外在层面的修改相对而言来得更直接、更有效，至于语言表达，那就是通过修改让语言更准确、更传神、更生动、更丰富。比如人物描写仅仅抓住语言，可能就略显单薄，更何况有的孩子总是在干巴巴地记叙，没有恰当的提示语，没有丰富的体态语，语言非常干瘪，缺乏感染力。如果添上细致入微的观察，准确传神的神情体态词语，那语言描写的效果会更好。展现人物的文章在修改时再变换一下角度，丰富一下内容，如外貌、动作、心理等，那人物就会变得有血有肉，变得丰满。

修改词句时修辞和句式是必须关注的，因为这是让语言丰富生动的灵丹妙药，教师可以让孩子们在大声的朗读中发现自己语言表达的不足，从而让句子变得更通、更顺，让语言更富有表现力。调整文章的层次结构安排，让文章通过顺序的变换（倒叙、插叙、移步换景等）增强表达的效果。在文章的形式上也可以适当修改，如作文题目的创新、小标题的形式，以及首尾呼应等。

二、巧"改"有法——怎么改？

1. 读字当头立新功

"新诗改罢自长吟"，这是杜甫锤炼字句的方法。学生在完成作文后，在教师的指导下，学会自审文题与中心是否一致，文章的结构是否完整，内容是否具体，用词是否恰当，再改正文中的错别字和使用不当的词语、病句等。修改前读几遍，问题自然展现：磕磕绊绊的词语，含糊不清的意思，颠三倒四的句子……如果用有声语言去还原文字，你会发现写出来的作文有许多值得商榷和完善的地方。反复朗读几遍，边朗读边推敲，细阅读细品味，再回顾经历过的事件，再体验、再消化，完美的呈现方式也就悄然而生。读，功不可没！

2. 萧伯纳的"交换论"

萧伯纳说过："你有一个苹果，我有一个苹果，我们彼此交换，每人还是一个苹果；你有一种思想，我有一种思想，我们彼此交换，每人可拥有两种思想。"学生的作文修改何尝不是如此呢？交换修改，使学生有了两种作文体验和收获。"不识庐山真面目，只缘身在此山中。"学生修改自己的作文，有的达不到最理想的效果，究其原因，或是知识面窄，或是只从自己的认识角度看作文，正所谓"浮云遮望眼"。采取交换互改的方法能收到意想不到的效果。孩子们尽心尽责，切入点与众不同，因而修改出来的作品也会让人眼前一亮。互改前，教师要根据本次作文的训练要求，提出本次修改的主要任务。对有争议的问题，教师要给予点拨解决。这种方法可集思广益，激发学生修改作文的积极性，提升他们分析问题和修改作文的能力。

3. 冷藏处理"味"更佳

文章写成后，因是自己苦思冥想尽力而写，所以想立即修改，但又总觉得无从下笔，这时，可以把作文暂时搁置，进行冷藏处理。学生对某一事物的认识，总是随着知识的增多而逐渐加深，所以作文写完后，如果搁置一段时间再看，往往能比较客观地发现自己作文中的问题，有时还能闪现出新思想、新灵感，此时，再对作文进行修改，往往效果会更佳。

"文章千古事，得失寸心知。"伟大的文学家鲁迅曾说：数易其稿而面目全非。行者无疆，改法无尽，适合自己的，适合学生的，就是可行的，文章只有在修修改改中才能变得更精美、更传神，韵味也才能更悠长！

（此文发表于2014年3月《教育论坛》）

虚实相生绘秋叶　　情景交融文质升

——说说苏教版小学语文五年级上册《习作3》的教学思辨

有一种声音叫作——且行且思，质疑问难

《秋天的树叶》是苏教版小学语文五年级上册第三单元后的习作，教材编写者的出发点真的很好，教学到这一课的时间点正好是秋季。秋季嘛，可以写写树叶，秋天的树叶，遍地都是，信手拈来，提笔即可作文。可是等到我们开始教学这篇习作时才发现，秋季虽已到，但此时并非深秋，枫叶未经霜染，银杏尚未变黄，有点苛刻的是，习作要求中说："捡一片落叶，观察后写一篇作文。"这时叶子尚未熟透，怎能随风轻盈飘落？弯腰拾起落叶的诗意美又从何而来？

再来看看我们的第三单元，甚或是一至三单元的课文，没有一篇是写景状物的，可是教材就这样横空出世，硬生生、奇奇怪怪地设置了这么一篇作文，我们的孩子不知道该如何下笔是好。教材无非是个例子，如果例子和借鉴的模板都没有，就这样让学生凭空想象来写景，是不是在序列上和单元整体的吻合度上缺失了一些？其实在三年级语文下册第二单元《北大荒的秋天》后可以是《校园秋天》的延续习作，可是咱们的教材中《习作2》安排的却是《我的自画像》，写景的文章安排在了《习作3》和《习作4》。我认为，学生学完范例，随即练笔加以训练巩固，这样由学习到模仿、由借鉴到实践的实效性可能会更强。就五年级上册的几个单元而言，如果要写景状物，完全可以把这次的"习作"调整到第五单元后，因为这个单元有《黄山奇松》《黄果树瀑布》这些经典的写景状物类文章，学生可以学个一招半式，习得三两方法，这样写起来也许更得心应手。

有一种想法叫作——挚爱作文，初心不改

亲近习作教学近十年，就是有一种无法言说的喜欢，曾经思考挖掘过喜欢的根源，可能是刚工作那年著名特级教师于永正老师的一节《打鸟》的习作指导课深深地影响了我，我至今记忆犹新。于老师精彩生动的语言，巧妙灵动的教学设计，活泼融洽的教学氛围，让我这个初涉讲堂的新手振奋不已。枯燥乏味、让我焦头烂额的作文课居然可以上得如此精彩，我那茫然若失的心海荡起了层层涟漪，我对教学、对语文、尤其是对作文教学便有了些许好感。

教学总是期待一种难以预设的精彩，习作教学课上思维、智慧、表达的碰撞更激烈，更有现场感，临场的不可预设性很多，因为教师不太能知道孩子们的下一句是什么，也许是"石破天惊""拍案叫绝"，也许是"索然无味""不着边际"，可这不正是习作的魅力吗？"不愤不启，不悱不发"，让孩子们从不会到会、从无到有的拔节是教育最快乐的音符。有挑战才有魅力，在习作教学的漩涡里，我愿意来泅渡一番。

有一种研究叫作——吃透教材，心中有法

大雁飞，稻谷笑，秋风吹，黄叶飘，秋天景色真美妙！一叶知秋，秋天的树叶与众不同，走，到植物园、公园、野外走一走，观察一下植物叶子的颜色与形状，然后以"秋天的树叶"为题写一篇习作。这便是《习作3》的习作要求。

常规教学思维可以这样解读：五年级的一篇命题作文，写物类，对照课标写出文从字顺的习作即可。

但是习作其实与阅读教学有着同样的内涵和教学方式，阅读教学时的解读课题，在习作里也就是解读作文题（审题）。《秋天的树叶》不外乎以下四个层次。

第一，秋天，季节特征不可丢。秋天是文章的背景，为本次作文铺下底色，泛写秋天的季节特征，就像一个电影的镜头一样，我们随着秋叶的飘飞，看到了遍地秋色，黄的金灿灿，绿的油亮亮，红的似火，一声鸟

啼，一次雁鸣，秋姑娘在我们的笔下翩翩而来。

第二，秋游，实践体验集落叶。"纸上得来终觉浅，绝知此事要躬行。"实践出真知，本次习作有秋游和去观察自然的要求，教师要做好前期的指导工作，让孩子们走进校园、公园、植物园，在欣赏秋色的同时搜集落叶，为课堂教学做好准备。有实践活动的积累，有自然秋色的亲密接触，有亲手觅得的落叶，习作课的前期铺垫基本完成。

第三，秋叶，工笔细描唱主角。让电影的镜头聚焦、定格，由大变小，聚焦那撑起华美秋天的树叶。调动多种感官一起赏叶：看一看叶子的色彩，摸一摸质地，闻一闻味道，比一比形状，想一想感悟，秋叶就这样丰厚起来。详略巧结合，重点须细描，要求学生选取自己最喜欢的一类叶子细细地写，精致地描，打造秋叶中的"一号主角"。语言生动有妙招，拟人、比喻齐上阵，引用诗文名句是法宝。

第四，秋情，融情于景意境幽。秋天本身就意蕴丰富，是成熟的季节，收获的季节，秋天有情致，秋叶添风采。引导学生在俏美的秋叶画图中融入自己的情怀，是喜爱，是赞美，是哲思……文字里，景色中，情趣相生，文境悠远。

有一种设计叫作——思维渐进，心有所悟

（一）悟"秋"字，入话题

从"禾苗熟，似火灼"的解读中让孩子们知道，秋是成熟的季节，"火红"是秋天里的最美色彩，从"金黄""火红""深绿"的色彩词汇中让孩子们的思维开启五彩缤纷的秋天模式。在秋天里，添色增彩的是五颜六色的植物，捡起一枚飘落的树叶，就是捡起了整个秋天，秋天的美，美在这多彩的树叶，今天，我们就去欣赏"秋天的树叶"。

（二）析要求，明方向

"有的放矢"，写作基本功的第一项即为审题。投影出示本课的"写作要求"，在和学生的谈话中梳理出本次作文的关注点：一，此次是命题作文《秋天的树叶》，不可自由拟题；二，要写出秋天树叶的形状和颜色；

三，要认真仔细地观察；四，搜集落叶带回学校观察交流；五，完成一篇作文。作文审题是写作的第一道门槛，只要是习作指导课就得引导学生练习，让每个学生学会解题、审题，为进一步的构思立意奠定正确而又坚实的基础。研读"写作要求"就得逐字逐句细细推敲，判断出作文题的类型是命题作文、半命题作文还是话题作文，类型不同，作文题目就不同。引导学生在寥寥几句的要求中准确拎出习作内容的指向是写人、记事、写景还是状物。

（三）细观叶，说后写

孩子们拿出自己准备的树叶自主进行观察，练习口头表达，先同桌之间互相介绍自己的树叶，教师再选取个别手中树叶具有代表性的学生，让其尝试做介绍。这是习作的初始阶段——说，在孩子们表述的过程中，师生达成共识，介绍"秋天的树叶"要注意这几个点：知其名，观其形，辨其色，闻其味，感其质，尽其用。教师相机板书：

观：形、色

闻：气味

摸：质感

用：作用

这样孩子们在口头表达时就有了一个思路和抓手，既有法可循，更易于表达。学生口语表达的过程是一个集思考和语言表述于一体的过程，边想边说的难度较大，但是当我们给了思维的抓手后，学生的侧重点就可以落实在"语言表达"上。其实在备课的预设中，我们能想象得到学生会有"套用思维"，即前面的同学怎么说，后面的孩子就会跟着学，内容虽然是具体的，但是语言的形式就会变得单调，此时教师是急于现场纠正升格，还是埋下伏笔在洗练文字环节熏陶一番？也是见仁见智吧。

说了就写，第一次动笔：绘出一片叶。

（四）品文段，拓维度

待孩子们完成片段后选取个别同学进行交流，看内容是否详尽，有没有从几个角度写出自己"秋天的树叶"的特点，此时可以投影作文，对文章的语言表达进行适当修整，可以在力求表述恰当的基础上向生动的方向努力。比如"金黄色的银杏叶，就像一把小扇子"，让比喻的手法融进表达中。"金黄色的银杏叶，就像一把小扇子，轻轻地一扇就扇去了夏天的酷热。"再将拟人的手法渗透进去，使作文在语言美的同时开始与"秋天"这个大背景呼应。教师在点拨的过程中相机板书：

想：像、象（想树叶像什么？想象树叶怎么样？）

"一片叶"如此之美，"多片叶"的搭配一定更有韵致，"一树叶"——整棵树上的树叶，有绿有黄，有明有暗，又会是一种怎样的风景呢？

哎呀，原来还可以这样写树叶啊！孩子们思维的宽度一下子被拓展开来，欣喜劲儿十足。

如果是"一片林"呢？景象又会如何？来场秋雨，雨打秋叶叶更净，诗情大发，自然想到"空山新雨后，天气晚来秋"，就像看到火红的枫叶，孩子们就会想到"停车坐爱枫林晚，霜叶红于二月花"一样，诗文名句的引用在适当的情境中自然就能油然而生。"引用"又是一种修辞手法，是为文章增色添彩的好技巧。

（五）造意境，有所悟

教师投影精心挑选的图片：一张道前街的银杏秋色图，一首《秋日的私语》吉他曲，一段如诗如画的文字——一场"我"与"秋叶"的邂逅，就在苏城的秋天里发生了。

（附文字）其实苏州的美，在山，在水，在园林，更在那熟悉的小路上。蓝天白云下一树金黄，那是盛装的银杏，那是属于道前街的秋色，那就是苏州随处可见的美。停下行走的脚步，驻足，凝视，倾听，一色秋风映眼帘，天高云淡沁心田。随风轻舞的银杏叶，在清爽的气息中，旋转，徘徊，用自己的身姿铺就了最美的苏州。秋色苏州，一首诗，一些人，几处景，几分情！

和着教师抒情的朗读，孩子们被带到秋天的银杏林中，沉醉其中，感悟其美，把自己化身为一片叶，一片飘飞的银杏叶，似金色的蝶儿，在旋转，徘徊，漫步在金色的绒布地毯上，感受秋的醉，感受秋的美！"驻足，凝视，倾听""旋转，徘徊"等短词的运用，是对意境的描摹，从多种姿态、多个角度展现秋天的美，看似平淡，却可以引导学生感受语言的韵味美。"一色秋风映眼帘，天高云淡沁心田"，两句短诗，让语言更精致，更有韵律。

作文，就是在这些小词语、短句子中实现了从平淡朴实到生动诗意。

漫步树林，脚踩落叶，心的恬淡会让我们有所思、有所悟。看，飘飞的落叶投入大地母亲的怀抱，这是亲情的甜蜜；落叶归根，化为养分滋养大树，这是感恩和回报；春天萌芽，夏天繁茂，秋季飘零，来年再生，这是生命的轮回；枯落的是叶，成就的却是壮实的枝条，这是奉献……

这正是文章立意高远的点睛之笔，写"秋天树叶"之实，再美不能动人心，悟"秋天树叶"之意，数笔即能成精华。

《秋天的树叶》既写物又写景，在写实和想象之中方可实现文质兼美。

孩子们沉醉其中，若有所悟，再次潜心修改文段，这次多了一些工笔细描，多了几许哲思顿悟。

教师教作文不仅要指导学生写出作文，还要训练学生的思维，引导其品味语言、推敲立意，这样的作文教学也许是立体的，合宜的。

（此文发表于2014年第八期《学习周报》）

"创意教学" 在 "漂流" 的世界闪耀

"漂流" "阅读" 巧相融

熟读唐诗三百首,不会作诗也会吟。阅读就是一种厚积薄发,从无到有,从主观能动到随性而为,到信手拈来的洒脱,阅读助推着心灵成长,拓宽了知识视野。

阅读,人生里必不可少的曼妙风景。阅读是语文的诗意行走,在蔚蓝的天空下,在温暖的阳光里,在弥漫的花香中,涵泳着、浸润着,品味书香,澄澈心灵。在字里行间徜徉、踱步,或嘻哈快乐、怡然自得,或皱眉深思、明理崇德,或浅笑安然、岁月静好……林林总总,百味人生,书香致远莫过于此。

在语文的字典里,阅读和写作是一对孪生兄弟,是语文行走的两条腿,它们相辅相成,彼此"抚慰",阅读滋润着写作,写作反哺着阅读,写作者在读和写的交融里迈向语文的巅峰。

既然阅读如此重要,什么样的人读什么样的书便是阅读成长的第一话题。

我教小学生,小学生读的书,随手一抓就是一箩筐,百度一搜书目如山,微信一摇名师推荐不胜其数,书都是好书,心都是好心,法都是好法,多读书,读好书,毫无争议,海量阅读、主题阅读等阅读的方式也都可以,但作为老师,作为孩子们成长的心灵导师,你得眼中有人,脑中有法,心中有书,不可人云亦云,随意盲从。我的学生,不是曹文轩的学生,我的学校,不是窦桂梅的清华附小,我和我的孩子们有着属于我们自己的特性,世界上从来没有一劳永逸的事情和方法,因时而需,量身定做,才是根本。语文教师可以做的是,建构阅读序列,计划推进,定期交流,以活动为载体,让阅读变成语文教学的一部分,让语文教学变得创意无限。

有人说，小学生要读大书、厚书、名家的书，名家的作品无论是立意、构思还是语言等都堪称经典，小学生阅读积累后到写作的时候功力发挥个百分之七八十，就能在同龄人中成为佼佼者，考场作文定能冠绝全场，取得高分。而如果读同龄小学生的优秀作品，由于这些作品意蕴浅显，稚气未消，即使消化吸收后发挥出百分之七八十，也只能沦为同龄人中的路人甲乙。阅读和写作在这里是辩证的，高位阅读，平级写作，有一定的价值，但是如果推荐阅读的书过于难啃，孩子就会心性大乱，读趣全无。

来，让我们接点地气，从身边做起，从培养阅读和写作的习惯做起，亮法宝——漂流作文。百度里没有"漂流作文"这个定义，其实说白了就是"作文接龙"，你写，我写，大家写，我开头，你接着，他再来，一环一环扣下来，作文绵绵不断，阅读也有序施行。我要写好下一章节，我就必须阅读前面的章节，阅读和写作在这里同步了，有点一举两得的感觉。也许孩子们的笔触还很稚嫩，没有深远的立意，也许孩子们的语言还不够精致，缺少文采，但是这都无妨。在阅读时我们还可以帮助上一位作者进行修改、完善，写作后我们还有班级交流、师生互动，我们需要的是浓厚的趣味，我们需要的是我们一直在快乐地创作，让思维和想象处于积极的状态，长此以往，孩子们何愁不成长？

我在自己的公众号"微客语文"中分六次推送完了想象类作文《"皮皮鲁"和"匹诺曹"的故事》，二十五个章节，每一篇都有一个小标题，每一篇里都有小描写，每一篇里都有事，每一篇都基本做到文从字顺。三年级的孩子能做到如此，师又何求？和孩子们一起"玩"作文，又培养了他们的阅读能力，何乐而不为呢？

"漂流"精彩始于师

在漂流作文的推送首期，我都会写一篇推介词，你看——

漂流合集之《"皮皮鲁"和"匹诺曹"的故事》

童年的记忆里有这样两个经典的形象："皮皮鲁"和"匹诺曹"。

皮皮鲁，著名儿童文学作家郑渊洁笔下的主要人物之一。他学习成绩不好，不是学校老师喜欢的那种乖孩子，但他心地善良、正义勇敢，有着许多故事，还是一个爱发明、喜欢创造的小男孩。

匹诺曹，意大利作家科洛迪《木偶奇遇记》中的主要人物。仁慈木匠皮帕诺睡觉的时候，梦见一位蓝色的天使赋予自己最心爱的木偶匹诺曹生命，于是小木偶开始了他的冒险。如果他要成为真正的男孩，他就必须通过勇气、忠心以及诚实的考验。在历险中，他因贪玩而逃学，因贪心而受骗，还因此变成了驴子。最后，他掉进一只大鲸鱼的腹中，意外与皮帕诺相逢……经过这次历险，匹诺曹终于长大了，他变得诚实、勤劳、善良，成为一个真真正正的男孩。

皮皮鲁和匹诺曹是小学生最熟悉不过的故事人物了，在小学低年级，孩子们就通过图文阅读知晓了有关他们故事的大致内容，脑海中对这两个人物有着一定的记忆。如果有一天，皮皮鲁和匹诺曹相遇了，会有什么奇妙的故事发生呢？当我在班级里一说起这个题目，孩子们都喜不自禁，个个摩拳擦掌，跃跃欲试："我要写！我要写！"

三年级起步作文最重要的是什么？是兴趣！爱因斯坦说："兴趣是最好的老师。"对于写作而言，兴趣更是写作的源动力，兴趣坚持下去便是习惯，习惯便是写作的内化，于无形中成就写作素养。三年级上学期，我和孩子们多读书，读出声音（训练朗读），读出感想（长短不限，有得便行）。本学期我又在"美文推荐"的基础上开辟了"漂流作文"，一个小组一条线，四组同时进行，每周一和周五选取课前时间进行交流，四组独立写完后再交换进行。近期我还把孩子们一学期的智慧结晶进行推送，并欢迎读者关注和转发。三年级，孩子们愿写就好，我不做任何修改。

郑老师的开头来了——

"嘿，你好，皮皮鲁。"

"嘿，你好，匹诺曹。"

木偶王国来了新朋友，酸、甜、苦、辣、咸，一个又一个趣味横生的故事，一个又一个令人啼笑皆非的故事……

哈哈……你听——

《达人趣事》是这样的——

咱们三（8）班可真是人才济济，有学习达人，有运动健将，有搞笑大王，还有"自信哥""自信姐"……

三（8）班的人和事甭提多好玩了！

《园子里的故事》来了，你看——

漂流合集，精彩继续！从课外阅读创意到班级达人趣事，来，把视野扩大一点点，到美丽的校园里兜一兜、逛一逛，让园子里的一切陪你创造精彩童年。一座亭子一句诗，一棵小草一朵花，一块石头一株藤，一群孩子一片天，一份童心一篇文！孩子们，用你的慧眼发现园子里属于你的故事吧！

千年姑苏，诗意枫桥，寒山寺旁，枫桥河畔，有一所百年老校——苏州市枫桥中心小学。在这座高雅美丽的校园里，有五个园子，每个园子里都有别样的风景，一座亭子一句诗，一棵小草一朵花，一块石头一株藤，一群孩子一片天，孩子们，在枫小的校园里走一走、看一看，用你的慧眼发现园子里属于你的故事吧！

孩子们品读回味，家长们喜欢转载，漂流作文把家长、孩子、老师巧妙地连接在一起，向着共同的方向，一起定格永恒，留下温馨。这不仅是语文学习的事情，更是教育的意义所在。

策略更新助"漂流"

《漂流合集》三个主题全部推荐结束，孩子们用自己的童心书写着一个个活灵活现、有情有趣的小故事，搞笑逗趣的，有感而发的，自由想象的，穿越整合的，真实自然的……也许这些小故事对于成人读者来说显得稚嫩，语言的表达缺乏表现力，但它们的最大特点就是"真实""原生态"。

有老师说："郑老师，其实你的作文每一篇后面都应该写一个点评，这样对其他学习者来说更具有操作性。"其实我的"漂流作文"有好多点评，只是我们没有落在纸上，我们在每周的"漂流作文交流会"中都会进行点评，包括学生与学生之间的互评，我的点拨和引导等。从主题的吻合度到文章的亮点特色，再到学生思维、品质方面的肯定和激励，我们不仅仅是在写作文、谈作文，我们还在作文中让学生的思维和性情更趋向完美。我的漂流作文还有"二次修改",在老师和同学给出好的建议后,会让执笔的孩子进行修改完善,这样的程序必不可少,目的是在个人和集体的共同智慧里,让作文变得优秀。

从写到交流,到二次修改,在这一套流程中,小学生的读写素养模型得以构建。我们必须读书方能让匹诺曹和皮皮鲁精彩相遇,朝夕相处的伙伴让笔下的班级达人妙趣横生,漫步美丽校园,走一走,逛一逛,园子里的一切陪孩子们创造着精彩童年。读书、观察、生活都在其中,孩子们不仅读了、看了、写了,还交流讨论、合作共研。在走上讲台的那几分钟里,孩子们说话的声音从微弱到洪亮,从照本宣科到绘声绘色,自信和素养在讲台上闪光。在点评互动环节,孩子们你一言,我一语,在个人本位的评价中,思路更清晰,文章更富有生机,说者有思有争鸣,听者有获有感受。在说和评、听和记的过程中,孩子们的素养又提升了。听、说、读、写,语文绕不过的弯弯,教师通过日常的"漂流作文"引导学生浸润其中,何乐而不为呢?

兴趣永远是最好的动力。"知之者不如好之者,好之者不如乐之者。"三年级的起步作文理应如此。石本无火,水本无华,教师就是那让石头生灵光的锤,那让湖面漾起道道涟漪的风,这灵光,这涟漪,亮着,动着,走进了孩子们的心田,融进了孩子们的思维,流泻在孩子们的笔端,这就是文章。

创意"漂流"智无穷

我的自命题,让孩子们才情飞扬,奇思妙想,第二期的"漂流作文"我们需要在原有基础上有所创新。命题作文孩子写,作文命题孩子定。期待的效应总是那样的美好,孩子们一开学就不停地问我:"老师,咱们的漂流作文什么时候开始啊?"本来我想卖个关子,因为越是久盼期待的往往效果越好,后来有点忙,我想出了三个题目,有一个难产,辗转纠结,一直难定下来。孩子们又来催,我便灵机一动:"你们有什么好题目?大家在周记里面写出题目,写出设想,老师在周记本上加以遴选,选出来的优秀的奖励一张'学习卡'。选中的好题目可以作为漂流作文的题目,全班同学都来写。""耶!"孩子们一蹦三尺高,都铆足了劲——哇!不要太帅!

我一边批阅一边挑选，十几个孩子的命题都很有想法，怎么办？全上不现实，删掉又可惜，况且我喜欢的题目孩子们还不一定喜欢。有了，公开投票！十几个题目板书在黑板上，大家选四个！咱们先看看这十几个有创意的题目——

李辉《西游记再见三国演义》、金诚《布鲁斯之奇幻之旅》、欣怡《我是宇航员》、天翼《一个馒头》、雨萱《舌尖上的中国》、欣颖《奇妙仙境》、羽辰《穿越之旅》、恩好《我是一条鱼》、乐萱《蔬果大冒险》、云吉《女孩们打扮起来》、青阳《我的第一次》，这些题目都有着孩子们的思考，他们在拟定题目时其实已经在脑海中构思作文了，儿童的天性和培养的价值就在这里。

投票结果出来了！《西游记再见三国演义》《一个馒头》《舌尖上的中国》《穿越之旅》力压群雄，脱颖而出。四个题目各有千秋，有名著的创意整合，有想象牵引的"馒头线索"，有吃货们津津乐道的"舌尖美味"，还有流行的穿越大剧，不过我还是发挥了一下教师的主导作用，建议在《穿越之旅》中来到盛唐与李白相遇，与诗仙共酌，让唐诗入文。

如果"漂流作文"的形式和创意就此打住，效果应该也不错，毕竟孩子们在自己拟题、选题的过程中有所收获和提高，思考力、判断力、心理期待都在不断增强，但是创意永远是无极限的。

第一波，被选中题目的孩子自己撰写第一篇，用自己的文字开篇起步。好开头胜过千百字，一波三折起，精彩继续来。

第二波，命题绘封面，这个难度不小，要求理解题目的意思，画出传神的封面，但是相信孩子就是相信奇迹。(见下页配图) 形象逼真的绘画，精当切题的主题语，美观大方的题目艺术字，孩子们的才情点燃了老师的期待。期待总是相互的，孩子们期待漂流作文的精彩，老师期待孩子们的精彩。老师用创意引领孩子们的走向智美，走向精彩。

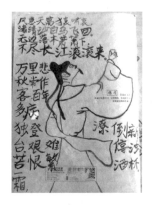

好文共欣赏，疑义相与析，第三波来了。我让孩子们在"漂流交流会"上有声分享，大家绘声绘色，幽默搞笑，我和孩子们送出欣赏、肯定、激励的掌声，但同伴间的纠错和点评往往会掀起新一轮高潮，所以说，话不说不明，理不辩不清，文不议不慧。

所谓创意教学，其实就是认定一条路，一条孩子们喜欢的"玩"路，一条可以催发孩子们成长的"趣"路，一条妙招不断、师生携手共生的"语文"路，坚持走下去。

（此文发表于 2019 年 3 月《小学作文创新教学》）

微客的"小语文"

在我的语文教学进程里，每学期都有两个特色专题周："习作周""阅读周"。本周是习作周，我和孩子们一起聊作文，学作文，品作文，写作文。他们学得开心，品得有味，写得带劲。我把以前孩子们写的《美文推荐》《漂流作文》给孩子们看，分发之前，孩子们看着我手里的一大捧簿本，眼神里满是好奇和期待，一拿到手便如饥似渴地阅读起来，精心专注，如品甘霖。我这个老师就在静谧的教室里静静地看着他们，踱步巡看，驻足静观：有眉头紧锁者，估摸是读得纠结；有哑然失笑者，或许是读到了乐处；有沉默静思者，定是心随文动……语文老师，就这样做一个观羡者，也是一种幸福。

语文啊，苦口婆心，说一千道一万，总是赶不上孩子们对学习、对阅读发自内心深处的真正渴望。从饥渴期待到沉醉满足，快乐漾满每一个孩子的脸庞，语文的浸润和羽化于无声中丰泽了每一个孩子。

每节语文课开始前五分钟都是孩子们展示自我的时间点：美文推荐。学生在讲台前向伙伴们推介自己精心挑选的文章，或是整本书，或是长篇节选，或是美文片段。从温情的问候开始，说书名（文章名），明作者，深情朗读好文章，说出个性化的推荐理由，然后同学们在聆听的基础上再热议一番，思维激荡、智慧火花、听说训练就在这一刻浸润其中。当然，我这个语文老师也不闲着，正确的引领、理性的分析、温和的建议是必不可少的。

今天是天翼同学进行美文推荐，他推荐的题目是《诚实的孩子》（简化版），兴许天翼阅读的原文就是简化的，也可能是孩子自己对文本进行了压缩，因为这样可以免去摘抄时的大段抄写，他就这么三言两语地讲述了这个故事，并通过这个故事告诉我们一个道理：要做一个诚实的孩子。从美文推荐的流程来说，程序完整，也有自我推荐的理由，但是在孩子们鼓完掌的那一刻，我感觉孩子们听得不过瘾，只是大概了解了故事的梗概，概括的语言中有太多的"真空地带"，"省略"掉了许多细节，这使得孩子们的知识摄取太过粗线条。我们天天说，写作文要关注细节，要训练和培养学生的思维能力与想象力，这不，训练的好机会来了。

"谢谢天翼同学。文章听完了，故事明白了，道理也清楚了，可是孩子们，那个小男孩拿到花种后会怎么去种花呢？"我开启了想象的天窗。

"找个花盆，装点泥土，把种子埋进去。"

"这就可以了吗？"

"还要浇水。"

"晒太阳。"

"还要施肥。"

"除草。"

答案真是五花八门，基本符合种花规律，但是我需要一段完整些的表述，喧嚣立马变得沉寂。这时欣唐同学举手了。"来，听你说。"

"小男孩会找一个花盆，装满泥土，把种子埋进去，给它浇水，晒太阳，再施一些肥。"欣唐说得流畅。

"孩子们，你们看，其实说一段话，就是把这些关键词语有序地组合在一起啊。"我微笑着说道。

"小男孩细心地种着花，心里就盼着——"

"盼着种子开花。"快嘴王阳阳脱口而出。

"种子埋下去就立即开花了啊？"

"哈哈……哈哈……"教室里笑成了一片。

"小男孩细心地种着花，心里就盼着——"我继续引导着。

"盼着种子发芽。"

"种子发芽了吗？"

"没有。"

当我们问答到"没有"这一步的时候，我们要谨慎了，这时不能再追问"为什么没有发芽呢？"因为一旦这样不负责任地一问，就直接从开头飞到了结尾，中间精彩细节的引导又灰飞烟灭了。想象力、细节描摹的问法在这里："小男孩那么细心地呵护着种子，天天盼着种子发芽，他早晨边看边浇水，傍晚边看边琢磨，咦？小男孩心里充满了——"

"充满了疑惑。"

"是的，小男孩会想些什么呢?"我继续追问。

"哎呀，我的种子怎么不发芽呢?"

"老师，老师，国王给的种子是炒过的，当然不能发芽了。"

"等等，等等，同学们，我们是知道了故事的结果，但是文中的小男孩一开始并不知情，写故事嘛，不能一开头就把谜底全部揭晓，如果在开头就知道故事的结局，谁还愿意去读?"我巡视全班，看着他们迷惑的眼神说。

"哎呀，我的种子不发芽，我就不能继承王位了。"恩妤嘀咕一句。

"小男孩是一个诚实善良的孩子，这么诚实善良的孩子会小心眼地只想着继承王位吗?"我引导着，发问着。

"不会，不会，这样想就太自私了。"

"是的，人物的心理活动，我们可以大胆想象，但是如果背离了人物形象的特点去随意想象，那就是不合情理了。"我趁机铿锵有力地总结起来，顺手板书"合理想象"。

在语文的教学中，我们要训练学生丰富的想象力，但是更要让想象符合实际，与主题相吻合，这样的想象才是正确合理的，也才是扎实有效的。现在有些老师为了所谓的充分尊重学生的个性思维，弃科学合理于不顾，一味追求天马行空，结果只能是有了想象，却断了风筝线，不着边际了。

一个简单的小故事，训练的"支点"和"质点"真的很多，我们就这样问问、想想、说说，从几个词到几句话，小故事越来越丰满，合理的小细节越来越生动。其实我们平常的语文课并不会天天炫目耀眼、精彩无限，更多的是按部就班的"平常里"，只要我们老师有一颗敏感的心，有一双善于捕捉教学契机的慧眼，我们的语文课程便无处不在，只要抓住"支点"，用好"质点"，孩子们的语文能力定会在不断的思维碰撞和训练中衍生、提高。

后记：当天孩子们便动笔作文，有故事的脉络，有课堂探讨的素材，有聚焦小处的工笔细描，孩子们兴味盎然，真的是笔走如飞。我乘兴批阅，44人中35人获得"优秀"，比例不错，说明孩子们有话说，有话写，有成长，有成功。

附：我们的其他聚焦点

1. 其他孩子怎么种花？又会怎么想，怎么做？

2. 约定见面的那一天，孩子们都捧着五颜六色的鲜花来了，是什么样的场景？

3. 捧着花的孩子是怎样的表情和心情？小男孩会在哪？他是什么样的表情和心理？

4. 老国王看到眼前的这一幕会是怎样的反应？（对孩子们，对炒种子的士兵）

5. 老国王会和小男孩对话么？他们会怎么对话？（小男孩的一切动作、表情、心理都要符合他善良诚实的优秀品质）

（此文发表于2017年5月《语文教学与研究》）

孩子，这就是语文

苏州的冬日常年不见雪，今年索性连寒潮也没了，三分之二的冬季不温不火，时见雾霾不见寒。结果昨晚寒风一吹，今日气温骤降，冷，来了。室内空调暖如阳春，室外寒气逼人，我裹紧大衣，夹着书本，缩着脖子向教室走去。走廊里，寒冬中的玻璃窗感觉更清亮透明，空中花坛里的不知名小花迎风怒放，淡淡黄花，浅浅绿叶，让萧瑟的冬日里洋溢着一丝春的气息。咦？平时喧闹的走廊今天安静了不少，也不见了那群追逐打闹的疯小子，嘿嘿，看来大家都知道考试临近，去静心复习了哇。

"明天期末考试，今天最后一节语文课，还有一份讲义没有评讲，还有一些考试注意点要再强调一下，三年级的孩子毕竟还有点拎不清……"我边往教室走边思忖着。

今日的教室果真比平时静得多，预备铃还没有响，教室里也不吵，我径自走进教室，班级的大块头金旻正在擦黑板，我看着这胖大个不是太熟练的动作，本想示意他回到座位，我来擦，可是孩子们都在盯着他的背影看，我也就走到教室的最后面说："孩子们，来，我们一起观察一下金旻是怎样擦黑板的。"

金旻擦完黑板，拍拍手上的粉笔灰，看大家都盯着他，嘿嘿一笑，迈着大步走向自己的座位。"谁来说说看，刚才金旻同学是怎样擦黑板的？"我微笑着问。

"金旻一只手插在口袋里，一只手擦黑板，够不着的地方就跳着擦，最后把黑板擦干净了。"喜欢发言的天翼说。

"嗯，你看得仔细，注意到了他两只手的位置，还说到了擦黑板的动作，跳起来擦，不错。谁再来说说？"

"金旻在擦黑板时候，是从北面开始，然后擦到南边。"

"你留心了他擦黑板时候的顺序，角度不错。"

"老师，金旻擦黑板有点不干净，我估计是黑板擦没有拍干净。"

"哎哟，厉害了，发现问题，还能去推测事情的起因，老师要给你点个赞。但是，孩子们，你们有没有发现，你们说的话都不够生动，缺少了一些很细致、很细致的地方呢！想不想听老师说说我是怎么观察金旻擦黑板的呢？"

"想——"大家激情高涨。

我开始了我的讲述：

嘿，只见一个酷酷的身影在黑板面前移动着，时而左右晃动，时而上下跳动，定睛一看，这不是咱班级的金旻吗？这家伙，左手插在棉袄口袋里，右手拿着黑板擦在黑板上挥舞着，上面来一下，下面推一把，看起来动作挺熟练，真不愧是擦黑板的老手啊。"老师和同学们都在看着我呢，我得仔仔细细地擦。这边，嗯，干净了，右边，哎哟，够不着，咋办呢？我跳，我，跳、跳、跳！哎呀，妈呀，跳个两下子都气喘吁吁了，看来我要加强体育锻炼了……"金旻边擦边想。金旻擦完黑板轻轻把黑板擦放在讲台上，对着台下的老师和同学嘿嘿一笑，边往座位上走边回头看看黑板，他是在看擦得是否干净，还是在欣赏自己的劳动果实呢？这个大块头的家伙，真是可爱极了！

在我讲述的过程中，同学们笑成一片，"孩子们，好玩吧？有趣吧？那么老师说的哪里和你们不一样呢？"我趁势发问。

"老师观察得非常仔细。"

"老师，注意了金旻的动作，擦、跳、笑都写到了。"

"老师，还写出了金旻的心里想法。太好玩了！"

"是的，老师通过观察，加以想象，细致地描绘了金旻擦黑板时候的心理活动。"我适时纠正和引导。写作、说话的基础是观察，在观察的基础上进行合理、恰当的想象，文章就会变得丰富起来。

"孩子们，其实语言的魅力就在这里啊，我们说得有趣，说得生动，说得细致，把这些文字记下来，就是一篇作文啊。"我顺势一带，点出了我这个"情景课堂"的真谛：观察、表达、记录。

就在我沉浸在自我得意的情境教学中时，一个"天籁童音"飘了过来："老师，您能不能不要讲这些没用的啊？明天考试了，赶快上课吧，赶快讲语文书上的吧。"我们的"大嘴巴"邵越喊了起来。

一秒、两秒，我愣了两秒，迅速冷静下来，此刻，没有太多的时间，不，是没有时间给我思考应对的方法。我内心狂乱，却面含微笑："孩子们，邵越有点不理解郑老师的课堂，谁来给她解释解释？"孩子仅仅是孩子，此时的孩子需要伙伴的建议和提醒，让朋辈来帮助她，比我这个老师的灌输更合宜。

"邵越啊邵越，郑老师不正在上课吗？上的是作文课啊！"乐萱站起来说。

"老师引导我们观察，指导我们说，他自己也一起来说，我觉得郑老师就是在教我们学语文啊。"辰琳说。

有点批判思维的金旻说："邵越，你懂不懂语文啊？郑老师一进教室就是语文，他说的每一句话都是语文，难道非要讲语文书才是语文吗？"

"好！说得好！"我带头鼓起掌来，"同学们，我说的是邵越同学说得好，就一句话，我们看到了邵越的上进心和求知欲，是她让我们知道学习语文离不开语文课本这个重要依托。但是，孩子们，学习语文不仅仅是学好一本语文书，更多的是要把语文书上的知识吸收、内化为我们的语文能力和素养。比如，我们会观察，会思考，会表达，还会写，这就是我们的综合素养啊，这样的素养会让我们受益终身。"

…………

一节应景而生的语文小课让我思考良久：为什么在孩子的眼里语文课本才是语文？这样偏执和狭隘的语文学习观从何而来？今天只是一个孩子这么认为，但是谁又能保证没有其他孩子也这样想？他们或许心里也是这样想只是不敢发言而已。不管是个例还是群体，邵越的观点真的应引起我们语文老师的反思，教师是用语文课本教语文，学生是用语文课本学语文，但课本不是语文。真应该少一些对语文课本的神化，少一些对考试的执着，多一些大语文、生活语文、情境语文的教学观，让语文更生活化，更接地气，更走心。小学语文课堂教学的第一要义就是要在孩子们的心灵里埋下一颗种子：生活处处皆语文，听说读写书学问。

牵着你的小手，走进精彩的故事王国

《我不是最弱小的》一文是苏联著名教育家苏霍姆林斯基的教育小故事，在不同的教材版本中，本文被安排在了不同的年级，教材编者的编选意图、出发点、着力点不尽相同，因而产生了不同的功能效应。虽然文章中有许多备受质疑的地方，网络上也有这样或那样的争论，但是我想其实不管完美与否，一篇选入教材的文章总有其学习的价值，所谓众口难调，怎么会有适合所有人阅读口味的文章呢！

苏教版编者把《我不是最弱小的》一文安排在四年级下册课本中，改编后的文章浅显易懂，孩子们在第一课时就能轻松地说出文章所蕴含的道理。课堂教学中，在我要孩子们简要说说这个故事的时候，可爱的他们总是一开口就给我讲道理，对故事的精彩情节却半点不提，这让我很是郁闷。单纯的讲道理太过理性和抽象，没有故事做载体就会显得空洞，可是孩子们不懂，总是揪着道理不放，这应该也是我们很多语文课被上成思品课的原因吧。

诺贝尔文学奖获得者莫言在颁奖典礼上就说自己是一个会讲故事的人，是故事让自己站在了诺贝尔文学奖的领奖台上。故事在一个人的文学成长中的重要性不言而喻，教师有责任让故事走进课堂，让故事润泽心灵，让故事铺就文学之旅。今天的课文不正是苏霍姆林斯基的经典教育故事之一吗？

其实小学课本中有许多精彩有趣的故事，孩子们喜欢读故事，特别喜欢复述故事中的精彩情节，可是一个故事的学习不是也不能仅仅停留在"情节"这一环节。故事有情节，故事有人物，故事还有环境等。把故事融入教学容易，融入教学后让学生能有所感悟，能学会写一写小故事，有难度，有挑战，但值得尝试。四年级的孩子可能有点小，我们可以牵着他们的小手，领一领，悟一悟，一起徜徉在小小的故事学习中，让故事在他们的脑海中更清晰、更形象可感。教师可以选择课本中合适的范文渗透不同的"关键点"和"着力点",或侧重于个性鲜明的人物形象塑造,或侧重于跌宕起伏的故事情节设计,或侧重于背景环境的渲染……

孩子们对故事感兴趣的原因无外乎精彩曲折、引人入胜的故事情节,每当一个故事看完后,他们津津乐道、记忆犹新的也是故事的情节,不少成人尚且如此,又何况是童心淳朴的孩子呢?孩子们还会对故事中的人物印象深刻,劈山救母的沉香,闹海的哪吒,这些栩栩如生的人物早就在孩子们的心灵深处留下了烙印。所以成年后很多人在回忆故事的时候,印象最深的莫过于这两点。这是源于知识的积累和渗透,但是语文的人文性和工具性在这样的故事学习中却无从体现。读故事,学故事,应该关注故事的写法,故事人物形象的塑造,故事情节的推进。故事的学习要有所侧重。有的故事情节的推进,一波三折,引人入胜,那情节推进和设置理应成为这一课教学的重点。如果这个故事的人物丰满生动,那人物的塑造理应成为学习的重点。《我不是最弱小的》一文情节简单:爸爸让雨衣给妈妈,妈妈让给萨沙,最后萨沙又把雨衣披在了雨中的蔷薇花上。情节虽有变化,但是一目了然。人物也很简单,没有精彩细腻的描写塑造,简简单单几句话,毕竟人物的塑造不是重点,情节的推进也不是重点,明理是教科书编者的真正目的:每个人都要保护比自己弱小的人,文中妈妈的话一语中的,学生理解起来毫不费力。

只有短短四十分钟的一节课,孩子们能学习到的往往只有一两点,教师能给予和渗透的内容有时一个点、一个面也就足矣。如果面广量大,贪多求全,只能使知识点成为耳旁过风,过眼烟云。

教师应相信孩子,关注起点。四年级的孩子已经具备一定的阅读和审美能力,对于《我不是最弱小的》一文中的人物品质、精彩情节理解起来不是一件难事。《语文课程标准》明确告诉我们:以学定教,教师引领传授的应该是学生不会的内容和知识。

为此,结合本文的特点,我们可以侧重引领孩子们感受文章环境和背景的巧妙设置,这是故事教学中不可或缺的一环。

环境和线索是故事情节推进的必备要素,文中几次出现的"雨衣"就是本文的线索,它串着人物,连着情节,必不可少。没有雨衣,何来几次的谦让?环境设置中的"大雨""蔷薇花"同样必不可少,不下雨、不下大雨就不会用到雨衣,用不到雨衣就不会有下面谦让故事情节的推进,更谈不上道理的揭示了。没有蔷薇花，萨沙保护弱小的愿望就无从实施。为何选用蔷薇花？因为那是娇嫩纤细的花，很容易被风雨摧残毁坏，换了其他事物可能就无从激发萨沙的护弱心，故事也就无法收尾。"大雨"摧残着"弱花"，故事才得以精彩，由此可见这简单的"雨衣"，这及时必备的"大雨"，还有那担当重要角色的"蔷薇花"，对文章的成功尤为重要，换言之，作者的高明之法不言而喻。教师带着孩子们一起读读悟悟，故事的精彩内涵一定会变得更丰富。

　　换个角度，其实文章中部分不起眼的重点字词也为下文的发展埋下了伏笔，让故事的产生和推进更具合理性。比如"旷地"。不是旷地，不适合活动；不是旷地，就不会淋雨；不是旷地，大雨就不会冲坏蔷薇花，故事就无法继续，文章就无法精彩。正如《生命的壮歌》中的《蚁国英雄》一样，"蚁国英雄"之所以成为英雄是环境和形势造就的——"火势"的盛大。文中对火情的描写处处皆是：一，红色的项链；二，火海；三，肆虐的热浪。这些看似简单平凡的词汇却闪烁着熠熠的光芒，成为故事精彩推进的节点，有这些节点的存在才能造就故事的精彩，无这些节点，则故事断章，一盘散沙，无亮点可品，甚至不成故事，不知所云，让人匪夷所思。

　　小小的文章，有趣的故事，深远的意蕴，这一切都饱含着作者的智慧。精妙的构思，精致的设计，让短小精悍的文章散发出了大能量。牵着孩子们的小手，领着他们在故事的王国里慢走几个来回，品味几个节点，简析几处背景，相信孩子们在以后的读书旅程中不会再把目光仅仅停留在"情节"和"人物"这两个方面，也许他们的思路会更开阔，收获会更多。

　　这样的尝试和渗透总会有着几分积极的意义吧！

假期归来，语文开篇如何造？

哲人说：人生如书！日月星辰明暗生，柴米油盐烟火气，人用生活里每个饭米粒一样的细小写就生活这部鸿篇巨制，书的质量因人而异，但这部书的主角一定是自己。对于老师来说，其实一学期就是这部"鸿篇巨著"中的一个章节或段落，几十个章节就构成了教育人生的巨著。新学期的语文课又开始了，语文老师在用一学期的教学点滴创作一篇"作文"，用一百多个呕心沥血的工作日书写华篇。

创作，一个引人入胜的开头很重要，语文开学第一课就是我们这篇"作文"的开头。好的开头是成功的一半，开头最好有点魅力，陈词滥调说套话，转弯抹角说空话，病句错字闹笑话，那是最蹩脚的开头，肯定不行。铺陈开头气势足，涓涓细流温婉美，诗意开篇底蕴丰，开头的方式千万种，选取自己最擅长的就好。

新学期语文教学的这篇长"作文"该如何去创作一个与众不同而又引人入胜的"开篇"呢？老师以学定教，以生为本，了解孩子的学习状态，量体裁衣，孩子们语文学习的热情在和老师的多样互动中不断升温。

其实每一个假期结束，老师们都要使出"收心大法"，尤其是寒假。寒假里，饭饱，菜丰，走游多；吃喝，玩乐，悠闲多。寒假，这个特殊的假期，走亲访友，零食电视，懒觉熬夜等，人的生物钟难免有点紊乱，成人如此，儿童更是这样。所以春季语文教学的开篇须从收心开始。

收心是一种手段，需要合宜的理念、恰当的方法。收心，从"假期余额不足"开始，老师温馨的提醒，让收心大法的大门开启，就这么悄悄地、缓缓地，给他们一个"激灵"——要上学了，快搜罗整理一下作业，该补的补，该背的背。老师通过简单的提醒触动孩子的心灵，让其在思想上引起重视，让自己的语文动起来，慢慢地调整自己的状态。

有些老师觉得本学期时间比较短，喜欢开学第一课就上语文课本上的新课，我个人认为这样的方式并不是太妥帖，就像运动员比赛一样，还没有热身，没有准备好就仓促上阵，结果必然伤筋动骨。这里涉及两方面的状态。一个是老师的状态，精气神没有调整到上佳状态，思维和课堂的灵动度都会受到影响。另一个更重要的是，孩子们还没完全进入学习的状态，在这样半生夹熟的状态下，如果老师匆匆开启课堂教学第一课，效果肯定会大打折扣。这就像煮饭一样，火候没有把握住，煮出来的一定是夹生饭。特别是低年级老师，很容易感觉到孩子过年慵懒的节奏，这样的精神状态、学习状态非常不理想。这个时候我们需要做的是帮他们调一调、校一校精气神和注意力。

怎样去帮助孩子在开学第一课调整状态呢？正所谓"凡事预则立，不预则废"，我的做法是从寒假生活开始，给孩子布置一些实践性作业，如背诵古诗文、亲子共读课外推荐书籍等。对于低年级学生，可以向他们推荐绘本阅读，比如《卡夫卡变虫记》《迟到大王》等，这些都是孩子们最喜欢阅读的。我们都知道，如果一个孩子喜欢阅读，那他的语文素养通常不会太差。有的时候，我们就是用他们最喜欢的方式悄悄地靠近他们，启发他们，调动他们学习的积极性。很多时候，这些符合儿童认知规律的课外书籍会让他们和老师之间达成默契，形成一种共识。教师要做的是，对每一届学生负责，对每一位学生用心。当老师的你，生命中会遇到很多学生，每个学生对你而言，只不过是众多学生中的一个。然而，对于学生来说，你却是他生命中遇到的数量有限的老师之一，你将是开启他万千世界之门的人。若爱，请深爱；若教，请赴全力。

有的时候，"收心"离不开"走心"。开学第一周我和一（12）班的孩子们一起猜读美国作家劳伦斯·大卫的《卡夫卡变虫记》。孩子们都很奇怪：为什么卡夫卡会成一只甲虫呢？为什么其他人都发现不了，只有他的好朋友迈克尔发现卡夫卡变成了一只甲虫？

我读，孩子们猜后续故事；我问，孩子们答文中关键字词的记忆。孩子读，我们一起接龙读；孩子讲，我们忠于原文又来点自由发挥。课堂的效果极妙，课堂气氛轻松愉悦，在舒服的对话情境中思维的运转却是高效的，习语言，促思维，语文教学的真谛处处开花，这也是语文核心素养中"语言建构与运用、思维发展与提升"的落实。

跳出课堂，探秘文本背后作者的写作意图，其实作者就是在告诉我们，很多孩子在生活当中感觉父母常常忽略了自己的感受，他们想通过"变虫"这种怪异的方式引起家长们的关注。这也给我们的家长提了醒，也许我们认为自己很爱孩子，给了他们富足的物质生活，其实孩子们更需要的是温馨的陪伴，细心的发现，耐心的交流，真正走进孩子内心。《卡夫卡变虫记》这部绘本作品，让孩子们知道了如何与父母相处，也引起了我们成人的注意，触动着每个人的心灵。

生活让我们总是忽略身边最亲近的人。我们对孩子的物质生活照顾得无微不至，却常常忽略孩子内心的真正渴求！这是卡夫卡发出的心灵信号：不要让孩子的内心世界一片荒芜，孩子需要爱，需要生命中最重要人的关注！

我在布置阅读作业的时候，建议孩子和爸爸妈妈亲子共读，因为父母只有参与阅读才能真正理解孩子，走进孩子的内心深处，真正理解卡夫卡这种与众不同甚至是怪异的行为背后传递的精神密码。

交流课外阅读的一些绘本书籍，这是一种开学收心的方式。开学收心还有一种方式，就是在预习教材的基础上进行多样的语文展示活动。孩子们预习了一年级下学期部编版语文课本，很多孩子还在家长的帮助下把一年级下册课本中出现的七首古诗背了下来。孩子们对古诗比较感兴趣，这应该是得益于上学期我们一直在学习《12岁以前的语文》，一学期下来20首古诗轻松通背。孩子们对古诗有一个正确的认识，对古诗学习的兴趣浓厚，在无痕中践行着"文化传承与理解"。游戏、比赛、竞争、奖励等方式让每一个孩子都喜欢，都积极参与到活动中。

开学第一周，班级举行了《中国诗词大会》枫小（12）班版，开展了"我是班级小小诗词王"比赛，同桌比赛，小组比赛，全班角逐。一次又一次，一轮又一轮，最终我们的杨欣怡同学登上冠军宝座，享受全班孩子送给她的最热烈的掌声，再加上老师奖励的学习卡、才艺卡等，那真的是无上荣耀，孩子们都羡慕到了极点。

有的时候我们需要一些外在激励，用一些小"伎俩"、小策略去抓住他们的心，在润物无声中让他们和老师一起自由驰骋在语文的王国里。

集腋成裘，聚沙成塔。孩子们对语文的兴趣需要教师的三把"火"去点燃："新新"之火，"心心"之火，"星星"之火。教学理念新，教学方式新；爱生之心，暖漾生心；语文学习路上的启明星，散发光和热的恒星。

  合抱之木，生于毫末；九层之台，起于累土。新学期语文大幕已经开启，深研毫末细节，扬帆语文渡舟，让孩子们兴味高昂，素养攀升，你我责无旁贷，语文开篇，我们一起"新""心""星"造！

成长，心灵澄澈的邂逅

> 清风一榻满吴越，山湖氤氲漾春秋，一尊文字，书洗俗尘，明月照初心。
>
> 且将新火试新茶，诗词歌赋趁年华，一路花香，执手相伴，成长巧邂逅。笑语盈盈暗香去，心灵澄澈始方来。

成长有"他们"陪伴!

天地间一个小小的我,无耀眼的名,无显赫的位,更无至上的权,我就是我,一个平凡的我,一位普通的人民教师。从教十九年,在坎坷中走来,在淡然中成长。我只代表我自己,回顾自己的教学之路,像一首朴实的歌:虽然没有优美的旋律,但它丰富有味;虽然没有留下一路花香,却留着我的串串脚印、滴滴汗水,在默默中成长,在默默中前行。

我工作的第一站在一所乡村学校。刚刚走上工作岗位的我,两眼茫然,学习过的书本知识总感觉生搬硬套用不来,面对求知若渴的孩子们,我不知道怎样才能把课上好,而且当时学习的渠道也很有限。依稀记得在学校简陋的图书室里有一本《邱学华尝试教学法》,一本《教海探航十年精华本》,我借来看看、读读、想想,再向身边的老教师们请教,但是对于教学之路该怎么走,课究竟该怎么上,我还是一脸茫然,无所适从。有一天,学校通知我去听课,听谁的课,听什么课,我浑然不知,一切都是懵懂的。《打鸟》,一节作文课,我至今记忆犹新,上课老师精彩生动的语言,巧妙灵动的教学设计,活泼融洽的教学氛围,让我这个初涉讲堂的新手振奋不已。后来才知道,原来上这节课的是大名鼎鼎的特级教师——于永正。

大师的引领对我的教学思想和教学理念有着深远的影响。很多时候,大师的教学方法更直观形象,有一些方法和手段甚至可以直接去模仿、去套用。我至今还记得自己当时也沿用于老师的谈话作文法,先说后写,循循善诱,层层推进,孩子们说得尽兴,说得快乐,等到写的环节时,一切也就水到渠成。孩子们能说得出,才能写得好,不会想,不思考,不会说,又怎么可能写得好呢?智慧的碰撞,心与心的交流更是一种探究和合作,新课程教学理念早就在这里萌芽。多一个孩子参与,就多一分收获;多一个孩子发言,就多一份借鉴。教师要引导孩子说出自己的见解,聆听他人的想法。好的观点,精彩的描写在不经意间共享;些许低级的失误,些许微小的瑕疵，在交流中碰撞出智慧的火花和写作的灵感。

专家的引领不仅是直观方法的借鉴，更是对我的熏陶和感染。情智共生的孙双金，尝试教学的邱学华，诗意语文的王崧舟，优秀的教学方法让我的教学更趋于合理和规范。重视学生，关注学生，能依据学生的学习状况调整自己的教学行为、教学过程，让我的课能很好地调动学生的积极性、主动性，能更受孩子们的欢迎。我努力博采众长，糅炼出最适合自己的一种方式，在不断的探索中找寻，在教学的实践中磨合。扎实的、有效的、新颖的教学方式是否符合自己的教学实际？时间是最好的验证。有了行之有效的教学方式，不仅孩子们在进步，老师的教学业务也会不断提升，让教学变得更具艺术性和实效性。有理论方向的指引，有专家思想的引领，教学之路就会走得更稳、更畅、更亮。

诚然，也许我们无缘成为专家的弟子，也可能无缘现场聆听专家的高端理论讲座，但是我们可以从书本尤其是专著里寻求先进的教学理念、前沿的教学方式，用有效的教学策略来武装自己、充实自己。教育的理念、教学的理念在学习中被同化、被感染，耳濡目染中我们在慢慢成长。身为小学语文教师，我们是幸福的，因为通过阅读可以倾听大师的言说，感受智者的脉动，汲取文化的精髓，成长心智，滋养精神。

大师的理论和思想武装了教师的教育理念，厘清了教师的教学思路，而真正体现教学思维和业务成长的是赛课。磨课和赛课是教师成长的动力，鞭策着教师不断前行。

磨课是教师专业成长的助推剂，赛课则为青年教师专业成长搭建了优越的平台。赛课的级别越高，承受的压力也就越大，然而压力就是挑战，是动力，更是机遇。做教师的都知道，看似简简单单的一节课，背后有着太多的辛劳和汗水。一次赛课就是一次由里而外的蜕变。从准备到展示，精心地备课，精心地设计，研析教材，研究学生，课件的制作等，每个环节都浸透着汗水和心血。我自己也经历过好多次赛课，从区级到省级，每赛一次，就是一次煎熬，赛前辗转反侧，彻夜难眠，然而当一切尘埃落定的时候，一份惬意、一份坦然油然而入心中。成功固然欣喜，但是失败的价值同样很高，赛后可以提炼归纳值得坚持的优秀之处，回顾整理需要反思的不足之处。

赛课是对自己业务的促进和提升，磨课则是教学思维的涅槃和重生。

磨得越实在，对自己的帮助越大，自己的收获也就越多。人非圣贤，每个人总有自己思维的盲点和死角，不可能面面俱到。自己考虑不周、遗漏的地方，在磨课的时候同伴们会善意地提醒和点拨。彼此真心的交流和探讨，合理的建议和想法，会让自己的教学有更多的选择和设计。仁者见仁，智者见智，同事们的真知灼见，会让自己的思路越发清晰，过程更加流畅，理念更加新颖。深度磨课收获的是先进合理的理念、睿智灵动的教学方法与和谐融洽的学习氛围。文本的解读越磨越深刻，课堂的流程越磨越深刻，教学的效果越磨越好。

事物的发展是由内外因共同作用形成的，内因是根本，外因是条件。内因决定着事物的根本属性，外因推动发展。教师的自我成长也是如此，自我发展的内驱力是内因，是不懈前行的发动机，大师、赛课等外因影响着内因，而真正决定教师自我发展的还是内因。自我反思、自我学习、自我提高是内因，没有这些内因的变化，教师只会裹足不前，停滞懈怠。

自我反思是对自己的总结和回顾。反思即成长，是内心上进的动力在教学行为上的表现。教师正是在反思中成长，在反思中进步。反思不仅是对已经发生的教学行为和教学过程的回顾，也是在总结中提炼出成功的经验，筛查出自己的失误和不足。去伪存真，让反思更具有实效性，让反思更具有指导性。自我反思是一种自我成长的内驱力，把自己的反思、自己的感受写下来，我想那就是教育写作吧。当你有了新的思考和研究时，可以写出来；当你收获了成功或经验时，也可以写出来；当你遭遇了失败和困惑时，同样可以写出来。通过发表或交流，大家彼此共享成功与快乐，提醒同仁以此为鉴。教师在写作中反思，在反思中写作，在反思中提高，在写作中提升。

教师写作就是自我反思，让课堂教学真正走向创新与成功，也让自己走向精神的丰富和成熟。纵观有成就的教育家或名师，哪一位没有丰硕的写作成果？像闻名全国的中学教学专家于漪、李镇西，小学教学专家李吉林、于永正等，尽管他们成功的原因有很多，但有一点不能忽视，那就是这些著名专家皆因坚持反思写作，更快、更好地提升了专业水平，让课堂真正在创新中焕发了生命的活力，他们的教学水平也因此不断得到跨越式的发展，并成功迈上教育领域一个又一个新台阶。反思和写作共生，有反思才有写作，有写作才会有更好的思维理念。

教师写作不仅是职业发展和成长的需要，它的意义还在于，像苏霍姆林斯基那样守住自己心灵的净土，躬耕精神的园圃，把困惑变成收获，把收获变成反思。

当不懈写作真正成为一种生命的自觉，那么，我们的内心就会永远洋溢着言语创造的激情，对学生精神世界的影响也将会变得深刻而悠远，从而引领他们走进精神创造的殿堂，而教师自己也会变得更富睿智，更富灵气，更富艺术性。

成长需要理论指引方向，成长需要专家引领点悟，正如黑暗前行中的船需要灯塔和航标一样，因为那就是方向，只有方向对，才能到达理想的彼岸。我从教十九年，在默默中耕耘，在耕耘中成长，其间少不了专家大师的精神引领，少不了磨课和赛课的洗礼蜕变，更不可或缺的是自己内心那份执着的追求，一种自我成长的渴求。

（此文获苏州市"成长纪事"征文比赛一等奖）

窃课记

孔乙己曾云:"窃书非偷也!"我曰:"窃课非偷也!"

教海探航数十年,历经教研无数,疾风骤雨、波涛汹涌式有之;和风细雨、半温不火式有之;唇枪舌剑、剑拔弩张式有之;自己做主角的有之,做配角听众的也有之……搜索枯肠,恍如漫天点点繁星,蜉蝣寄天地之间,沧海一粟绝大多数荡然无痕,唯有那一次"做贼窃课"的经历却最是难忘!

这本不是我的"菜"!无心做贼去偷菜,菜自送到嘴边来。那年我被县教育局选拔委派到城里学校挂职进修,内心无比激动与兴奋,我怀着一颗忐忑的心来到挂职的实验中学学习。其间,我参与管理,参与教学,参与各类活动,但是碍于情面,有时学校一般小的、冗杂索味的活动都不会通知我去参加。这不,还没下班,办公室里的人就夹着书本匆匆走了,行政楼里静悄悄的,算了,还是到我兼课的班级去看看吧。班级隔壁是学校的大会议室,路过窗户,我发现里面济济一堂,坐的都是语文老师,大家好像在讨论着什么。在好奇心的驱使下,我便站在教室后门聆听起来。

主讲的老师在讲述一个故事:在火车将要启动的时候,一个人急匆匆地上了车,可是他的一只脚被门夹了一下,鞋子掉了下去。火车开动了,这个人毫不犹豫地脱下另一只脚上的鞋子朝第一只鞋子掉下的方向扔了下去。有人奇怪地问他为什么要这样做,他说:"如果一个穷人正好从铁路旁经过,他就可以捡到一双鞋,这或许对他很有用。"这个人叫甘地,在印度,他被尊称为"圣雄"。

"请同志们结合这个事例,联系我们的教育实际或者是语文学科的教学情况来谈谈自己的想法。"主讲的主任抛出了话题。哦,原来是在开展教研活动,结合事例谈感想,真是第一次耳闻。

"这个怎么谈啊?还要联系教育教学谈,有点牵强附会吧?"老师们一下子炸开了锅。

"这个故事有深意，但是联系教育教学实际该怎么谈啊？"我的心里也嘀咕着，"唉，我是想不出来，没什么高见了，还是听听吧！"

在一阵喧闹嘈杂之后，会议室里再次传来发言的声音："圣雄甘地有着一颗博爱的心，心中有大爱，则无时无刻不为他人着想，一双鞋子可见一斑。"

"是的，甘地是一个伟大的人，有着伟大的灵魂，慈悲的心肠，博爱为怀，一点一滴、一言一行都凸显着高尚的情怀。我们教师是人类灵魂的工程师，担负着培养未来栋梁的重任，教师的爱也是无私的大爱，向圣雄甘地学习，用真挚的爱和纯真的情感化孩子们的心灵，教育也是爱的事业！"

说得好！会议室里响起了热烈的掌声，我也忍不住拍手叫好，陡然记起自己是在"窃听"，只能收手，继续聆听。

"甘地的两只鞋，给我颇多思考：语文是一门工具性与人文性相结合的学科，工具性与人文性是与生俱来、相辅相成的，这不正与两只鞋的道理一样吗？没了工具性，便没必要设语文课，人文性也无从谈起；没了人文性，语文课只有孤立的字、词、句、篇，枯燥的、机械的语言训练，语文课便失去了生机、情感和韵味。只有拥有两只鞋才是完整的语文教学，在指导学生正确理解和运用语文的过程中，在培养语感、发展思维、积累语言、积淀文化的过程中，让学生吸收人文内涵，培植人文精神。鞋子不仅是行路的工具，更可以呵护，可以美化，语文可以令人博学，更可以涵泳情操。"

真的是太精辟了，听得我血脉偾张，热血沸腾。

"甘地扔出的鞋子，一只是我们教给学生的知识，另一只就是我们教给学生的学习的方法，只有知识而无方法，那就像得到一只鞋子一样，没有价值，没有意义。我们的教学必须授之以'鱼'和'渔'……"

教研还在热火朝天地继续，我的思绪却早已飘飞：独特的视角，精辟的理论，丰富的实践感悟，教育层面有，语文教学有，真好！其实更多的发自内心的感慨是，这样的教研方式让我心头一震、眼前一亮："沙龙式"的研讨氛围真诚融洽，"标杆式"的研讨话题开启睿思，真知灼见、立意高远的言论……

反思自己参与开展的教研活动，走马观花，流于形式，有何新意？有何实效？这一课"窃"得值！"窃"得及时！转变自己的教研思想由此开始，扎实、高效的教研目标从那天启程。

孔子不饮盗泉之水，然我却受"窃课"之益，而且已然深入灵魂，彻入心扉，我又怎能在教育的江湖与之相忘？随记小文《窃课记》。

袁枚在《黄生借书说》中曰："书非借不能读也。"我曰："课非窃不能铭记也。"

逐梦"青优赛" 心路叙成长

一 "赛课"敲门心田暖

明天怎样，未来如何，谁也不知道，但不知道不表示不重要，人人都会在夜幕黑暗中期盼着明天冉冉升起的旭日，点亮明媚的日子。期盼不能飘浮在空中，得接地气，路在脚下，梦想在前方，人总得一步一个脚印地向着心中明亮的那方前行吧。

幻想不是错，人还是要有一点小目标的，万一实现了呢？虽然我曾经获得过初中语文赛课的省一等奖，也曾经参加过省少先队辅导员风采大赛，并取得过不错的成绩，但最令我向往的是有一天自己能够站在小学语文的省级赛场上，那该是一种多么幸福的高峰体验！我无数次在梦里遐想着，那一天，那一课……

2017年2月开学不久，咱们的燕子校长对我说："阿猛，区教研员周老师推荐你参加江苏省小学语文青年教师优课评比，好好把握这个难得的机会噢。"

"真的啊？谢谢施校，谢谢周老师！"一刹那间，我的头脑里曾经无数次闪现的画面又一次快速闪过，当时内心的激动定然在脸上显露无遗。"参加省里评优课？直接去？"我的心里开始犯着嘀咕。

后来经过和教研员周老师沟通才知道，我想得有点简单了，我是代表苏州高新区去参加苏州市的选拔赛，想登上江苏省小学语文赛课的舞台，我得先过苏州大市这一关。要比赛，要选拔，内心的压力不是一般的大，压得我经常会胸腔气压不够。参赛形式有两种，一种是现场赛课，一种是录像课，周老师问我选哪种，我想都没想："现场赛课吧。"不管能否出线，至少现场的课可以在市里展示，我也能历练一回。大市公开课也上过好几节，但是我依然珍惜，市级公开课僧多粥少，更何况这个更富有挑战性的"展示课"呢?

一颗心,从无限激动到忐忑后的气压倍增,再到开始进入选课时候的纠结。选什么课?市里赛课是4月初,省里是5月中旬,算算进度,那时该教学第六、第七单元左右了。拎出3~6年级课本,六年级首先排除,临近毕业,学习进度可能会快一些,学生的考试压力也不小,六年级跳过不谈。选来选去,我比较中意五年级的两篇课文——马朝虎的《水》、赵丽宏的《望月》。《水》这篇课文曾经研究过,也在"凤凰论坛"上和小语同行们探讨过,用百度一搜就有我关于《水》的大段论述,现在看看解读得还不够成熟、不够严谨。《望月》这篇诗情画意、文质兼美的文章我很喜欢,身边的伙伴们也说文中的诗意和我的气质比较吻合,那就定这一课。

确定了课题,开始研究教材,"江中月""诗中月""心中月"的板块相对清晰,具体的教学目标指向和课时教学策略的研备比较费神,于是我大量阅读有关《望月》一文的教学案例。当我看到王崧舟老师的《望月》一课时,觉得王老师的课堂里闪耀着诗性的光辉,大气磅礴中镶嵌着睿智精致,诗化语言中尽显师者丰厚的文学底蕴,让人流连忘返,沉醉其间。王老师的《望月》一课,读诗旷远幽深,对诗兴味盎然,品诗独具风格,无数看似漫不经心的小细节里满满的都是王崧舟老师的智慧,他用几十年的教育积淀在上课,用数十年的语文修为在教学,诗意随心出,语文境深远。《望月》是属于王崧舟老师的"望月",人和课已经融为一体,《望月》我们都可以上,但是已经不能拿去参赛了,因为它有着鲜明的流派标签,听课的人会在不经意间进行横向联系、纵向比较。我们和大师的距离太远,何来可比性呢?

《望月》就这样与我渐行渐远,原来,研究一节课,研得越透,究得越深,就越不敢贸然为之。想想之前沾沾自喜、自以为上得不错的课,兴许还是研究得不够透彻吧。

千江有水千江月,万里无云万里天。《望月》望的何止是月,于我而言,望的又何尝不是语文教海中那轮朝思暮想的"明月"呢?

二 弃"文"从"诗"风格显

忘了《望月》望前方,虽有点前功尽弃的味道,但我绝不灰心丧气,这么多年来我一直感觉自己是个越挫越勇的人,我决心另起炉灶,再开篇章。

我问自己:作为语文教师,你有自己的教学风格吗?有,在多年的语文教学实践中我形成了"大气沉稳,幽默活泼"的教学风格,锐意进取,智慧创新,努力做"快乐学习"的践行者。你有属于自己的语文特长吗?有,我偏爱朗诵,近些年协助苏州市教育局在做国学少儿传习,是《千家诗》团队的领衔人,在古典诗歌的教学中吟咏浸润获益颇多。

对啊!我可以选择能凸显我特点的古诗教学啊!

其实古诗教学的公开课也上了不少,《妙笔童心》在海峡两岸国学交流活动中展示,《绝句》一课在苏州市学科带头人展评中获得一致好评。问问燕子校长,回复是"行的!"问问周雪芳老师,"行的,你自己喜欢就行啊!"周老师笑眯眯地说。问问语文导师王喜华老师,王老师的回复是:"行啊,这是你的强项。"大家都说行,这是好现象;我也觉得行,这事就能做好。

小学语文五年级第 21 课《古诗两首》中苏轼的《六月二十七日望湖楼醉书》,喜欢!杨万里的《晓出净慈寺送林子方》,也喜欢!同是宋朝的西湖,同写西湖的六月,作者不同,风格迥异,但是我更倾向于苏轼的《六月二十七日望湖楼醉书》,我心里有着小九九,这首诗歌我曾写过教学案例,《有疑,有议,终有益》一文在教学期刊上发表过。纯开放的课堂,孩子在学习过程中发现问题,问难质疑,我巧引慢拨,孩子们在激烈的思维碰撞中恍然大悟,既练了思维,又让语言表达得到提升。最重要的是整个课堂气氛是活跃的,孩子们的思维也是活跃的,思维模式和语言训练一直在高位行走,孩子们在能力的最近发展区跳跃着、伸展着,一种"跳一跳,够得着"的成就感激荡着每一颗童心。

备课的第一要务是吃透教材,解读教材第一步,目标定位要准,我把课标第三学段中古诗学习目标写在了教案的最前面,用课标统整教学设计。第三学段诗歌教学的要求很明确——阅读诗歌,大体把握诗意,想象诗歌描述的情境，体会作品的情感；诵读优秀诗文，注意通过语调、韵律、节奏等体会作品的内容和情感。有课标引领，教材的解析指向性会很明确。云翻、雨泻、风卷、天晴，有远有近，动静相生，有声有色，景情相融，读起来，会让人产生一种身临其境的感觉，仿佛自己和诗人苏轼同在西湖上经历了一场突然来去的阵雨，风吹云散后，弃船登岸，在望湖楼头观赏那水天一色的美丽景色。景变，情动，一场来去匆匆的西湖雨景在短短的 28 字中被展现得淋漓尽致。知诗人，解诗题，明诗意，悟诗情，这是古诗教学的常规套路，我喜欢有点创新，有点与众不同，因此设计出八"妙"铺陈，磅礴推进：

识字切入，感受汉字之妙；初读诗文，感知节奏之妙；
走进诗歌，知晓内容之妙；比较阅读，感知语言之妙；
类比阅读，感悟情感之妙；质疑问难，感受思辨之妙；
课堂小结，感悟学法之妙；由此及彼，作业设计之妙。

自我感觉，这样的设计层层递进，环环相扣，由浅入深，明意悟情，质疑思辨，效果定然不错。要看效果，实践是检验真理的唯一标准，课堂才是闪现生命律动和智慧火花的地方，孩子们会买账吗？

三　简约灵动方为智

来五年级上《六月二十七日望湖楼醉书》，课堂教学效果如何？还不错，就是后脊梁有点冒汗，为啥？因为设计太"妙"了！

你看——我在黑板上写下了"廿"，孩子们认识吗？读"甘"的有，读"钳"的有……孩子们总是对自己不熟悉的知识有着新鲜感，猜猜，笑笑，气氛自然轻松愉悦起来。我投影一张图片，让孩子们猜，猜不出；我再投影一张图片，再让孩子们猜，还是猜不出。圈子有点绕大了，孩子们有点懵。"来，我们观察图片，比较图片，看看数字的表达。"终于有孩子说出来了："'廿'表示二十的意思。"教师顺势告知读音："niàn，是'二十'的简称。"孩子们有点恍然大悟的感觉，可这不是我的教学目的。"广字顶上盖，脚下踩几点。"我顺势板书"庶"，"这个字认识吗？在四大名著之一的《三国演义》中有个人叫——？"居然有个孩子知道——徐庶进曹营，一言不发。"古代当官的人犯重罪后，皇帝会把他贬为庶民，也是这个'庶'。"

"是的，是的，电视上看过的……"孩子七嘴八舌地附和着。神奇魔法、七十二变的老师，我再变："广盖头，走托底，写得紧凑才会美。"我边说边板书"遮"，"这个'遮'字就是我们今天要学习的一个生字，大家并不陌生，云遮雾罩的庐山真令人流连忘返啊。"千呼万唤始出来，一个"遮"字，在一变、二变、三变中完整呈现，汉字演变，由简到繁，孩子们学习的兴趣倒是挺浓的。

可是，当我上完整堂课，静下心来反思每一个环节的时候，我边放录音边看教案，天呐，这个导入加学习一个似曾相识的生字花了近十分钟的时间，而一节课才四十分钟！"识字切入，感受汉字之妙。"识字切入，没问题，层层推进，也没问题，但是你是学习哪个字呢？"遮"？"庶"？"廿"？为了学习一个比较熟悉的字，硬生生再学习两个很陌生的字，这样的生字教学方法何妙之有呢？学生是很感兴趣了，但是课堂的效率没了，生字教学的目的性、指向性被弱化了。一个教学环节里，还没有触及教学的核心内容，时间就已经过去好多，原先设想的是"八妙"铺陈，结果，"四妙"刚完，下课铃声已响。我后脊梁冒点汗，也就在情理之中了。

究其原因，一个是设计定位不准，"遮"字属于学生模糊已知知识，我们只需要在教学过程中碰到时加以强调即可，浓墨重彩地去渲染，没有必要，时间也不允许。另外，教学时学生在前面两个陌生字的比对感受上绕圈圈，费时间，两个陌生字和本课学习的古诗内容风马牛不相及，教学的意义不大。

起初设计时，感觉这样安排教学内容既可以调动兴趣，又可以添点新知识，还能帮助学习生字，一举多得。课上完后，课堂的实效、时效告诉我，语文的厚重要结合文体，要指向语文教学的内容，冗枝务必剪去，还语文课堂的清简。清简是一种洗净铅华后的简约，清是质，简是形。教学目标简明，教学内容简约，教学环节简化，教学方法简便，教学媒介简单，教学用语简要，这是薛法根老师对苏式课堂的风格定位，我觉得自己的课与这个标准有点距离。

幸好，今天的我发现了，为妙而妙不是妙，简约灵动方为智。磨课，必然从自我反思开始，一个小环节，几度费思量，满堂四十分，何去又何从？

成长，心灵澄澈的邂逅

四　百转千回思路明

磨课就是不断推倒以及推倒后重建的过程，我自以为是的"八妙铺陈"就这样匆匆收场。夜深人静时候，再一次捧起课本，清空所有思绪，读诗，就这样静静地、一遍遍地吟咏着，咀嚼着，古诗教学究竟要让孩子们在一节课里学到些什么，这是作为一名优秀的语文教师必须解决的核心问题。

《古诗两首》这一课有两首古诗，一首是苏轼的《六月二十七日望湖楼醉书》，另一首是杨万里的《晓出净慈寺送林子方》，同是宋朝的西湖，同写西湖的六月，诗人不同，风格迥异。把这样两首诗放在同一课中，我想教科书编者的出发点就是让老师比较着教，让学生比较着学，在两首诗歌的求同存异中探寻诗歌的秘密花园。因为本次教学是课前不接触学生，不布置预习，所以我脑海中一节课教两首诗的念头转瞬即逝，没有预习做铺垫难度太大，最终的结果只能是走过场、流于形式，学生无法学得充分。所以对于这样的赛课，我能做的是一节课教透一首诗，帮助学生习得此类诗文的学习方法，为后一篇的教学做铺垫。这样一来，本课的教学定位和出发点就落在了"以学定教""以生为本"上。

回到《六月二十七日望湖楼醉书》一诗的探究和重构，我和好友、新区实验小学的郑春夫老师一起论课，经过深度探讨，我们达成了共识：古诗教学还是应当"读字当头"。古典诗歌的密林里鸟语花香的怡人画卷，幽静深邃的秘境潭溪，节奏鲜明，平仄相生，吟哦起来一咏三叹，百转千回，读者在摇头晃脑间顿悟诗人之志、之情、之品、之趣。让孩子们多层次地诵读，读出诗歌的节奏、韵味、画面、情感，熟读成诵，这其实也成了我最后教学目标当中的第一条："渐进式朗读诗歌，读出诗歌的节奏、韵味、画面、情感，熟读成诵。"读，贯穿始终，课堂的主旋律已然诞生。我这个人喜欢头脑风暴，喜欢在墨守成规的课堂中融入自己的"创新"，这个"创新"有时会让人很费思量。教研员周老师听后说："想法不错，但是一定要做亮它，才能真正有价值。"张特说："未尝不可，但是感觉呈现的过程生硬了些，还有就是藏着掖着不好讲透，不透，不够味，过透，又不合年段学段的特点。"最后经过和市教研员许老师等专家的共同研讨，这个"小创新"成了我磨课历史的一朵花絮。

哈哈，我还是把这个小花絮啰唆地透露一下：起承转合，即"黑云翻墨未遮山"是"起"，"白雨跳珠乱入船"是"承"，"卷地风来忽吹散"是"转"，"望湖楼下水如天"是"合"。"起承转合"是古诗创作的传统方法，绝大多数古诗的创作都遵循这个规则。如果我在这里讲这个创作的规则肯定是拔高了，超纲了，初中里可以讲，到了高中才会学得透彻，但是我们可以巧妙地活用它，可以用这四个字叙景，可以用这四个字来引领朗读。先说叙景，在引导孩子们感知诗意的时候，"黑云起来了，乌云密布，像打翻的墨水，还没有来得及遮住远山"，教师在"翻墨云"后板书"起"；"当黑云还没有来得及遮住远山的时候，顺承而来的就是白雨，白色的雨像跳动的珍珠，杂乱的进入船上"，教师在"跳珠雨"后板书"承"；"忽然之间，一场大风卷地而来，转眼间大风把乌云和大雨吹散"，教师在"卷地风"后板书"转"；"诗人站在望湖楼下，诗看到水天一色，水天相连，水天在远处合在了一起"，教师在"如天水"后板书"合"。这样在叙述西湖雨景的过程中完善了板书，教师用粉笔竖着框出"起承转合"，告诉孩子们："起承转合"其实也是一种朗读的方法啊！在学生读正确、读出节奏韵味的基础上，把朗读再向前推进一步，读出雨景的变化，即"弱起—平承—急转—高合"，教师示范朗读，用高低起伏和轻重缓急读出整首诗的变化。学生的朗读热情被点燃，在指名读、分层读、赛着读、整体读的过程中把朗读推向新高度。

我这个自诩的"创新"环节，在试过两次后感觉效果一般，有些突兀、生疏，最后舍弃了，有点小遗憾，但是不管此环节是否呈现在最后的课堂上，我想表达的是，在这个建构和舍弃的过程中，随着对教材解读的不断深入，对教法和学法的界定选择会更科学，课堂教学的实效性也会更高。磨课，走点弯路、有点曲折不要紧，因为这是教师自我成长的必由之路，即由模糊到清晰，由粗糙广泛到精致简约。

记下足迹，回望成长！

"郑老师，你好像又瘦了啊！"市青少年活动中心焦璐主任一个月未见我，发出了如此感叹。是的，连续60小时的奋战，48小时的不眠不休，真的累坏了。本身人就长得肌瘦些，再加之四天的憔悴，估计真的是"花容失色"，不敢见人了。不过，形虽枯槁，心却释然，因为前行的路上又多了一束芬芳的花，一束浸透着奋斗的泪泉花，一束洒满星月光辉的花，一束携手拼搏的花。

一个多月没有动笔了，为了这次省里的比赛，我挑灯夜战，仿佛回到了十几年前的读书时代，执着、努力，心中的那个小我时时刻刻在提醒我：你不是代表自己，你是代表所有关心、关注你的人，你要尽力。岁月茫茫，人生匆匆，人生能有几回拼搏？记得五年前参加省里青年教师的赛课时，我在房间里一坐就是一个通宵，皱锁了眉毛，挠破了头皮，挑灯夜战的场景至今仍历历在目，过程虽辛苦、煎熬，但收获的一等奖证书见证了我的付出和成长。

五年后的今天，我要再搏一次！我和苏州团队的小伙伴们再次扬帆起航，目标直指2013年江苏省辅导员风采大赛。没有丝毫的懈怠，也容不得自己半点的懈怠，自接到通知开始的这一个月是煎熬的一个月，是蜕变的一个月，压力有多大，自不待说。

记得刚刚组队没多久，第二次在团市委南楼集训时，人员就发生了变动，一位队友被调整了，看似波澜不惊，却深深地震撼了我：原来千挑万选中能有机会去参赛就很是不易，而且没到比赛出发那一刻，谁都有可能随时被调整出局，可想而知，备战的路途是多么的艰辛。

理论知识的背诵最让我头疼，而最让人纠结而又紧张得冒汗的是每一次集训都要先测试，拿着空白试卷轮流读答案，读得人心惶惶，读得后背直冒汗。一次可以含糊，两次绝对不行！怎么办？背呗！能背的时间都用来背了，背诵默写，朗诵录音躺在床上听，土办法、新科技轮番上阵，头越背越大，但理论却越背越明晰。"天道酬勤，付出就会有回报……"这些是我们天天挂在嘴边教育学生时说的话，看起来有点冠冕堂皇，但真的很灵验，在后来比赛的笔试环节，我一路高歌，进入前十，斩获"最佳答题手"荣誉。

用音诗画的形式进行"家乡美"才艺展示，每位辅导员都必须展示自己的一个"绝活"，这个要求高了，难度大了。我的"绝活"是什么？朗诵还能说得过去，我会，估计队友们也都不差，但是同一个节目里总不能大家都来朗诵吧？唱歌？流行歌曲会一些，说到美声、昆曲、评弹，那就是门外汉了。跳舞？感觉自己有点四肢不协调，只能赶鸭子上架，硬着头皮，走一步是一步了。已经退休的苏州市总辅导员惠桦老师连夜为我们赶写了剧本《梦游说梦》，一个很具有苏州地方特点、符合苏州儿童特色的情景剧，有苏州的地铁、快线、有轨电车，有古韵飘香的寒山寺，有现代唯美的苏州工业园区，还有要亲自跳的"刺绣舞"，真人唱的苏州评弹、昆曲《牡丹亭》。一个绝好的剧本，凝聚了惠老师的智慧和心血，但是我们只排练了一次就卡壳了，因为小伙伴中没人唱得了评弹和昆曲，还有就是大家一致感觉剧本好像少了一些现代感，所以边练习边完善成了才艺训练的主线。直至临出发前一天，剧本才终于定格，《梦苏州》翩然问世，有画外音、诗朗诵，有真跳实演的"刺绣舞"，有通俗唱法的《枫桥夜泊》，还有时空穿越的小搞笑，最后是极具现代气息的踢踏舞！

24号下午的演出着实震撼了所有的评委，6分钟，一台戏，一道精神大餐！"水墨江南如诗如画，人文苏州温婉情怀"，写意的山水动画，抒情的解说，营造出的唯美意境一下子就把观众带到了烟雨中的江南水乡，地铁1号线贯穿姑苏城的东西，"古韵今风双面绣，红领巾添彩姑苏梦！"在高端大气上档次的踢踏舞声中，《梦苏州》华丽谢幕。

能提前准备的我们都精心做了，在强大的智囊团的支撑下，我们虽偶有磕磕碰碰，但总算是水到渠成，得心应手，真正的挑战在向我们招手：南京，我们来了！

高频率，快节奏，忘了时间的流逝与轮转，晚上儿子打来电话说："爸爸，今天是平安夜，你要记得吃苹果啊！"心中一阵温热：谢谢可爱的宝宝。对闷头鏖战的我们而言，今年的圣诞节注定与众不同——身在他乡，彻夜奋战。接近凌晨，陡然想起我们的平安果还没有啃上一口，一只从苏州带来的苹果成了我们的共享，一人一小块，每人一小口，平平安安度圣诞，理清思路埋头干！彻夜未眠，又是一个彻夜未眠。一次次智慧碰撞的火花，闪耀，熄灭；一份份翔实妥帖的方案，出炉，回笼……就这样好了再推翻，推翻后再次凝聚，因为我们知道，高手之间的比拼，一招定乾坤，所以节目必须新、奇、靓！《自护自救自助》的微队课里，我们定位"海姆立克急救法"，一节课掌握一种技能，一节课转变一种生活理念，我们用一节精彩的微队课传递给学生和老师"关注生活中的细节，自护自救无处不在"的意识。排练时的抓狂至今让我难忘，正是困顿眼神中的不屈服、不放弃，才有了展示时的惊鸿一瞥。

我很佩服我们团队里的小伙伴，一个半小时，吃饭、策划方案、资料准备等一系列棘手的实践活动准备闪电般搞定，主题既定："重走中山路，追寻强国梦"。实践探究小课题思路清晰：找寻孙中山先生的别名，为什么要用这些别名？孙中山先生去过哪些城市？背后又有着怎样的故事？

六位辅导员，九名南京市中山小学的少先队员，一见面就熟络上了，我们有天生自来熟的老师，孩子们又开朗健谈，融洽的团队一拍即合！在探究活动正式开始前，各队在小队旗上画下了自己小组的LOGO，注视着队旗上的星星火炬和叶子笑脸，心手相牵的图案，我们仿佛看到了儿童纯美的心灵，感受到了他们团队合作的力量。高举小队旗，齐唱中山歌，一路浩荡向着孙中山纪念馆进发，带着任务，"树叶""友谊"两小组开始了探究之旅。孙中山纪念馆展示了一代伟人孙中山的史迹，在溪流掩映中静静地倾诉着对中山先生的无尽思念。抵达基地后，我们向孙中山爷爷的铜像敬上崇高的队礼，通过神圣的仪式让孩子们的心中升腾起对孙中山爷爷的敬意。

"听""寻""问""查""记""讲"六个关键词构成本次实践活动的主旋律。孩子们在实践中快乐地探索，在探索中悄无声息地进步，中山先生的形象在脑海中日趋立体、形象，孩子们的知识和能力在无形中增加了、提升了。暮色来临，下山的路程不好走，拉歌会是最好的节目了，你一首来我一曲去，不知不觉中来到了半山腰，途经小卖部，人手一瓶汽水，既解了乏又添了动力，一路小跑到山脚。我和彬彬边走边商定明天学生小课题汇报的人选，内敛含蓄的王一鸣是我们的首选，还有那个大大咧咧的男孩子口才也不错，我们就这样边走边聊，心中有了合意的人选。

送走孩子，我们回到南京农业大学的翰苑宾馆，浑身大有散架的趋势，囫囵吞枣般地塞了些食物进肚子。回到房间，我们得到了弥足珍贵的两小时睡眠时间，9点我们的赛君会电话叫醒我们，赛君真是一位善解人意的好领队。那一觉感觉是2013年睡得最熟、最深的，起来会合后，小伙伴们凝眸相视，顿感气色渐佳，元气满满，最后一夜的攻关开始了。

明天的比赛是双项的——学生小课题研究汇报和辅导员辅导艺术及亮点展示，所以今夜注定无眠。下午的实践活动我们已经搜集了丰富的素材，但是素材仅仅是素材，离展示的标准还差十万八千里，就像有了一块块的砖头，等我们去砌成高楼大厦一样，工程的浩繁不言而喻。

分工协作，在我们的小团队里被演绎得淋漓尽致，既出了质量，又有了效率。学生的小课题研究实践汇报在几位队友的合作下顺利出炉，孙中山的别名丰富，背后的故事耐人寻味，在拟定标题时有点卡壳，后来任务又落到了我这个语文老师身上。我想，探究中山先生别名的多样，最重要的一点还是别名背后的故事让我们感受到的国父中山先生的浓浓爱国情，所以灵感顿现，"百变中山名，恒久爱国心"脱口而出，小伙伴们都惊呆了——切题还押韵，这让我小小地得意了一下。我们的重头戏是辅导员的八分钟汇报，占分值的百分之七十，我们需要亮点频出的汇报文字稿，需要出彩的PPT和视屏剪辑，当然我们还需要最好的展示形式。本来我们想穿插成电视节目的形式，回过头来看，幸好没用这个创意，不然好几个大市都撞车了，又何来新意呢？我们的展示汇报兵分两路，四位队友用形体语言配合主讲人的文字汇报再现实践情景，他们丰富的体态语言、精妙的场景设计和文字阐释与背景PPT巧妙融合。有声语言的文字阐释情理并茂，不冗长，不拖沓，精美的PPT制作让展示亮点不断，甘当背景的伙伴们锦上添花，整个表演深深地打动了评委，一等奖应运而生。在教师汇报后的过渡环节，我们在音乐声中、在抒情诗一样的语言里轻轻地牵出了"那张最美的笑脸——王一鸣"，孩子的汇报也很给力，让我们所有的辛劳在刹那间烟消云散。

汇报演出谢幕后，我们竟像孩子一般欢呼雀跃，击掌庆贺："噢，结束了，轻松了！"一个月的压抑和煎熬，此刻烟消云散；60小时的坚持和奋斗，此时修成正果。

领奖、合影、留念，兴奋的脸上依然难掩疲惫的倦容，回来的路上，整个车厢里早已是鼾声一片!心已不再累,但身体真的累了!

27号,周五,在单位,我上完第一节课,刚刚坐定,我们徐昊明校长来了,祝贺之余徐校长让我说说参赛的感受,我的脑海没有经过任何思考和停留,第一时间反应出来的就是:痛苦、煎熬!是的,哪一个人、哪一次收获会是那样的春风荡漾、唾手可得呢?只有荡涤心灵、触及灵魂的震撼,才是脱胎换骨的锤炼,这次比赛收获的不仅是一张证书,更多的是人生路上的历练和心灵港湾的成长。

"阳光总在风雨后,乌云后有晴空",最爱听这首温情的歌,是的,人生前行的路上总会有阳光和风雨,有晴天和彩虹。风雨兼程中,我们执着奋斗,纵有煎熬也不悔。晴天彩虹下,我们安然享受世界带给我们的美好,虽偶有成功但绝不骄奢。记下走过的足迹,回望点点滴滴的成长,比赛只是人生旅途上那一道美丽的彩虹,曾经炫目,将永藏心间。一颗日渐饱满的心灵抵达温暖栖息的港湾,人生安好,则处处都是晴天!

(此文发表于2014年3月《苏州德育》)

见字如面　情谊无限

"文章本是有情物",每一篇用心的文章都字句含情,意抒笔端,百转千回里,滋润心田,触摸灵魂。不一样的文字里有着不一样的风景。如我,一线的一名普通教师,写写学科教学的行与思,说说班级孩子的学和做,记录自己孩子的成长点滴,我的文字里绕不开这些小圈圈,没有大是大非、大风大浪,有的是如水般平和的小事情、微感受。我用文字为自己走过的路,上过的课,教过的孩子,遇到的人,经历的事……留下一抹记忆。留得文章在,来年回味甜。

夜幕初垂,短尾巴的秋天转瞬即逝,六点的苏城已华灯闪烁,回家的路上和儿子聊着下午的家长会,手机响了,瞟一眼,"黑龙江?又是广告公司的电话!真是烦,不知道这些人从哪里搞来的电话号码。"有点愠怒,手指轻划屏幕,拒听!手一滑,按在了接听上——

"喂?您好,请问是郑老师吗?"听筒里传来极具亲和力的声音。

"哎,您好!"我的大脑疾速反应,温和地应答着,因为在电话里称呼我为"郑老师"的肯定是知道我职业的人,应该是熟识的人,但是黑龙江咱没有亲戚朋友啊。

"郑老师,我是《语文教学与研究》杂志社的×老师……"我忙着过红绿灯,又要拐弯进加油站,大脑又要迅速搜索《语文教学与研究》是什么杂志,一不留神都没有听明白对方是编辑部的哪位老师,实在是有点过意不去。

"郑老师,您昨天发到我们杂志社的两篇文章,我刚审阅完,谢谢郑老师这几年来对咱们杂志社的支持。"编辑老师的谢意温暖着我的心。

我查阅了邮件来往信息,第一次给他们投稿是在2013年,那时学校的阅览室里有这本杂志,研究了刊物栏目和发稿特点后,我就往邮箱里发了两封电子邮件,一篇是有关习作互评的,还有一篇是《番茄太阳》的教学随笔《凡尘中的俗名,情囊里的睿智》,后来这篇文章发表在当年《语文教学与研究》第 10 期，再后来《蝉道》《微客的"小语文"》等文章也陆续发表在《语文教学与研究》上。

"郑老师，今天我审完您发来的稿子，感慨万千，我说我一定要打个电话给郑老师，分享一下我的阅读感受。您 2013 年在咱们杂志发表的第一篇文章就是我编发的，您的文章总有让人眼前一亮的感觉，语言妥帖生动，传递的思想情感非常清晰，更难得的是文章的视角与众不同，新颖别致。"编辑老师动情地叙说着，我在电话的这头能直接感受到她传递的情感和温度，平和中有着交谈、分享的愉悦。

我的心头为之一震：其实有一种相遇从未相逢相识，有一种相遇就在黑白相间的文字世界里，见字如面，不正是如此吗？

我与她素昧平生，她在她的职责内编辑文稿，我在我的教学中书写文字，就这样在文字的世界里相遇，我为编辑老师的那一份用心而感动。

"郑老师，您的《走着，走着，就顺了！》我读完后基本没有改动，只是动了一个标点，还有一句，我将'朗读方法'中的'方法'换成了'秘笈'，您觉得可以吗？"

"可以，可以的，当然可以的，谢谢您！"我内心激动不已，不！应该是感动万分，为尽心尽职的编辑老师感动，和作者商榷一个词语的修改，一个标点的更换，这是对自己这份职业的精益求精，是对平凡作者的莫大激励。

一个电话，不足为奇，一个电话背后的温情话语却能走进心扉，化生出无限的感动，不管是职业的需要还是敬业的操守，都能让素未谋面的作者情怀无限，动力无穷。在这几年的写稿投稿中，QQ 和邮件的交流占了绝大多数，接到知其名而未见其面编辑的电话也有，如 2010 年《信息教研周刊》的李琳编辑，电话约稿，电话改稿，不厌其烦。还有《苏州教育研究与实践》的王胄老师，《江苏教育》的吴青老师，都是为了一份初稿而打电话与我这个草根作者沟通。

真的非常幸运，在行走的路上遇到这些热心的人，是他们肯定的话语和热情的鼓励，让我不停息地行走在文字的世界里。相逢何必曾相识，相遇何必识真容！在文字的世界里，记录自我，便捷世人；在职业的细节中，精致自己，温暖他人。

见字如面的温馨，一个电话的温暖，其实生活中的小细节何止于此，工作中的小温情总是馨香永恒。教过的孩子永远记得老师曾为他亲手做的一碗面条，因为他在教室里没有吃饭，鸡蛋面的味道早已忘却，可那碗面的馨香却永驻心田；孩子永远记得是你为她的成长考虑给她调换位置，让她和优秀的同学一起，让她变得优秀，走向自己的梦想之巅；孩子永远记得，在他羞涩怯懦不敢在人前言说时，是你的鼓励让他走向讲台，走向自信，走向更高更大的舞台……

人生便是如此，亲人、朋友、熟悉的身边人，未曾谋面的友人，你，我，见字如面，用文字拉近彼此的距离，沟通交流，用真诚搭建信任的桥梁，精致有爱，用生活的细节浸润心灵。

走近儒雅

当阳光照进现实,世界因此而美丽多姿,精彩无限;当思想照进灵魂,灵魂因此而睿智高尚,堪称惊艳;当儒雅走进我们,我们因此而气宇轩昂,风度翩翩。

儒雅是指学识深湛,气质温文尔雅。只有学识深湛,才能真正做到气质温文尔雅;而气质温文尔雅,则是学识深湛的外在表现。正所谓"腹有诗书气自华",饱读诗书则气宇轩昂,谈吐不俗。读书让你变得高雅,变得文雅,努力读书、仔细咀嚼品味让你走向儒雅。

风度儒雅,不是装腔作势,故作高深;不是掉书袋,乱矫情。儒雅是骨子里的东西,真正儒雅的人,举手投足之间即彰显风度,无须刻意表现而为之。有的人看着挺儒雅,一身名牌行头,风度翩翩,但胸无点墨,谈吐粗俗,一张嘴就会露馅,活像一个土财主、暴发户。

著名画家张大千曾说:"作画如欲脱俗气、洗浮气、除匠气,第一是读书,第二是多读书,第三是有系统、有选择地读书。"作画如此,做教师也是如此。要成为儒雅型的教师就必须去除俗气、浮气与匠气,而要去除俗气、浮气与匠气,读书是唯一的选择,读书永远是最佳良方,勤读书方能打造儒雅,"读一本好书,就是和许多高尚的人谈话","贫者因书而富,富者因书而贵"。儒雅的精神从读书开始。

读书人理应儒雅,儒雅似乎自古以来就是读书人的本分。才高八斗、出口成章的曹子建,潇洒飘逸、"斗酒诗百篇"的李太白,才思敏捷、风流倜傥的苏东坡……都让人们无限仰慕。读万卷书,就是读书人风度儒雅的雄厚基础。

即使是军旅战将,倘若在使枪弄炮之余能饱读诗书,则堪称儒将。古有秉烛夜读《春秋》的关云长,"雄姿英发,羽扇纶巾,谈笑间樯橹灰飞烟灭"的周公瑾;今有"弯弓射日到江南,终夜喧呼敌胆寒"的陈毅元帅,"自信挥戈能退日,河山依旧战旗红"的朱总司令……他们都是有名的儒将。放眼苏州，无论是遭人诬陷而与科举无缘的唐伯虎，还是怀才不遇却著作等身的冯梦龙，其苦读的精神、儒雅的气质都值得我们后人心驰神往。

作为普通的人民教师，时代栋梁的缔造者，我们理应追求儒雅，把成为儒雅之师作为自己的终极目标。教师的儒雅来自对教师这份职业的敬畏。教师是知识的化身，是人类灵魂的工程师，传承着中华民族五千年的灿烂文化，塑造着中华千千万万学子的灵魂，这是一项伟大而又卓越的工程。一名称职的优秀的人民教师会把对职业的崇敬和自信融入生命，对事业的自信和敬畏正是教师儒雅的一种体现。教育无小事，事事须用心。只要把自己的全部身心投入教育思想的研究、教育技能的训练，教师职业就会成为事业，教师就会因为其专业素养的丰厚散发出儒雅的芳香。

"学高为师，身正为范"，教师给予学生的是自己广博的学识、缜密的思维、崇高的人格和儒雅的形象。厚积方能薄发，当个人的学识和修养达到一定高度时儒雅会悄然而来。学识深湛，方为儒师，才高八斗，方得雅趣；谈吐文雅，能见品性，才思敏捷，可见智慧。榜样的力量永远是无穷的。儒雅教师培养的学生，言谈举止间也彰显着雅味。教师喜读书，好文章，善言谈，学生自亦步亦趋。教师爱学生，亲弟子，懂孩童，学生也会知大爱无疆。教师才学高，气质佳，风度翩，学生更顶礼膜拜。"近朱者赤，近墨者黑"，教师职业是榜样的职业，是需言传但更需身教的职业。走近儒雅，是教师以自己的发展带动学生的发展；走近儒雅，是教师以形象创造境界，以气质感染未来的教育使命。

走近儒雅，以书量身，寻不足，造雅师；走近儒雅，荡涤灵魂，洗尽铅华；走近儒雅，勤读苦修，力成正果；走近儒雅，知雅而雅，尽显高雅。

（此文发表于 2011 年 3 月《教师新概念》）

"亲近"，一种不错的教育方式噢！

这学期新接手了一个班级，班上有个胖胖的小男孩，他坐在第一排，名字叫彭寅。每次吃午饭的时候，我就和他共用一张小课桌，挤一挤，两个人一起吃饭。因为老师的菜式多一些，有的时候我就会夹一些肉啊什么的给他吃。一开始他还有点不适应，总是觉得有点别扭，后来就渐渐地放开了，吃饭不再拘束。看他大口大口吃饭的样子是一种享受，但又有点心疼：吃饭狼吞虎咽，不加细嚼，还有汤泡饭的习惯，这对孩子的胃肯定不好。于是在吃饭的时候我会和他边吃边小声地聊着，不时提醒他吃得慢点，嚼得细点，我自己有时也做做细嚼慢咽的榜样，后来几天就发现小家伙有了一些改变，吃饭的速度慢了，也不汤泡饭了。

有一次吃饭的时候，我说："彭寅，你将来说不定一辈子会记得郑老师呢。"

"嗯，肯定记得郑老师您的。"

"为什么啊？"我好奇地问。

"因为我记得每一个教过我的老师啊。"

"哦，呵呵，你知道老师为什么说你会一辈子记得老师吗？"

"呵呵，那——想不出来，老师，您就告诉我吧。"他一脸真诚地望着我，等着我的答案。

"因为在你的人生历程中，也许再也没有一位老师会像郑老师一样，和你在一张小桌上吃一年的饭啦！"我说完哈哈地笑了起来。

"嗯，是的噢！"他俏皮地笑着，灿烂的笑容里好像有些许的领悟。

后来小家伙的进步真的让我有点不知所措，他每天来得特别早，作业也做得特别认真，更让我欣慰的是他开始懂得关心人了，现在吃饭的时候他都会主动帮着老师洗碗装饭，还帮三位老师准备了一份从家里带来的餐巾纸（其实我们都有，但是我们都会很欣慰地用他的纸巾，这可是孩子的一份心意啊！）。

在办公室里和以前教过彭寅的老师交流到彭寅这个孩子，我说这孩子很细心的，也蛮听话的，老师们都显得很惊讶："啊，他以前可调皮了，作业也马虎，现在可真是进步了啊！"

在后来的接触中，我觉得孩子真的不是在做戏，他是真的实实在在地发生着改变，在一大步一大步地向前赶着，这份上进的心，这份前进的动力，很重要。在后来同事们的点滴暗示中我才知道，原来这个班的孩子基础还是比较差的，在学校还是比较有"知名度"的。其实我也不需要刻意去了解他们的过去，给每个孩子按原来的"身份"对号入座，在我的眼里他们就是一张白纸，我们为师者可以带着自己对他们的爱，带着自己对事业的激情和梦想，和孩子们一起共同绘出美丽的图画。

走进孩子，亲近孩子，你在举手投足间也许就能让孩子对你顶礼膜拜，在你不经意的呵护下也许就会多出几个像"彭寅"一样进步着的孩子。也许只是一句话，一个动作，一个眼神，但它却让你给了孩子亲近的机会，拉近了彼此心灵的距离，潜移默化中孩子被熏陶了，被感动了。亲近孩子，一种不错的教育方式噢！

（此文发表于 2011 年 10 月《苏州日报》）

成长，心灵澄澈的邂逅

走着，走着，就顺了！

新学期又一批大学毕业生走进校园，开启教坛之路，一切都在变与不变中缔结着书香情缘。不变的是校园，从这个校园换到了另一个校园，景色依然宜人，处处洋溢着朝气，但身份却从读书求知的学生变成了教书育人的老师，从学习者变成了教学者，从讲台下走到了讲台上，在一上一下的咫尺间写就一段难忘的教书之旅。

学校"青蓝工程"师徒结对，本学期我带了个新徒弟，正常情况下她是天天来听我的随堂课，下课后我会利用五到十分钟和她交流一下。她说得最多的一句话就是："师傅，为什么您的课上得那么顺？"我笑笑，不答。其实这个简单的"顺"字背后，是我二十年语文教学的积淀。百炼钢化为绕指柔，看似闲庭信步，其实我也是从摸索、彷徨、煎熬中一路走来的。

今天上《九寨沟》第二课时，听完课后，徒弟说："师傅，为什么您的朗读指导那么的水到渠成，而我指导学生读书却磕磕绊绊，学生也读不出感觉呢？"

"慢慢来，注意一些指导的方法。"下一节有课，我只能简明地回答。

这样的疑惑，其实并不止我徒弟一个人有，可能很多新加入教师行列的青年教师都会有。朗读是个大工程，从孩子牙牙学语开始，一个人的语感训练就已经开始了，进入校园后老师们有意识地在言传身教间训练着孩子们的朗读。朗读的重要性在课标中有，在每一篇课文的书后要求中有，放眼长远更是个人综合素养的特质之一。朗读有方法，之前也写过关乎朗读的方法，在这里仅以《九寨沟》第四节朗读指导来说说。

继续向纵深行进，四处林深叶茂，游人逐渐稀少。注意，这时你已经走到珍稀动物经常出没的地区。也许，就在不远处，有一只体态粗壮的金丝猴，正攀吊在一棵大树上，眨巴着一对机灵的小眼睛向你窥视。也许，会有一群善于奔跑的羚羊突然窜出来，还没等你看清它们，又消失在前方的丛林中。也许,你的运气好,会在远处密密的竹丛中,发现一只憨态可掬的大熊猫,正若无其事地坐在那里咀嚼鲜嫩的竹叶。也许,你还会看见一只行动敏捷的小熊猫,从山坡跑下谷底,对着湖面美滋滋地照镜子。(《九寨沟》第4自然段)

"在这个童话的世界里,自然美景令人陶醉,我们和作者一起向着纵深行进,我们来到了什么地区?"

"珍稀动物出没的地区。"学生齐答道。

"在这个林深叶茂、游人稀少的地区会有哪些珍稀动物呢?"

学生快速浏览后,迅速反应出答案——金丝猴、羚羊、大熊猫、小熊猫。

"孩子们都有一双善于发现的慧眼,一下子就从一段话中筛选出自己想要的信息,很棒。其实孩子们,你们发现了吗?每一种珍稀动物作者都用四字词语写出了它们的特点,你们发现了吗?"

"金丝猴——体态粗壮!"

"看这么粗的腿脚,这么肥壮的身子。"我边用手比画边俏皮地说道,"再看这只金丝猴正——"

"攀吊在一棵大树上。"

"攀吊是个怎样的动作?谁来做做看?"

一个孩子单手吊举着,模仿着小猴子的顽皮样子,孩子们笑成一片。

"真是只——顽皮可爱——的小猴子!来,我们一起读出它的顽皮可爱!"

到这里,这一小句的朗读铺垫已经到位,因为在理解感受文字的基础上才能读出文字本身的情感。这个和纯粹的朗读技巧训练是两码事,轻重缓急、高低起伏,放之四海皆可,但是要想获得朗读的真情实感,开启深度朗读的前提就是:理解。"文章本是有情物",一切情感都蕴含在文字中,当我们撩开文字的面纱后,情感自然就呈现在读者的面前,唯有这样,有感情的朗读才能得到训练。当然,如果我们在理解和朗读中不能自然衔接过渡,朗读的指导就容易和阅读教学割裂。正如我在学生模仿感受"攀吊"后顺势启发——真是一只"顽皮、可爱"的小猴子,目的是让学生在轻松的氛围中开启朗读,而指导又不露痕迹。

当然，学生不一定一遍就能读好，这时候我们可以针对朗读中的不足点，老师加以示范，学生再来模仿，这样的流程走下来，这句话的朗读基本不成问题。在这一句的训练中还有一个"眨巴"和"窥视"，说明金丝猴在顽皮中又有着一份机灵和警惕，这里的语气语调可适当轻缓一些。

"当小猴子窥视着我们的时候，也许，会有一群善于奔跑的羚羊突然——窜出来——还没等你看清它们——又——消失在前方的丛林中。"师生合作，用补空的方式完成词句的朗读，一个"窜"字来得突然，一个"又"字语气转折。

"也许，你的运气好，会发现一只大熊猫在吃竹叶。""来，我们读一读投影上的句子。"孩子们在比对朗读后，立马体会到"憨态可掬""如无其事""咀嚼"用词的精妙，大熊猫的悠然形象顿现眼前。

"谁能用自己动听的声音带着我们走近大熊猫？"

教师指名朗读水平较高的孩子来朗读，学生闭上眼睛脑海中想象着这只憨态可掬的大熊猫，睁开眼睛全班齐读，期待过后的直面文字，朗读有情趣有气势。

"小熊猫其实也很可爱，你们感受到了吗？老师请同学用朗读告诉大家。"这样的教学设计既是及时引导过渡，也是朗读点拨。

"也许，你还会看见一只行动敏捷的小熊猫，从山坡跑下谷底，对着湖面美滋滋地照镜子。"在朗读的过程中点拨孩子关注"行动敏捷""跑"的速度感、动态感，也有"美滋滋地照镜子"的憨态。在朗读的同时不可抛开语言的感悟："如果把'美滋滋地照镜子'换成'喝水'，结果会怎样？"孩子们众说纷纭，核心指向语言的生动，拟人的精妙，再朗读，一气呵成。

这一自然段是要求背诵的，理解感悟不可少，朗读训练要扎实，语言品悟融其中。从词语到句子，细致研磨是需要的，但是中年级孩子"段"的意识要培养。四个"也许"的朗读强化，让朗读从局部拓展到了整体，男生、女生的齐读比赛一下子让朗读走向高潮。书读百遍，其义自见，原来写作景区里的动物可以挑选四个有代表性的，用完整的"也许"格式来写，在弹性的语言表达中领着读者感受这九寨沟的神奇，一个具有人性的"动物世界"不正是"童话世界"吗？

在朗读训练中运用一些小策略，让孩子们的情绪饱满，让学习的效率处于高点,这样的教学实效性会高。小眼放光,小脸通红,小手高举,小嘴能说,语文教学的真谛莫过于此。朗读、理解、引导、示范、策略糅合其中,课就顺了,朗读指导也就落实到位了。

送给刚参加工作的青年教师们:文本细研读,理论勤研究,教学重实践,课后常反思,这样的几步走下来,你的语文课自然就顺了,试试吧。

(此文发表于2018年5月《语文教学与研究》)

一抹新绿

严冬下的苏外依然很美，葱翠中尽显高雅厚重之气，冬日的阳光虽然明亮，却寒意袭人。欧式建筑群的东南拐角报告厅里，涌动着热情，盎然春意尽显。"姑苏晚报"杯第十二届中小学生小荷当场作文大赛颁奖典礼正在举行，说实话，这样的颁奖典礼参加过不少，但是今天我的心情格外激动，这一"格外"源于自己参会角色的变化——今天我是一名家长。

看着舞台上高举奖状、欢呼雀跃的孩子，我不由得想起了从参赛到获奖的曲折过程。

接到学校的报名通知后，儿子一溜烟地跑到办公室，挥舞着报名简章，兴奋地喊道："爸爸，爸爸，我要参加小荷作文比赛！"

"行啊，那你要加油了噢，争取拿个一等奖噢！"我调侃道。因为在一年级的时候，小家伙参加过"蒲公英当场图文大赛"，结果只得了个二等奖，所以这次我有意刺激一下他。

"放心吧，说不定就能得个一等奖呢哇，嗨，嗨，嗨……"一连串的笑声伴着欢快的小跑消失在楼道里。

儿子信心还挺足的，这既是他的优点也是他的弱点——小自信！自信往往会激发斗志，小自信源于他对读书的痴迷，看书看得有点走火入魔，上课私看课外书，厕所马桶捧书读，一坐就是半个钟头，居然在被窝里还敢偷看书，批评教育在所难免，"小书迷"的雅称一点不为过。看书使他积累了丰富的知识，他对科普类的书籍尤其感兴趣，偶尔还会卖弄自己的小聪明，自以为才高八斗。这个小自信也是他的缺点，让他不知学问的深浅，有时难免随意卖弄，需要继续引导。

但是不管怎样，就冲着这股想参加的劲头也该让他去试一试，毕竟初起的人生更需要历练。

前几天班级里的孩子嘀咕："小荷作文的奖次出来了，我是优秀奖。"

"我也是优秀奖！"

"我是几等奖啊？不会没奖吧？悲催的啊！"一声惨叫让我想起了赛事——该去网上查一查了，还有，我们家那小子的结果如何？

登录、输入、查找、下载，只出来个获优秀奖的，我盯着电脑，睁大眼睛，生怕看漏了，十几页翻下来，没有我家那小子。妻子说："不会没得奖吧？"

"怎么会呢？要相信你儿子的实力，现在可以肯定，至少三等奖了哇！"我笑着说。

第二天，三等奖的结果出来了，没有！

第四天，二等奖的名单公布了，还是没有！

妻子坐不住了，开始嘀咕埋怨："你还说肯定得奖呢，现在二等奖都没有他，估计是没戏了！不要再抱幻想了，肯定是写得走题了。"

"就是一等奖，你儿子，你不知道啊，知识丰富，想象力丰富，废话也丰富！"我振振有词。

"儿子，老爸提前祝贺你，小荷作文一等奖！"我对儿子说。

"真的啊，耶！一等奖啰！好开心噢！啦——啦——啦——"高昂的啦啦声，夸张的快乐表情，我们俩父子开始提前庆祝。

"看你们嘚瑟的，没获奖还这么开心！真是莫名其妙！"妻子狂泼冷水。

我想，即使没得奖，也该先庆贺下，毕竟辛勤付出了嘛，先得过且过一天吧。

第五天，一等奖出来了，找啊找啊找，结果没找到，我没出声，儿子也不敢出声了，一脸沮丧！

"难道真是走题了，这小子不细心，没获奖也是有可能的，下次再努力吧……"我开始阿Q起来，但是心里不知怎的有一丝丝失落，也许是期望值太高了吧。

妻子开始安慰起儿子，安慰以抱怨我的形式展开："叫你不要给孩子太大的希望，现在希望变失望了吧？让孩子难过伤心……"

唉，望眼欲穿，心底拔凉！

第六天，网站没有什么新结果公布，特等奖也没出来，我们也没什么心思去关注，潜意识里觉得一等奖都没有了，还能指望特等奖吗？更何况特等奖的名额那么少，竞争又那么激烈。这事就这样被搁置淡忘了，直到班级里的孩子兴冲冲地跑来告诉我他得了特等奖，我才想起来到网上去看看，不看不知道，一看吓一跳，我们家那小子居然也获得了特等奖，而且排名非常靠前，真是意外的惊喜。几天后，获奖作文集分发到了学校，他的《教小狗写作文》刊发在了作文集上。随后而来的就是接到邀请函通知参加颁奖典礼，儿子异常兴奋，这是他读书以来获得的最高奖项，不容易！我们也暗暗为他高兴，经历失望后的收获往往弥足珍贵。其实获奖本身并不重要，重要的在于这一小小的惊喜对孩子未来成长的影响和激励。用微小的成功促进兴趣的养成，用隆重的仪式奠定语用的基石，漫漫人生刚起步，需要细心的引领和真诚的呵护，为人生成长添一抹新绿。

　　一片，两片，三四片，片片树叶遮出一方绿荫，片片树叶聚成参天大树。树如人生，孱弱的幼苗，既要有阳光雨露的沐浴，也要经受风雨的洗礼。在厚实大地的持续滋沃下，开枝散叶，酝出点点新绿，酿出抹抹生机，树具雏形，人生初绘。树有茂枯时，叶有青黄际，轮回之间成就了树之伟岸壮观。人生当丰富，有喜悲相伴，有欢笑相随，更有成长的汗水浸润，蹒跚行走中见证岁月之精彩，孩童之成长。吾家幼子憨如小树，不经意间觅得生平一抹新绿。

（此文发表于2013年6月《姑苏晚报》）

师从"老曹",惠生"小龙",我之幸!

今天是9月10号,手机上祝福的短信闪烁不停——教师节!想起了我的老师,我的学生。开学前在参加苏州电视台和国学少儿传习部合作的"鸡蛋碰石头"活动时,记者问我中小学阶段我最难忘的老师是谁,老曹——我的恩师,当然是您!您是一位永远珍藏在我心灵深处的好老师!

记得去年10月1日伯父的孩子结婚,我回到了曾经生活、工作了近十年的白马湖中学,这个我人生中重要的地方,我的教育之路的起点,曾经多少次它闪现在我的回忆里。一切是那样的熟悉,那样的温馨,高大气派的教学楼,生机盎然的广场花坛,走进去还能依稀嗅到青草的香味。看,那块我亲手参与制作的标语牌"小草青青,踏之何忍?"依然矗立在花坛中央。旗杆下的大理石台面依然是那样的光洁明亮,我的脑海中还能遐想出自己站在平台上开晨会的情景。平整的草坪依然柔软葱绿,想起曾牵着蹒跚学步的儿子在上面嬉戏,一切都像是在昨天,一点一滴、一花一草都让我浮想联翩,久违的温馨溢满心头!席间见到了我的恩师老曹,还遇到了我的弟子小龙,推杯换盏是情意的宣泄和见证,记下些许文字,怀念老师,勉慰自己。

亦师亦友的——老曹

三杯两盏淡酒下肚,举杯起身去敬一敬我的老师,一转身老师已经站在我的身后,我羞愧至极,恨不能找个地缝钻下去,怎么让老师过来陪我呢?我本应该坐在他老人家的身边陪着他才对啊。

"先猛啊,在来的路上我和郭老师在讲,今天估计能见到你,你果真来了。一转眼又好些年没见你了,都想你了……"老师兴奋地说道。

听着老师朴实的话语,一股说不出的感动涌上心头,我红着脸,本来利索的嘴巴激动得有点哆嗦:"老师,我敬您!"

碰杯，仰脖，干杯！拥抱！头已飘飘然乎，往事幕幕浮现。

那时我十四，懵懂少年，刚读初中，现在的我年龄十四拍双又拐弯，已做老师；那时老曹三十四，风华正茂，教我数学，现在老曹五十五，退养在家。

老曹，我中学时的班主任，一位朴实得不能再朴实的长者，好像是一生不变的穿着，蓝色西装，黑色裤子，一双大头皮鞋，满脸络腮胡，皮肤有点黑。"老曹"的称呼由来已久，据说他在二十多岁的时候就获得了这个美称，只是因为人长得比同龄人成熟几分，穿着朴实一些。

老曹教书顶呱呱，闻名乡里，虽说是"半工半农"（边工作边种庄稼），但是绝不影响他成为一名优秀的老师。独特的思维，清晰的见解，巧妙的点拨，那时老曹就娴熟深谙，最让我佩服和难忘的是"海选班干"，这在二十年前的乡镇中学里真的是罕见。海选的方法不用多言，但是结果我以绝对领先的票数做了班长，老曹大胆放手，授权于我，让我们自己管理班级，最后居然收到了意想不到的效果。那时不懂这是民主的教育方式，也不懂这是尝试性的理念，只知道老曹真的是个好老师。老曹用这样一种淡而无痕的民主教育方式悄悄走进了我们每个孩子的心里，一走进就终生难忘，成了一生的积淀。

后来我和老曹成了同事，我们搭班，这一搭就是三年。记得有一次初三补课放学时，碰到老曹拎着几斤小杂鱼，衣兜里揣着一瓶白酒从学校大门口进来，"不要回家了，走，和我一起吃饭！"老曹热情地邀请着，那时我还没有成家，"孤家寡人"一个，便欣然前往。老师亲自动手做饭，动作是那样的娴熟麻利，一看就知道是个做家务的好手，我只有围在旁边看看的份，连打下手都不够格，甚是汗颜。"开轩面场圃，把酒话桑麻。"喝着小酒，吃着湖鱼，谈着往事，聊着未来，一切都是那样的温馨惬意，老师就像淡淡的桂花香，传得久远，直到钻进你的心扉。品着师恩，永远是那样的浓而不腻，亲而不疏……

老曹，我的恩师，其实我又何尝不想念您，一辈子的牵挂！

朴实的后生——小龙

席间一位帅气的小伙端着酒杯站在身后，不说话不出声，还有些忸恍，我一回头瞥见他，发现原本酒红的脸上又多了一层羞红，好腼腆的小伙子。

"这位是×龙，是在座各位的学生，他想敬敬各位老师，这家伙有点腼腆，怕老师们记不得他……"老朋友林帮他打着招呼，圆着场。

"×龙，是不是我班上的那个×龙？样子好像不太像了啊，还是其他班级的×龙啊？"我的脑海里急速回忆着。

"我不会说话，很难得有这样的机会，所以学生今天很冒昧地来敬一敬各位老师，首先我来敬一下郑老师，我的班主任！"

"啊，你真是我班的那个小龙啊！都不像了，老师都不敢认了，变化太大了！"我惊讶无比，估计那夸张的表情我自己看到都会觉得好笑。

酒已半酣，念旧的话语自然就来了，小龙说得最多的是那时我天天带着他们踢足球。足球一直是我的最爱，在那所乡镇中学里，孩子们学习紧张自不用提，课余生活就更显单调枯燥。那时我年轻，浑身有一股使不完的劲儿。学校没有什么体育器材，只有那一片空旷的操场，我自己动手和孩子们一起竖起了简易的足球门，两根废弃的水泥杆，一截长木杆，一个简单的足球场就有了，真是太好了。但这只是半边的足球场，因为荒废的操场的北半边被勤劳的教师家属种上了玉米、大豆。反正有总比没有好，将就着先用呗，我和孩子们长达十数年的足球之路开始了。孩子们踢得可用心了，从颠球、停球到绕桩，从罚球规则到越位犯规，我把自己知道的都教给了孩子们。

踢球的人越来越多，踢球的技术也越来越好，后来那半边操场终于在我的努力下得以恢复，完整的足球场呈现了。后来我就组织学生举办足球联赛，还找来忆华超市做赞助商，有像模像样的开幕式、闭幕式，孩子们为了水晶奖杯而鏖战，校园足球赛硝烟四起。后来我组织教师队伍参与进去，再后来教师队伍分文理科两队参与联赛……

老师和学生的足球热情盛况空前，足球运动在那个乡镇中学变成了品牌，学生的身体素质、综合素质全面提高，每年的中考体育成绩都是全县优秀。足球还打造出了优秀的班集体，增强了班级的凝聚力。劳逸结合的学习方式，让优等生层出不穷。足球也为孩子们留下了永恒的回忆，一起挥洒汗水的队友，一起在球场上奔跑的同学，一起加油助威的女生，还有和他们一起疯跑的，边配合边指导他们怎么踢球的"我"！

"郑老师，您知道吗？我们同学在一起时聊得最多的就是中学里踢足球的时光，最怀念的人就是您，您手把手地教，一场场地教，我们不仅从您那里学到了丰富的语文知识，还学到了顽强的优秀品质，我们都非常留念那段时光，老师，真的要谢谢您……"小龙兴奋地絮叨着，好像变回了十年前那个在操场上奔跑的小毛头。

谈及现在，小龙正在师范大学读大四，选择的就是自己最喜爱的体育专业。我拍着他比我还高的肩膀，甚是欣慰：吾有爱徒初长成，继承衣钵育新苗。

德国哲学家雅斯贝尔斯说："教育就是一棵树撼动另一棵树，一朵云推动另一朵云，一个灵魂唤醒另一个灵魂。"说自己桃李满天下虽有些汗颜，但我心无愧，因为我正用自己的青春和执着，引领着一批批像小龙一样的孩子走进知识的殿堂，实现他们自己的梦想。

罗曼·罗兰说："心中有太阳，才能给人以温暖。"有时候，我觉得很是惬意，内心暖暖，面含微笑，虽然笑起来有微微皱褶，但心灵永远释然，因为我有着做老师的那一份成就感和幸福感。

（此文发表于2016年9月《苏州德育》）

在策略和互动中触摸思维

近期连续参加了两个培训，一个是为期三天的"国际理解教育项目试点学校"联络人培训，另一个是加拿大工程院凌晓峰院士的"思维策略"讲座，两个培训讲座时间长短不同，课程内容不同，培训人员不同，但是培训中的某些核心要素却惊人地相似：游戏策略和互动性让参与者思维活跃，在参与中发生改变。

凌晓峰院士是加拿大西安大略大学终身制正教授，凌教授在讲座的前半程对自己的专业研究进行了简要概述，后半程以两个互动游戏为主，让现场所有听众一起参与，让与会人员感知儿童早期教育中人工智能理念、思维策略科学运用的方法，通过游戏互动体验科学、心理学以及思维模式等在儿童教育中的重要性。

"国际理解教育项目试点学校"联络人培训暨"教育创新与国际竞争力"培训课程，更多的是通过教育创新案例及教师领导力提升训练等形式从不同维度增强教师的教育创新思维，拓宽国际教育视野。本次培训由"前言 国际视野""国际竞争力提升""创新案例之游戏化教学、跨学科综合""实用教学工具之讨论式教学和PDT高效反思工具"等四大模块构成，由苏州市教育局外交处主办，凌云教育团队全权承办。

游戏教学看形式是一种寓教于乐的学习方式，但是一旦游戏指向思维核心，那就是思维层面的训练了。凌晓峰教授根据对自己孩子的培养经历摸索出的"思维策略"游戏很受孩子们喜欢，它符合儿童心理和认知规律，让一本正经的课堂教学在轻松愉悦的氛围中进行。教师设置情境，让孩子们积极思考，参与其中，大胆地设想，其中有一个共同的优点就是出题者随意写下一个数字或词语，让猜谜语者提问，进而在回答"是"与"不是"的过程中猜测答案。我印象较深的是凌晓峰教授出示一个数字，然后让所有观众互动发问，他及时点评，从所提的问题分析思维的模式，从而让大家知晓发问的技巧，其实就是在逐步缩小答案的范围，比如"是奇数吗？"一下子就让范围缩减了一半，"是在 50 到 99 之间吗？"让范围不断缩小。这是一个游戏，更是一种思维策略的训练，经过长此以往的练习，孩子们的逻辑思维能力会不断得到提升。如果放在语文的小范畴中讲，那就是提问有效性的考量，针对性强、聚焦核心的问题才是最有价值的。在教师领导力课程中，同样的游戏是一位老师写了"伊万卡·特朗普"一词，我当时就比较懵——这个难度太大了，但是没想到我们的参与老师快刀斩乱麻，几个极富想象力的问题直接指向目标："是知名人物吗？""是女的吗？""国外的吗？""年轻的吗？"……这里的猜一猜既是放松又是练习，让课堂的氛围变得愉悦起来，在这样的环境中人的思维是活跃的、积极的，更重要的是让心脑一直处于高位运转，无形中的训练已然发生。

在"教育创新与国际竞争力"部分，来自联合国教科文组织的游戏、学习与共情专题研究特聘专家，美国白宫游戏化教学会议特邀专家，美国北科罗拉大学科技创新与教育教授 Mattew Farber 为我们带来了精彩的游戏教学整合策略，他给与会学员印象最深的是"严肃类游戏"的互动参与。

Mattew Farber 教授通过 PPT 介绍为我们模拟创设了一个城市生活情境，先介绍这个城市的环境资源、政治等特点，然后给每个小组进行角色分类，有警察局长、消防队长、市长等多种角色，在不同的角色小组中，游戏组织者会给出许多小卡片，里面是各种应急资源，大家结合自己的身份和角色挑选可能会用到的应急资源。随后 Mattew Farber 教授拉响警报，让大家应急逃生。模拟的情境是"地震来了"，咱们的老师训练有素，紧急避险、逃生，表现非常出色。震后应急避险开始了，角色扮演者用手中的资源完成"救援网络图"，可以和其他组进行资源交换。大概的游戏流程如此，这样的严肃类游戏挑战性更强，组织者模拟一个可能会发生的地震场景，让参与者科学开展地震救援，这是对参与者的训练和提升。严肃类游戏自诞生以来，在军事、医学、教育等诸多领域得到了广泛的应用，取得了良好的效果。这样的游戏需要参与者对自己扮演的角色进行准确定位，你就是"警察局长"，地震中你该如何做？这是一种挑战，是综合素养的提升和角色意识的训练，游戏过程中融合了团队协作、资源共享等多方位的训练。明天和意外，谁也不知道哪一个先到，这样的训练有备无患，忧患意识、角色担当应该融入每一个人的血液。

这样的游戏策略和活动方式在我们的日常教学中也颇有感染力。我们发现，在任何一门学科教学中一旦提及"玩游戏"，孩子们立即两眼放光，精气神十足，这是儿童的天性——"玩"意味着放松，"游戏"意味着好玩、有趣。基于此，我们何不在"玩游戏"的过程中融入知识的学习和思维的训练呢？正如前文提到的，凌晓峰院士专题报告中的思维策略训练依托的载体就是"游戏"，孩子们在玩的过程中思维变得缜密、变得科学。在小学语文教学中，这样的小游戏应用也比较频繁。比如习作教学中的"情境模拟"，让孩子们先玩游戏，然后再动笔写过程和体验，水到渠成，言之有物，其乐融融。还有语文中的"猜谜语""课本剧"等。再比如《中国诗词大会》中的"填字游戏""飞花令"，都是在游戏互动中让参与者获得知识体验。这其实也是儿童游戏化教学的实质：自由、轻松、愉快地学习，达到教学效果最优化。

对于成人来说，学习感知游戏本身是目的之一，游戏过程中产生的催化效应也是学习的一部分。但是游戏毕竟只是游戏，所以要有一种"游戏心态"，平和淡定；但是团队游戏又存在着优胜劣汰，所以还得有点"竞争意识"，让思维绷紧一些，速度会快一些，反应也会更灵敏一些。小组队员之间要积极互动，群策群力，"合作共赢"，这样游戏学习中的内蕴会变得有弹性。而参与者心脑认知水平的高低则决定着本次学习和培训的效果。

在学习模块中印象比较深的是"讨论式教学"。课程标准中有"小组合作探究"，在合作探究中我们运用得比较多的方法是"讨论法"，但是对于如何让孩子们讨论，缺少一些方法指导。

"讨论法教学"模块培训开始，培训导师给小组成员每人分发了一种小卡片，只能自己看，然后开始提出一个讨论的话题："考试中你发现学生作弊该怎么办？"大家你来我往，大多持"杜绝作弊"的观点，有一些处理方法比较人性化，如不会上报学校，调查作弊原因等。有人说："大家快一些，时间有限。"其中居然有一人说："我考试就作弊了，所以考上了大学，我觉得对作弊不能一棍子打死。"这个观点一出，一下子炸了锅，大家一阵热议，整个讨论效果非常好。后来培训导师开始公布小组队员的讨论角色，如"问题推进者""时间控制者""观察者""话题反驳者"等。每个人扮演的角色不同，立足点不同，讨论中的语言表达也迥然不同。那个说对考试作弊不能一棍子打死的老师扮演的就是"话题反驳者",他从对立的层面推动讨论的进程,让讨论变得多维度。我是"时间控制者",在表达自己观点的同时经常提醒组员:"快一些,时间有限。"这样的一种"讨论式教学"形式叫"角色扮演法"。在小组中人人有担当,让讨论立体推进,更具有科学性、操作性、互动性也更强,能让讨论有序推进。

但是在课堂教学实践中,如果简单地以此划分组内讨论角色,肯定会带来一些困扰:承担角色的分配,即谁做什么需要科学考量,不能一贯而终,这样不利于学生对讨论话题的立体思考,特别是"话题反驳者"有可能只是站在对立面思考而忽略了"主问题"的思考和参与。科学的角色分配应该是轮流或共融的,即每个人是一个综合角色,要兼顾思考,让参与度不断提升。

"轮流反馈法""粉笔说""回转讨论站"这三种讨论模式各有千秋。

"轮流反馈法",在主问题提出后大家思考30秒,然后轮流发言,后续发言者先点评前者的发言,继而再表述自己的观点。这样的讨论方式让每个人的发言时间都比较充足,便于表达自己的观点。在即时点评中既要专注聆听又要积极思考,听与思结合,对于错的辨析,言简意赅中要害。

"粉笔说"是个比较新颖的名词,我在百度上未能发现具体诠释。通俗地讲,"粉笔论"就是"无声讨论"。具体做法是,每个人把自己的思考写在一张大纸上面,交换位置后大家可以在他们的观点后面进行修饰、添加。

"静能生慧"这样的讨论法便于深层次的思考,观点和表达会更成熟、更完善,遗憾的是交流受限制,不够便捷,反馈时间较长,有点冗乱。

"回转讨论站"更像我们课堂教学中的"大组交流"。具体做法是,在小组"粉笔说"完成后,整个教室里开始轮转评价,还可以对其他组的观点进行质疑、补充、评价。这样的回转讨论方式更集思广益,参与度极高,有一种游戏的氛围在其中,宽松、愉悦,但是对时间和空间的要求比较高,在交流陈述环节对发言者是一种挑战。

不管是哪一种讨论方式,都有着它的适用性,通过选取、加工,创设出最适合自己和自己课堂的方式才是最有价值的。学习和培训的意义便在于此:在培训者的多维策略和从一而终的互动参与中,让每个学习者的思维都处于高位运转，在积极思考、互动参与中提升学习品质。在这里，游戏的策略和互动的激发效应已经触碰着思维，让思维与智慧对接，这就是一种成长，老师需要，学生更需要。

其实培训已经过去一个月了，但是现在回想起来，那些场景还是历历在目，我认为这是一种策略起了效果。"情绪记忆"中的"场"决定着记忆的深度，教师多一些思考和研究，让特殊情境的"场"多一些，让所有的课堂知识都能烙痕深刻、记忆无限，这何尝不是教师的无量功德？

青春当如夏花

青春年少，热情洋溢如海浪澎湃；青春年少，灿烂多姿如鲜花飘香。读书的时代，读书的孩子正值青春，你们的记忆中留有美好的回忆、难忘的瞬间吗？搜索枯肠，弱弱答道：没有，有的只是教室里的勤学和苦读，有的只是被圈养的郁闷和失落。

社会实践难管理，容易出事，不能开展；足球比赛有危险，容易受伤，不能举行；标枪投掷太危险，容易伤人，不能练习……这也不行，那也不行，究竟什么能行、什么能做？答案只有一个：坐在教室里安静地学习！一句话：安全第一！

最近江苏省免费男幼师的面试活动正在进行中，据面试考官介绍，参加面试的孩子普遍缺少青春气息，缺少男孩应有的阳刚之气。他们的学习成绩毋庸置疑，绝对是顶呱呱，但是缺少了青少年应该有的综合素养。他们唱出的是几十年前的老掉牙的歌，还把握不住音准，形体展示更别提了，简单的体育运动不会，连最起码的广播体操都做不标准、做不到位。这样的素质不禁让我们掩面沉思。这也许是个例，但是在参加面试的学生里面有80%的学生都不具备综合才艺，这就不能不让人为之震惊了，中小学生素质教育的缺失可见一斑。重安全，重成绩，轻素质，成了当前教育的致命瓶颈，成了限制教育发展的绳索。教育应该启迪孩子的心灵、健全学生的人格，使他们在成长中追求"有灵魂的卓越"，而不是沦为考试机器、高分低能者。

看吧，"小眼镜""小胖墩"层出不穷，足不出户的"宅男""宅女"，甚至"少年老人"比比皆是。"风声雨声读书声声声入耳"，可是"家事国事天下事"却事不关己，学生成了"两耳不闻窗外事，一心只读圣贤书"的书呆子。青春的活力被掩埋，青春的激情被消磨，青春的才情被扼杀。

害怕受伤，担心出事，就杜绝一切户外运动，这是典型的"因噎废食"！难道我们因为吃饭会噎着就不要吃饭？为了安全就取消一切和素质相关的活动？我想这样也太偏激、太极端了吧。有的家长要求学校保证孩子在校的安全，一些学校对此片面理解，不仅不与家长沟通交流，反而顺水推舟。家长要安全，主管部门要安全，那就干脆大搞全封闭、准军事化管理，取消所有集体性户外活动，甚至停止一些体育活动。结果，学校倒是"安全"了，但在这种封闭空间中学习和生活，学生的心灵何以舒张？孩子的体魄又如何强健？孩子未能健康成长，没能达到家长期盼的理想成绩，到头来家长还是不会买学校的账。

素质是"德""智""体""美""劳"的总称，而我们的学校教育呢？只有智育，再生硬地灌输一些德育，除此以外还有什么呢？少年的青春记忆里还有什么？没有激情的奔跑，怕摔着；没有酣畅的足球，怕撞伤；没有综合实践，怕出事。有的尽是：死读书，读死书！读到傻，读到痴！物极必反，这样的教育行程走到最后的结果，肯定是书没能读得很好，身体却垮了，学生的其他潜在素质也浪费殆尽，青春就此干涸，人生就此黯淡。

我们到底希望培养怎样的人才？其实每个人的心中都有答案，人才都有着共性：品行佳，会读书，能力强，身体健。让每个孩子都能成人成才，让每个孩子都能有强健的体魄，关注生命的成长，关注孩子的综合素养，至关重要。身体可是革命的本钱啊，没有健康的体魄做保证，人生能成何事？跑步眼镜掉，运动就受伤，这一切的根源恰恰就是：运动得太少！锻炼、体育、实践、运动，这些都是学习的必修课啊。今天你不会运动，也许你永远不会运动，也许你的体魄永远处于"亚健康"，学习成绩又怎能拔尖？人生又怎能灿烂起来？

我曾经在中学待过八年，我一直坚持带着学生满场疯跑地踢足球，从初一到初三，从"小瘦子"踢成"小牯牛"，从后进生踢成尖子生，从初中踢进了重点高中。虽然也有孩子胳膊骨折了，但是我们的孩子勇敢坚强，没喊过一声疼，我们的家长信赖支持，没有一丝埋怨，倒是我们的学校颇有微词："安全，要注意安全！"安全不是待在温室里，而是在阳光雨露中茁壮成长，在风吹日晒中变得结实强壮，这才是真正的安全。

教育学家叶澜教授说过："要把课堂还给学生，让课堂焕发出生命活力。"这个课堂不单单指文化的学习，还有体育、音乐、综合实践等各种有益的教育活动。推动教育事业科学发展，必须坚持育人为本，全力提升学生的综合素养。要做到这一点，既需要尊重教育规律，把教育的事情交给教育，又需要包括学校、家长、学生等在内的各方力量转变观念，心往一处想，劲往一处使，齐心合力拧成一股绳，形成教育的合力，为孩子的全面健康发展撑起一片蓝天。

　　青春本来就是活力四射、激情无限的季节，青春是你、我、他共携手缔造灿烂人生的美好时代。青春的记忆里风雨相随，阴晴雨晦，有埋头发愤苦读，更应有运动场上拼搏挥洒的汗水。

　　　　　　　（此文发表于 2012 年 5 月《素质教育大参考》）

那些年我们一起走过的日子!

主要思想: 离愁别绪,伤感涌心头,回眸往昔,点滴呈眼帘。临别之际,回首往日温馨,荡涤心灵,感受情缘深厚。友情深,难相忘,师期许,盼聚首,扬帆航,一路顺!

地点: 生活了六年的教室
时间: 离别的最后时刻
人物: 我和孩子们
背景图片(PPT): 六年的照片(温馨)
背景音乐:《我们都是好孩子》《祝你一路顺风》《友谊地久天长》(伴奏音乐缓缓流淌)
诵读内容:《那些年,我们一起走过的日子!》(娓娓道来)

孩子们,有一个人,你生气的时候可以埋怨他不好,但是你坚决不能允许别人去埋怨,那个人就是你的老师;有一个地方,你郁闷的时候可以去贬低它、诋毁它,但是你坚决不允许别人去诋毁,那个地方就是你的母校。

亲爱的孩子们,弹指一挥间六年已经悄然而过,回忆六年朝夕相处,回首六年的点点滴滴,一幕幕如昨日浮现眼前。

你们都是好孩子!

孩子们,还记得六年前你们刚进小学大门时的兴奋和新奇吗?一切都是新的,一切都是那么的有吸引力,池塘假山,亭台楼阁,瀑布喷泉,校园的美让你们张大的嘴巴合不拢。你们挣脱爸妈紧握的手,勤快的小腿到处飞跑,一溜烟消失在花丛里,没了影踪。孩子们,你们可知道我们的校园好大，爸妈好担心，老师好焦急，你们就是一群这样疯玩的小屁孩——活泼，好动，天真！在顽皮中成长，在懵懂中进步，从鹦鹉学舌"a、o、e"到声情并茂地朗诵"面朝大海，春暖花开"，从简单数数"1、2、3"到熟练解决"应用难题"，从"英语盲"到"口语王"……你们似稚嫩的禾苗吮吸着甘霖，茁壮成长；你们似初发的新芽沐浴着阳光雨露，快乐生活！勤奋、坚韧是你们优秀的品质，六年的时光见证着你们的成长，六年的生活锻铸着你们日渐成熟的心智。在老师的眼里，你们虽时有顽皮但绝不顽劣，虽偶有拖拉但绝不懒散，虽时有淘气但绝不令人讨厌，因为你们都是好孩子！

友谊地久天长！

亲爱的孩子们，还记得天平山下我们快乐地舞蹈，欢乐谷中我们尽情地游戏，白象湾里我们歌声激越吗？六个寒来暑往，六个四季轮回，你、我、他，朝夕相处，手足之情何其深，老师胜亲人，桃李深情弥足珍！花坛的馨香中，母校的每个角落里，都珍藏着同学们的友情，弥漫着你们的梦想。露水莹莹，像你们纯真的眼睛；白雾蒙蒙，像我浓浓的离愁。挥手告别，扬帆远航。孩子们，我们不能忘却那根友谊的缆绳，它牵着你的心，牵着他的心，牵着我们所有人的心！友谊之花在我们彼此心灵的呵护下，慢慢地长，静静地开，永远地艳，离别只是空间的变换，因为我们的心灵温馨永远，我们的友谊真挚永恒！

祝你一路顺风！

当离别拉开窗帘，人生的列车又将驶向下一个站台。亲爱的孩子们，离别不是终点，我们不应"儿女共沾巾"，"人有悲欢离合，月有阴晴圆缺"，"悲"是为了"欢"，"离"是为了"合"！离别是起点，是你们铸造辉煌人生的新起点，是在为下一次的重逢积蓄着力量。聚散离合中，人生变得丰富而精彩。

轻轻地，你们走了，别了，"绿杨烟外晓寒轻，红杏枝头春意闹"的"和园春景"；别了，"接天莲叶无穷碧，映日荷花别样红"的"雅园盛夏"；别了，"秋阴不散霜飞晚，留得枯荷听雨声"的"怡园秋思"；别了，"忽如一夜春风来，千树万树梨花开"的"爱园冬雪"……

亲爱的孩子们,明晨行别,但愿云彩、艳阳一直陪伴你们走到遥远的天涯,鲜花、绿草相随你们铺展远远的前程。曲终人散的时刻我不要泪水,只祈愿有朝一日我的弟子们学成归来重新聚首校园时,能够围拥着曾经那样疼爱你们的老师,漫步在诗意百年的枫小校园,吻遍熟悉的一草一木!

珍重,我的孩子们!"莫为浮云遮望眼,风物长宜放眼量。"目标向长远,人生当激扬。

孩子们,一路顺风!

(此文发表于 2012 年 6 月《苏州德育》)

四重"最"给力文学社

文学是香浓甘甜的咖啡,让人意犹未尽;文学是朗朗上口的诗句,让人陶冶情操;文学是荡气回肠的音乐,让人心旷神怡;文学是五彩缤纷的花园,让人流连忘返。

我们的文学社便是一杯现磨略涩的纯咖啡,一首清新淡雅而略显稚嫩的小诗,一曲旋律简单但悠扬动听的儿歌,是一座遍地童真充满欢声笑语的大花园。

一、执着坚持最难舍

在茫然中踯躅徘徊,在行进中步履蹒跚,路途虽有坎坷和荆棘,留下的却是遍地芬芳。不离不弃,一路走来,痛并快乐着,辛苦却幸福着。是的,文学社,就是在这样可有可无的"鸡肋"困境中生存着。事在人为,境由心生,没有跳不过的坎,更没有跨不过的河。看着孩子们那一双双求知若渴的眼睛,看着孩子们在活动中的投入和专注,看着孩子们激情思辨、挥斥方遒的儒雅,看着孩子们获奖时的兴奋和激动,看着孩子们闻着报纸杂志的淡淡墨香,感受着自己的稚嫩作品变成铅字时的欣喜,从孩子们灿若桃花的脸上,我读到了满足,读到了欣慰,曾经的繁忙和奔走化成了内心的一份宁静,一份释然,一份从容,一份信念。我知道,文学社这份事业,值得去做,不为己,只为那一群热爱写作的后生们。

二、网络功效最大化

本学期我建立了"枫桥中心海洋文学社"新浪博客,并定期更新博客,把文学社的介绍、章程、制度以及活动的照片、学生的优秀练笔上传到博客。目的是把学校推向网络,充分利用互联网的迅捷和影响,扩大学校的知名度和影响力。我鼓励和指导孩子建立自己的博客，努力让每个孩子都有自己的"一亩三分地"，让孩子们在耕耘中培养对文学的兴趣，在字斟句酌中历练对文字的敏感，在日积月累中养成勤于写作的良好习惯。博客成为师生、生生之间沟通的桥梁和联系的纽带。学生可以随时浏览博客，在博客上给老师留言、咨询等，也可以对上传的同学习作进行评论和留言，采百家之长，习美文精髓，写感性文章。教师会在博客上定期转发各大少年文学杂志社的征稿和比赛信息，鼓励孩子们勤动笔、勤投稿，让孩子们在读读、写写、投投中体验写作的快乐。

三、快乐兴趣最重要

快乐是学习的真谛，兴趣永远是最好的老师，做什么都需要兴趣，有了兴趣，万般枯燥皆有味。问问孩子们，你们喜欢什么样的活动，喜欢什么样的书籍，喜欢什么样的活动方式，于是，我们的读书会来了，故事会来了，朗诵会也来了……孩子们以文会友，快乐无穷，意境深，情趣浓，学识长。在坚持快乐的主题里，我们还不断渗透现代社会的一些理念，如社长的竞选演讲，全民的投票选举等，营造一种现代社团的氛围。网络吸引了孩子们的注意力，我们因势利导，利用"海洋电子阅览室"进行网上阅读、网上授课。孩子们打开指定的网页，共同研讨，共同探究，找寻文章的亮点，品味文章优美的语言，揣摩文章精妙的构思，感悟文章耐人寻味的哲理，思维的火花激情地碰撞和跳跃。孩子们在交流中进步，在探讨中提高，在说说议议中成长。

四、社员"闪光"最大化

我们期盼每一个社员都笔耕不辍，期盼每一个社员都佳作不断，我们更期盼每一个孩子都能写出自己的个性，亮出自己的风采。对发表文章和获奖的孩子，我们会在文学社的活动上，召开专题表彰会，给发表文章和获奖的孩子最真挚的祝福、最热烈的掌声，让激情互传递，让快乐共分享，让幸福同品味！社员们在指导老师的引领下一起品读发表或获奖的文章，探讨成功之处，点拨可用之法。同时将这些优秀的文学作品分享在学校的外网上进行宣传，扩大影响力，让"闪光"最大化，"让闪光"成为一种激励，激励孩子们向更高的山峰攀登。"写作小明星"的光环照亮的不仅仅是自己，也照亮了班级里一批批的文学爱好者。榜样的力量是无穷的，文学社社员的影响深远，他们以点带面带动班级的习作风气，你学我学，你追我赶，你进我进，良性竞争日趋形成。其实每个孩子都渴求成功，都有着一颗上进的心，让身边的小作家们率先示范，身体力行，以行动感染着他们，用成绩激励着他们，我相信，花开满园的灿烂春天定会翩然而至。

一朵花开艳丽，那不是春天，千朵万朵竞芬芳，香浓景美春如画！诗意的枫桥，百年的老校，愿海洋学子们扬帆远航，一路花香一路歌！

（此文发表于2012年5月《苏州德育》）

教育，不期而遇的精彩

> 和风细雨言淡淡，精耕细作情绵绵，随风入夜，润物无声，甘霖滋沃土。
>
> 檐角暖风立归燕，教海泛舟勇探航，不期而遇，精彩自来，矢志育新苗。人间有味是清欢，教育无痕润童心。

教学不能"缺心"！

鲜花与坎坷铺就教育之路，行走在教育的路上，静心淡看教育面面观，中国的教育呈现出百花齐放式的盛世繁华，各种教学理论、教学方法精彩纷呈——邱学华老师的"尝试教学法"，王崧舟老师的"诗意语文"，孙双金的"情智教学"等，还有我们课改以来一直坚持推崇执行的"自主合作探究"的学习模式，如今的课堂教学真可谓是"乱花渐欲迷人眼"。时代在进步，科技在发展，现时代的教学，我们不缺理论，不缺方法，不缺技术，我们缺的是那一颗"心"！

一、缺心——一颗对教育教学的热爱之心

教育不仅仅是一份职业，一份养家糊口的工作，更是一份事业，一份太阳底下最光辉的事业。它传承着中华文明的精髓，缔造着未来时代的栋梁，这是一份伟大的事业，一份光荣的事业。然而在现实的教育教学当中，还是有很多老师没能认同这样的一种教育理念，没能以身为教师而自豪，他们在教学中惨淡地经营着，在工作中敷衍地应付着，这样的教学是一种教育良知的缺失，一种职业倦怠的体现。少了这份热爱的心，你的教学，你的工作，无法荡起涟漪，无法焕发激情，"水本无华，因风而起涟漪；石本无火，因碰撞而生火花"，缺失了"热爱之心"的教学就是一潭死水，清风吹不起半点涟漪！

二、缺心——一颗对另类学生的包容之心

教育教学是一份爱的事业，爱的崇高境界就是包容，大肚能容，容尽天下所不能容之事！教师的心胸应该比海宽广，比天开阔，比宰相的胸怀更博大，因为你面对的是懵懂的少年，他们单纯活泼，懵懂无知，他们犯

点小错在所难免。只要心中有爱，有包容，就会眼看一切皆善，一切皆完美。老师必须有一颗满怀爱意的心，视生如子，柔肠百转，对学生呵护有加。孩子毕竟是孩子，多少成人还错误不断呢，何况是天真幼稚的孩子？"人非圣贤，孰能无过？"孩子存在一些小缺点，犯一些小错误，太正常不过了。只要我们因材施教，巧引妙导，循循善诱，循序渐进，用老师那温暖而充满浓浓爱意的心去包容他们，去感化他们，我们的教书育人之路定会繁花似锦，鲜花一路飘香。如果缺失了"包容之心"，也就失却了教师的灵魂和真爱。

三、缺心——一颗对教学方法的创新之心

教学无定法，贵在得法。当今教学派别纷呈，我们的老师是不是今天学"杜郎口"，明天学"洋思"，后天再学做回自己？当然不是！面对众多的教学流派，先进的教学方法，我们需要的是对方法的"创新之心"。找寻适合自己的教学之路、教学之法，尤为关键。理念新颖，方法对路，教学的效率当然就会高，效果当然就好。因为只要教学方法是适合学生的，适合教师自己的，教师教学就会事半功倍，学生更是受益匪浅。然而在现实的教学实践中，总是有不少老师喜欢"拿来主义"，不管学生学习的能力和水平如何，也不管自己是否能成功驾驭，拿来就用，生搬硬套，结果教学的效果大打折扣。缺失了对教学方法的"创新之心"，"拿来主义"不可取，"活学活用"才是根本！广征博引，厚积而薄发，在广泛学习的基础上，结合自己的教学实际加以创新，凝炼出属于自己的教学方法，长久地坚持下去，教中学，学中进，我们的教育之路一定会走得顺畅，走得辉煌。

"不畏浮云遮望眼"，在教育前行的路上，我们不能缺失这份"心"——热爱、包容、创新！

（此文发表于 2012 年 9 月《基础教育参考》）

教育需要这等"慧"！
——再读苏教版小学语文四年级上册《一路花香》一文有感

读一次《一路花香》，就有一次感悟，每次的感悟各不相同。有的是关于课堂教学层面的，如教师对教材的研析解读等；有的是关于学生思维情感体验层面的，如学生对课文价值取向的感悟等。而这次的感悟却是文中落墨不多的"挑水工"给我的启迪。

"印度"，前几次读这篇课文的时候，没有太留意这个字眼。当我这次把目光聚焦在这个挑水工身上时，发现他是印度人，印度是佛教的发源地，这篇课文是不是也带有浓浓的佛教色彩呢？佛家讲缘，讲慧根，挑水工就是一个有慧根的人。慧心生慧根，慧眼识良才，《一路花香》中谁最香呢？挑水工。是他，化腐朽为神奇，结合破裂水罐的特点浇灌出一路花香；是他，让自卑的破水罐认识到了自我存在的价值；也是他，带给我们这些平凡的教育者深深的思考。

是挑水工挽救了这有裂缝的水罐，作为使用者和管理者，他完全可以随时丢弃它、换掉它，让自己能更省时省力地完成挑水的工作。可是他没有这样做，没有抱怨，更没有刻意地毁坏或调换，而是巧妙利用这漏水的缺陷，造就了一路花香，唤醒了这只破损水罐的尊严和自信，让这只破损水罐体现出了自身存在的价值和意义。一位朴实平凡的挑水工尚能如此善待这个有裂缝的瓦罐，作为教育工作者，我们又该如何去善待我们的学生呢？

教书育人当如这位"挑水工"，教师需要有"慧眼"——一双睿智的眼睛，一双能够发现美的眼睛；有"慧心"——一颗温柔善良的心，一颗充满爱意的心；更需有像挑水工一样的"慧根"——无私的根，博爱的根，智慧的根。

"慧眼"识良材。我们班级里就有像文中这两只水罐一样的孩子，有的"完好无损"，有的却"略有残缺"，聪明、优秀的孩子有，迟钝、学习困难一点的孩子也有。正所谓"寸有所长，尺有所短"，每个孩子都有闪光的地方，也都有他自身的价值。此时就需要我们的老师有一双"慧眼"，一双充满睿智的慧眼，一双能够发现美的眼睛，走进孩子们那至善至纯的心灵。在言谈举止间，在熙熙攘攘中，在平凡无奇里，对孩子们一个又一个的"闪光点"，探寻着、发现着，并加以放大和扩充，这些个"光点"会像吸足水的海绵一样日渐庞大，终成为人本身闪亮的优点，从而造就能力突出、素质优秀的人才。相对所谓的"缺点"而言，发掘"闪光点"的意义更大，对孩子的影响也更为深远。班级里有许多"千里马"，需要慧眼独具的"伯乐"去发现他们，培养他们。"慧眼"方能辨得良才，也才能因材施教，惠及终生。

"慧心"育灵童。心中有爱，则眼看一切皆善，一切皆完美。满怀爱意的心，视生如子，柔肠百般，呵护有加。"人非圣贤，孰能无过？"孩子存在着一些小缺点，犯一些小错误，再正常不过了。只要我们因材施教，巧引妙导，循循善诱，循序渐进，用老师那温暖而充满浓浓爱意的心去包容他们、感化他们，我们的教书育人之路定会繁花似锦，鲜花一路飘香。"慧心"赢生心，情浓意更浓。

"慧根"铸造诣。观达真理，称为慧；智慧具有照破一切、生出善法之能力，可成就一切功德，以至成道，故称"慧根"。拥有"慧根"的挑水工，胸怀坦荡，正直无私，没有因为完好水罐运送的水多而对它青睐有加，另眼相待，也没有因为有裂缝的水罐运送的水少而横加责难，漠视冷淡，而是巧妙利用有裂缝的水罐漏水这一特点，铺就鲜花之路，播撒一路花香。"人尽其才，物尽其用"，这正是挑水工的"慧根"所在。人类灵魂的工程师，塑造着21世纪的栋梁，肩负着培养未来人才之重任，"慧根"便是教师取得职业造诣的灵魂。观达真理，则洞明世事。悟人间真理，得知识精华，则师之境界超凡脱俗，"慧根"顿生于心。教书之道深谙于心，驾轻就熟，教学之能手；育人之理俯拾皆是，得心应手，育人之模范。智慧博学、通达博爱成就了教师的"慧根"，定然也能锻造出学生的"根慧"。

一路花香飘出的不仅是花的芬芳，更飘出了印度挑水工的"慧"质：无欲无求，善思善用。世上每一件东西、每一个人都有其存在的价值，我们应当恰到好处地利用他（它）们的特点，物尽其用、人尽其才。对物如此,对学生如此,对自己所从事的职业更应如此,只有这样,才能把教师这份职业做到极致。

慧心慧眼树慧根,朴实的挑水工,卓绝的大智慧,有心栽花花满径,留得一路花飘香;平凡的教育者,伟大的工程师,慧心育生生满堂,赢得天下桃李名。

(此文发表于 2012 年 9 月《教育科学论坛》)

偶遇"中等生"

从工作以来一直到前不久，我一直信奉的"抓两头，带中间；提优补差，促中等"的教育方法被我彻底否定了。那是源于一个阴沉沉的星期天下午，我和妻子在超市购物，一位帅气的小伙子碰见我，面带微笑地喊了一声"老师好"，喊得我莫名其妙，因为我好像不认识他。"老师，我是您的学生×××。"想了半天，我也没想起这个孩子，只好满脸堆笑地虚假应和道："哦，我知道了，你好，你好！"回到家里，因为太尴尬的原因，我不住地回想这个孩子，可是在脑海里搜索了半天也没想起这位同学。自己教过的学生，整天面面相对，怎么会忘得一干二净呢？我百思才得其解：这一定是班里的中等生，要是优等生或者所谓的落后生，扒了皮我也认得骨头！一定是这样的。然而，在为自己找到答案而松了一口气的同时，我的心竟然像被什么东西刺痛了。

一连几天，我一直在反思自己的教育理念和教育方法，尤其是整天标榜的成功经验"抓两头，带中间；提优补差，促中等"，分析它的利弊得失，慢慢地我对它产生了怀疑，因为中等生就是在这种理念下被逐渐地冷落甚至遗忘了。"关注中等生"这几个字在这一刻牢牢地刻在了我心里。曾经有多少人都大喊、特喊"关注落后生，培养特长生"，可又有几个人曾用心地关注过中等生呢？在老师一边表扬优等生一边给落后生开小灶的过程中，中等生的心理感受是怎样的呢？我们关注过吗？我相信他们绝对不会因为老师不批评他们而高兴，更不会因为老师不表扬他们而感到悲哀，他们的心情是怎样的呢？茫然？麻木？还是……我们不得而知。在一个大群体中，有时不表扬便代表批评，不批评也不见得就说明自己是优秀的。我们成人都不堪承受的心理负担，难道孩子们就能承受得了吗？我曾经认为自己有严重的心理疾病，甚至有点神经质，而这一切的罪魁祸首不就是对自己的忽视吗？

为了现在这帮弟子，为了他们的心理健康，不改是不行了！课堂上，除了让积极举手的同学回答问题外，除了眼睛总盯着落后生外，我还运用"分身术"，把我三分之一的关爱给了那些最让老师省心的中等生。是他们默默地坐在那里，从不影响别人，静悄悄地给课堂带来了最优美、最和谐的音符，他们偶尔发出的一两声回答，虽不是最精彩的，却往往是最准确的。在卫生扫除中，累得满头大汗的往往是他们……亲爱而又可爱的中等生们，虽然你们的成绩不是最棒的，可是你们却是班级中不可或缺的"中流砥柱"，少了你们，我们的班级便不会如此强壮；没有你们，我们的班级便不会如此完美；缺了你们，我们的班级便少了那份和谐与安宁。于是，从现在，从今天，从这一刻，从这一秒起，我要把我的微笑时刻送给你们，我要让我的冷漠远离你们，让我温柔的眼神"盯"准你们，让我的熟视无睹远离你们。看，在我的微笑中，我班的王莹期中考试进了前五；在我眼神的关注中，曹佳怡回答问题越来越积极；在我温暖话语的感化下，黄陈志譞放弃了矜持，上台大声地朗读课文……看着这一个个脸上洋溢着幸福的中等生，我的脸上也堆满了灿烂，我再也不用天天把那因为阴雨绵绵而发霉的心情拿到太阳底下翻晒了。

历练后的思考使我明白，"抓两头，带中间；提优补差，促中等"未尝不可，但一定要让老师爱的温暖阳光普照每一个幼小的心灵，让爱的雨露遍洒每一棵小苗。只有这样，才能将每个孩子的名字永远牢记心间，才不会愧对每一位渴望成长的孩子。

我要感谢那位偶然相遇而我却又记不起他名字的学生，因为是他让我和所有的孩子相互走进了对方的心灵。孩子们，放心吧！你们的名字将永远镌刻在我的心田里，无论是优等生、落后生，还是中等生，一个也不会少！

（此文发表于 2014 年 10 月《基础教育论坛》）

教育需要坚守，但更需要信仰

近日听闻我校又一名青年教师辞职离岗，心中不免慨叹，一年里竟有两位入职不久的青年教师离职，不能不说是遗憾。遗憾的背后是思考。

苏州的教师"饭碗"来之不易，参加教师招聘就相当于又经历了一次高考，千军万马抢那么些为数不多的"饭碗"，过关斩将最终被录用者必定是优秀的。然而，为什么辛苦得来的事业编制又轻而易举地放弃了呢？我们不要也不能片面地去指责教育本身，全苏州数十万教师依然坚守在教学第一线，默默耕耘，敬业奋斗，他们为什么不离职？青年教师个体的原因值得探究。

教育需要坚守，但是更需要信仰。信仰是灯塔，指引着人生前进的方向；信仰似涡轮，是人生前进的动力。迷失方向、缺失动力后的人只会成为浮萍，随波逐流，终将泯灭。教师需要信仰，特别是青年教师，要正确地去认识教育的神圣和伟大，认识教师这一岗位的任重而道远。虽然将来会桃李花开，弟子万千，但是教师成长那一程并不是坦途，虽无风雨侵袭，也无商道奸诈，更无宦海沉浮，但是平淡中夹杂枯燥、烦琐中透着憔悴的教师之路很是考验意志。如果你有着对教育事业的喜爱，喜欢和纯真的孩子在一起，心中怀着天使梦，那眼前的每一个孩子都是天使，与天使为伴，真是一种幸福！

90后的青年教师们，你们有着青春的活力，充沛的体力，高端的学历，这是优势，势必会给校园带来生机和活力，青春风暴定会画出一道道亮丽的风景线，但是你们缺乏一定的资历和阅历，所以虚心好学必不可少。勤勉教学之余的深入钻研至关重要，因为你的课堂虽灵动有余，但扎实不足；你的班级管理虽民主开放，但学风不浓，所以你要学，要补。

十年寒窗苦读，终日沉浸书海，可是教书的基本功还有所欠缺，一手好字，一口好话，一手好文，这些都需要在学中进，在进中精，你们是高学历人群中的佼佼者，能力超凡，你们需要的是埋下头，静下心，如此，成长指日可待。

只要坚守教育，追逐信仰，工作竭力勤勉实干，教学探求灵动大气，青年教师定能"年纪轻"而"本领强"。

(此文发表于2014年9月《江苏教育报》)

深挖兴趣根源，导引"宅童"出门

就在"宅男""宅女"日渐增多的时候，"宅童"也在悄然萌发并有渐行渐旺之势，特别是中小学生——在假期，他们有一半的时间是在家中度过的。家长工作忙碌，学校"暂停营业"，不少中小学生因此成了"宅童"，而网络和电视又是"宅童"们的最爱。作为教育的主体对象，处于学龄段的孩子们正在逐步走向封闭，教育面临着挑战，减少"宅童"成为当务之急。

假期，本是孩子们愉悦身心、休养调整的"佳期"，现在却变成宅于户内、耗在网上的"家期"。孩子成"宅童"，不仅源于网络的诱惑，更源于现实的困境。不少家长需要工作，很难在暑假长期陪伴孩子；城市的"陌生人社会"，甚至是"坑蒙拐骗偷""车祸猛于虎"等，让家长更难免安全等方面的顾虑。有家长觉得，与其让孩子在外面冒着被车撞、被人拐走的危险，还不如让他们在家待着，起码能保证安全；也有的家长觉得，这样是扼杀了孩子的天性和创造力，而且也不利于孩子的身体健康和良好性格的养成。

青少年心理专家丹妮说，"宅童"其实是一群渴望伙伴、渴望自由的孩子。年幼的他们无法在漫长的暑期合理安排自己的活动；现在父母的生活、工作压力都大，往往会忽略子女的心理需求，导致他们在虚拟的世界寻找寄托。孩子长期待在家里对生理和心理的成长都很不利，但如果家长强行要求孩子离开电视、电脑，则可能会引起孩子的逆反心理。家长有时候是不知道孩子喜欢什么、不喜欢什么的，更不知道他们在哪方面有潜力。假如一个劲儿地让孩子按照家长给他们指定的路线走，只会让双方的代沟或隔阂越来越深。有时候，多给他们几个选择甚至让他们自己去选择未尝不是一件好事情。毕竟，我们不知道他们内心在想什么。旅游、参加夏令营、做义工……上网和上补习班之外的活动多的是，只是我们没有想到。暑假，我们这些做大人的要用用心，想办法让孩子走出去，别让孩子成为"宅童"。谁家又希望自己的孩子成为"小胖子"、小"眼镜男"甚至小"忧郁女"呢？

可是，怎样才能把孩子从家里"弄"出来呢？我感觉，"赶""拉""劝"都是不行的，有可能成为"宅童"的孩子大多是初中以下的学生，其兴趣、爱好都处在成长、培育阶段，最好是能让他们自己"走"出来。孩子们的爱好千门百类，不可能一刀切。上补习班之类的途径有可能会让孩子越来越反感，钢琴课之类的手段也可能会让他们厌烦，因此最好是依着他们的兴趣爱好和天性加以引导，给他们一个大一点的空间，让孩子在自己选择的过程中发现自己的兴趣和潜力。

我曾听朋友说过他儿子的一件事情。小家伙三年级期末考试考得不好，回来后垂头丧气，整天窝在屋里，有点儿颓废的意思，无论他们两口子怎么说都不见效。后来小家伙自己要求去补习，发誓要考个好成绩，可每天补习回来火气都贼大，动辄和他们顶嘴。无奈之下，父母给了他三个选择：一，去补习班继续补习；二，去学跆拳道增强体质；三，去游泳馆游泳散心。去游泳，本是随口而说的无心之语，但孩子却非常兴奋，嚷着要去，而之前小家伙从没有下过水。两口子把他带到游泳馆后，他自己张罗着报了名、买了游泳用的各种"装备"，当天就下水了。没几天就熟练掌握了蛙泳的基本技巧，天天有点"乐不思蜀"的感觉，外带着的改变是吃饭多了，性格也开朗了。更带劲的是小家伙还自己制订了学习计划，每天早晨起来临字帖、读英语，前后简直是判若两人。

我想朋友儿子发生改变的原因应该是，朋友夫妇依孩子的兴趣而来，顺势利导，充分调动了孩子走出家门的积极性、主动性，他从中找到了乐趣。再加上游泳这个运动量适中的体育锻炼，既改善了孩子的生理状态、强健了体质，还调节了孩子的心理状态，有助于睡眠及缓解各种压力，使疲劳的身体得到积极的休息，从而精力充沛地投入学习。

社会天地宽，生活即趣味。亲爱的孩子们，走出家门吧，看看多彩的世界，锻炼强健的体魄，学会拿手的才艺，让"宅"和我们说"拜拜"。亲爱的家长们，让我们多点创新，多点细心，多点耐心，深挖孩子的兴趣点，您的孩子走出家门、活泼开朗不再是梦，我们的社会也不会再有小"毕加索（闭家锁）"，再有小"居里夫人（待在家的女性）"。

(此文发表于2012年9月《教育故事》)

班级管理有妙招，活用微信显实效

"互联网+"时代，超过八亿人使用的微信打造出了一个新的"手机媒介王朝"，语音短信、视频影像、图片文字，一键触发，微信，已然成为一种生活方式。当教育和微信邂逅，教育的灵动和互联网的光芒相映生辉。

班主任是学校最基层的管理者，用好微信这个流行媒介，自然可以为自己的班级管理助力，朋友圈、公众号、微信群组、语音对话、微视频，内容丰富，功效突出，用活微信这块阵地，可以让自己的班级管理风生水起。

朋友圈是用来"晒"的，别人用它"晒幸福""晒美食""晒旅游"等，班主任也要"晒"，晒自己班级管理中的点点滴滴，做的是教育的事儿，虽小，但散发着浓浓的教育味道！

晒"辛""幸"凝聚合力

晒晒班主任的苦累辛劳。不了解的人总说咱老师轻松自在，天天似喝茶聊天般逍遥自在，其实他们不懂咱的心啊！咱每天细致琐碎的班级管理，就像居家的"妈妈"，来得早，走得迟，中途一刻不停息，管卫生，忙出操，分午餐，送路队……这一切都要晒一晒，让我的"朋友圈"、让我的"家长帮"知道，教师的苦与累、辛和劳。教师崇高的人格和丰富的学养决定着我们从不去刻意地叫苦喊累，但是教师的苦与累是客观存在的，工作时间长，工作负荷大，事情繁杂琐碎，压力大。理解就是尊重和支持，家人、友人、家长、师长……看着我们的朋友圈，心微微感动，"晒"从来就不是为了解脱，只是心灵释压的一种方式，是获得认可和理解的途径。

晒晒班主任的幸福快乐。晒一晒和孩子们快乐相伴的幸福时光，大课间我们纵情欢乐；餐厅里和孩子们相对而坐，共享美味，文明就餐；午间我们徜徉在校园，闻花香，赏春景，沐浴阳光，享受和孩子们共处的温馨时光……教师是平凡的，但是教育却是引人关注的，特别是孩子们的家长，他们就想天天留在校园里，坐在教室中，探寻自己孩子在校园里的小秘密，虽然我们隔三岔五会有"家长开放日"，但是杯水车薪怎敌家长思子心切？既然如此，班主任老师的"晒幸福"就变得意蕴深远了，看着孩子们的一举一动，一颦一笑，一餐一行，我们家长的心也是一份欣喜，一份释然，有快乐的生活，有幸福的老师，自然有孩子的幸福童年，快乐成长。教育的味道，在教师的"晒幸福"中发酵、氤氲，直观的图文，便捷的互动，家长和老师的沟通因微信"晒幸福快乐"而变得更幸福有味！

晒晒孩子们的进步成长。班级获奖了，孩子们进步了，分享孩子们成长的快乐，晒晒获奖证书照片，晒晒孩子创作的优秀 DIY 作品图片，晒晒咱班级创意的板报设计，晒晒今天谁又午餐光盘了，晒晒谁又获得了"雅集卡"，成为班级的"集雅达人"，晒晒班级生机无限的绿植……让家长关注点赞，积极互动，参与其中。看多了班级的事情，班级自然就是家长和孩子的"百草园"，晚餐时的话题油然而生，循着班级小趣事，亲子交流顺畅自然，成就了亲切随和的家长，自然也成就了优秀又文雅的孩子。其实教育的目的就是提升人的生命质量，让人成长为自由的、全面的、幸福的人，人生幸福是教育的终极目的。和谐的家校关系，快乐的校园生活，亲密的师生关系、亲子关系不正是我们追求的幸福吗？孩子幸福，家长幸福，老班幸福！

在"晒"朋友圈的同时，我们要建群，开一次家长会，面对面建个群，一个属于咱班级的论坛由此诞生，发通告、留作业、商量事，一键触发，快捷方便。那天我正在用文字在群里布置回家作业，调皮的睿阳说："郑老师，您怎么还在打字啊？用您优美的语音直接发布啊！"聪明孩子的善意提醒，让我又一次体验到了微信群的快捷方便，既可以布置作业，还可以传递班主任的声音，这种现场感比起直白的文字要丰富灵动得多。在群里我们可以现场直播，校园里的新鲜事，春秋游时的快乐行，有图有真相，有声有视屏，微信让以前的教育数字终端黯然失色，家校互动在合理的微信使用中变得有声有色。由于小学阶段我们不提倡孩子随身携带使用智能手机，所以，此教育和微信的整合更多的指向与家长的互动，目的是拉近家校间的心灵距离，熏陶感化家长，让家长关注孩子的点滴成长，让孩子无限亲近父母，亲子互动，幸福时光留存。

推"创""介"助力成长

微信不仅仅"晒"出了理解和尊重、构建了家校间的无障碍通道，班主任老师还可以"推"——建立自己的公众号，定期推送优质的教育教学资源，推出班主任老师自己的学习和思考，推出孩子们的童声、童言、童趣等。现在较大一点的单位、学校都会有自己的公众号平台，教师个人有自己公众号的也不在少数，这样互联网、微信的优质教育资源纵横交错，形成了齐盛共享的局面。我们的家长和孩子因为在教育圈子之外，对这方面的关注和信息会相对少一些，所以班主任的公众号建设就有了用武之地。三言五语，几张随拍，一个主题、一篇微信软文翩然而至。

"推"可以原创，但是教师精力有限，不可能也不会天天去原创更新，我们可以把自己拥有的微信教育资源加以整合，有针对性地"推送"，推送家长需要的家教心得，推送孩子们需要的学习方法，推送澄澈心灵、启迪思维的"鸡汤文"，当然还有我们教师自己需要的名优班主任、教育专家的教育新理念，班主任管理艺术、建构特色班级的策略等，目的是让资源共享，家校连心，师师互动，让阅读和学习无处不在，让班级团队的建设从校内向生活延伸。

"推"更多的是"推创"，推创自己在班主任工作管理中的实践和思考，努力养成用文字记录自己成长和孩子们成长的好习惯。坚持写，坚持推送，本身就是对自己班主任专业成长的一种激励，它让自己的班级管理更接地气，让自己的思考更成熟、反思更有力度；它扩大了教师学习生活的外延，让微信送平凡的自己到数字媒体终端，让自己在微信推送中历练、成长。

微信公众号的"推"亦可以"推介"孩子们的童声诵读，结合自己的班级特色，结合自己的专业特长，引领孩子们一起在手机微信平台上创作、推介。我们可以编童谣，写童诗，可以朗读，可以吟唱，可以用自己最喜欢的方式让孩子们爱上学习，在自由的天性里留下童年的美妙声音。教师这个自媒体达人，用微信的"推介"激励孩子们向着学习更高处攀登,让孩子们找到自我,走向优秀。教师就这样默默地牵着孩子们的小手,在他们心中绘出童年最美的风景。

  信息化时代,科技的快速发展为现代教育提供了多样发展的可能,班主任老师要与时俱进,用好先进的信息化平台,拓宽班级管理路径。我们不跟风追潮流,但凡有实效、可操作的现代技术手段都可以用来为我们的班主任工作助力。微信,会用仅是低端,用出艺术和教育的实效才是高大上。微信晒一晒,平台推一推,让家庭作坊式的自我教育悄然转变成前卫、大气的工作格局,教育与微信邂逅,闪烁的是"互联网+"的光芒,凸显的却是班主任老师的才情和智慧。老班,今天你微信了吗?

(此文发表于 2018 年 5 月《江苏教育》)

"61分"万岁!

"耶,我考了61分,奶奶要给我买好吃的喽!"这个小家伙一边开心地拍手,一边欢快地呼喊,还有小跺脚的兴奋。

他叫璿,是班级里的一名学困生,上课总是在地上爬来爬去,说话有些口齿不清,走路有点缓慢摇摆。看着璿缓慢迟钝的脚步,缺少灵气的眼神,我的心阵阵隐痛,天下哪个父母不希望自己的孩子健康聪明、快乐活泼啊!曾经几次想动员他到特教班去,觉得那里可能更适合他,可是每次有这个想法的时候我就告诉自己:他就是一个普通的孩子,他是有点慢得不合节拍,但是给他好的生活学习环境,也许能拉他一把。班级里的孩子就像十个指头伸出来一样,总是有长有短的啊,璿也是班级的一分子,怎能轻易割舍呢?这不是恻隐之心,而是每一位老师心灵深处的师德灵魂。

虽然对璿的学习不作硬性的要求,但是我们从来没有放弃他,也从来没有对他放弃过要求,看看课外书,读读语文书,写写钢笔字,这些一直都让他坚持做。

今天的61分是璿读书上学以来所有学科里获得的最高分数,也是唯一的一次及格分,孩子激动万分,他说:"奶奶最希望我考60分了,奶奶一定很开心!"听着这样的话语我的心里很不是滋味,60分对于一般的孩子来说是一个多么低的分数啊,可是对于璿一家人来说却是那么的高不可攀,那么的可望而不可即,60分,这可是璿一家人多年来日思夜盼的分数啊!

今天我为璿竖起了大拇指:好样的,"61分"万岁!

"璿,你真棒,郑老师为你骄傲,老师相信,只要你继续努力就一定会取得更好的成绩。加油,你一定行!"我拍着他弱小的肩膀热情地鼓励道。

"嗯,郑老师,我会的。"璿肯定地点头答应,看得出他还沉浸在兴奋和喜悦中,这对他来说可真的是天大的喜事啊。

因为智力原因而造成的璿身上的缺陷和不足真的无须多说，人这个社会独立体总有他存在的价值和意义。抓住转瞬即逝的闪光点，放大再放大，直到定格永恒成为品质伴随一身，这是赏识教育的真谛。其实璿也有开朗的时候，活动课上他总是在我的身边转来转去，其实就是想引起我的注意。体育活动他做不起来，但是看得出他很喜欢有老师带着玩的氛围，有时我也会递上篮球让他投投，他会使出浑身的力气把球扔出去，虽然离篮筐很远，但是从他嘿嘿的笑声中能感受到他的开心。

其实不管是什么样的孩子，他们的心都淳朴似水，纯如明镜，只要师者能给他们一些和颜悦色，一些肯定和赞许，用激励帮助他们扬起自信的风帆，也许他们不能在学习上取得令人瞩目的成绩来回报老师，但是在其他方面一定会有让老师感动的瞬间，甚至是永远占据老师的心房一角，温馨永远的瞬间。

曾经在中学教过一个语文只考三分的孩子。孩子的智力有点小问题，除了会写自己的名字外，其他的知识真的学不来，学习对他来说真的是一种苛求和折磨。这三分，还是因为蒙对了一道选择题，假如没有选择题和判断题，他只能交白卷。但是三分的成绩丝毫不影响他的人品——憨实厚道，见面总是憨笑着喊"老师好！"比起一般的孩子，他要礼貌得多。上帝总是公平的，在关闭学习这扇门的同时，为他打开了朴实厚道之门。就是这样的一个孩子，让我难忘的不是他的三分成绩，也不是他的朴实憨厚，而是他那一段震彻我心灵的话语："老师，以后教室的卫生打扫就让我来吧，初三了，同学们学习都很忙，我不是学习的料，我想为班级的同学们服务服务，让他们有更多的时间去学习……"这孩子这样说也这样做，教室里、包干区总是能看到他忙碌的身影，我真的于心不忍，有时自己会拿起扫把和他一起扫，有时会安排学有余力的孩子和他一起干，他总是抬头憨然一笑，然后就低头默默地扫着，一天又是一天，一月又是一月，就这样默默地扫着，他把奉献和坚持扫进了每个同学的心里，他把感动和欣慰扫进了所有老师的心里！

"天道酬勤"，孩子，世界总有一片属于你的天空，因为你有着宝贵的淳朴天性和吃苦耐劳的优秀品质。

分数对于这样的孩子来说其实没有多大的实在意义，他们在学业上想取得造诣真的很难，但是分数的提高对于他们来说却有着非凡的影响，因为提高的是他们对生活的自信，拓宽的是人性的本善，所以我要说："61分"万岁！

师爱是一盏灯，黑暗中照亮前行的远方；师爱是一首诗，冰凉中温暖渴求的心房！为人师者理应少一些对分数的苛求，少一些对孩子的淡漠，多一份真爱，多一份包容。相信像璿一样的孩子一定能走得更好，在自信的牵引下，在奉献的快乐里，绘出自己丰富多彩的人生画卷！

（此文发表于 2013 年 9 月《素质教育大参考》）

9月27日

9月27日，没有苏轼望湖楼醉书时的绮丽景致，只是2016年366天中的平常一天，落笔留痕而已。

今天下午第一节三（8）班的语文课，老规矩，我面带微笑走进教室，不说话，看到孩子们一个个坐得端正笔直，我心头一阵窃喜：看来这段时间的训练效果显著嘛！我看看手表，说："今天是9月27日！"孩子们面面相觑，不知我葫芦里卖的什么药，都怔怔地看着我，有一个孩子举手了："老师，我知道9月27日，还有三天就是国庆节了。"我示意他坐下，不语。

"老师，是不是国庆节后过几天就去秋游了啊？"一听到"秋游"，孩子们开始乐呵起来。

"今天是9月27日！"我重复道。

"老师，国庆节要放假，然后要连着上七天课吧？"天翼同学兴奋地说。看这样子，孩子们有点和"国庆节"杠上了的意思！

"老师，老师，我知道了！"雨乐激动地大喊，"老师，今天是您的生日吧？哈哈！"

"噢，噢，噢，是郑老师的生日噢！"教室里一阵欢腾。

"啊，你怎么知道的呢？"我佯装惊讶。

"祝你生日快乐！祝你生日快乐！祝你生日快乐！……"还没等我多说，孩子们竟然齐声大合唱《生日歌》。

孩子们唱得那样投入、那样开心，我也忍不住乐呵起来。孩子们见我笑了，就更加坚定了：9月27日，一定是老师的生日。

挂着笑容的小脸，眼神满漾着幸福，我捋捋心神，推推眼镜说："孩子们，今天是9月27日，三天后就是生日，不过不是郑老师的生日，是我们祖国母亲的生日！今天你们把最美的生日歌送给了祖国母亲！郑老师为你们的懂事和成长高兴！"

其实祖国母亲真的无法感受到孩子们的祝福，倒是我这个老师开心起来了：有可爱的孩子想着我的生日，有全班同学齐唱生日祝福歌，不是生日胜似生日！我心潮澎湃，幸福满满！三年级的小宝贝实在是太可爱了，那么纯真，那么懂事！

"9月27日，是郑老师认识你们的第二十八天！孩子们，你们一直在进步！开学初，你们是那样的闹腾，不懂规则，特别是课前总是混乱无序，铃声响了才跑进教室，开始上课才想起语文书还没有准备好，乒乒乓乓一阵倒腾后才慢慢进入上课角色。看，现在的你们精气神多棒啊！给自己最热烈的掌声！孩子们，做一片美的叶子吧，每一片叶子都很美，我们的大树就会更美！"我的动情演说，鼓舞着孩子们。

下午的那节语文课《拉萨的天空》，学习的效果好得惊人，孩子们读书声音响、感情足，写字时腰杆直、字工整！这就是孩子，这就是课堂，我能清晰地感受到孩子们幼小纯洁的心房里散发出来的热情和能量：我要努力做班级里那一片美的叶子！

9月27日，平常无奇的日期。生活就像数字日期一样的平淡，但是在平淡的气息里，只要我们用心去感受，去呼吸空气中的幸福微粒，一份弥足珍贵的小幸福便悄然而至。正因为如此，我的三（8）班的孩子们很幸福；正因为如此，我也很幸福。

晚餐后，妻子信手弹起小学音乐教材中的钢琴曲《捉泥鳅》，欢快优美的旋律散落在房间的每一个角落，一天的疲惫顿时烟消云散。"池塘的水满了，雨也停了……"儿子随着琴声动情歌唱，虽然嗓音不够甜美，但是在调上，忒投入。

琴声，歌声，温馨，暖心！

孩子，文字，香馥，幸福！

（此文发表于2017年《苏州德育》）

春启芳菲艳

苏城初春,偶有飞花,真正的红紫芳菲尚未华丽登场,今天微客语文的课堂里一抹芳菲却已灿然绽放。

舒双菲,多么诗情画意的名字,名字背后的文学丰韵更是可见一斑。伟大的浪漫主义诗人李白的诗文里常有"芳菲"翩跹而入:"可叹东篱菊,茎疏叶且微。虽言异兰蕙,亦自有芳菲。"(《感遇四首》)"对此石上月,长醉歌芳菲。"(《春日独酌二首》)虽不是大家耳熟能详的经典诗文,但轻轻读来同样能够感受到作者的文思飞扬。诗风沉郁顿挫、其诗有"诗史"之称的杜甫也常采"菲"字入诗:"肃肃花絮晚,菲菲红素轻。"(《春运》)诗文佳篇读不尽,红紫芳菲道不完,"双菲"二字里定然有着美好的寓意。

双菲,扑闪着的大眼睛里时常闪着灵气,长辫子,白皮肤,一看就是文静而内秀。一学期下来没有听到她太多的声音,在我的语文课前"热身操"——美文推荐一圈快要轮转完的时候,她才怯懦地举起小手:"老师,我,我还没有推荐呢。"

今天,轮到双菲的"美文推荐",我心里有点没底,因为前天雨乐的推荐不太顺畅。"雨乐的泪水"让我心酸,几个顽皮的孩子嘲笑他写得不好,推荐时读书声音又小,前天没能顺利进行下去,雨乐回家又练习一晚,昨天我又让他站上讲台,静静地读完,掌声鼓励,他的笑容才重新挂在脸上。小雨乐,一个太纯朴的孩子,纯朴得让我心疼。

"双菲今天会推荐什么文章?讲台上的她表现会如何?"我思忖着。

"同学们,大家上午好,我今天推荐的文章题目是'影响一生的饼干'……"

"老师,后面听不见!"大块头金旻就是音高测试器,在最后一排的位置上把控着发言者的声音大小。

"双菲,来,声音稍微响亮一点,像老师这样:舒——双——菲——

我鼓励中夹着音量的提示。

"安妮·莎莉文,由于从小缺少家人的关爱……"双菲清亮的声音在教室里回荡着,此刻的教室里只有她一个人的声音,娓娓道来,语言是那样的流畅,同学们被深深吸引了,静静地聆听着,感受着。

"成年后的安妮·莎莉文,又回到了波士顿精神病院,她想为病院做点什么……莎莉文耐心地照顾着海伦,当海伦摸到水的时候,她在海伦的手上写下了'水'字……"莎莉文的爱浸润着海伦,也感染着教室里的每一个人,包括我。

"谢谢大家!"双菲话音刚落,教室里顿时响起热烈的掌声,我也使劲地拍着巴掌,心里有说不出的感动,为双菲突破自我而感动,为班级孩子们对双菲的肯定而感动,为文章中真挚而热烈的师徒情而感动……

"孩子们,我要奖励给双菲一张学习卡,你们同意吗?"

"同意!"

"那你们知道,郑老师为什么要奖励给双菲同学一张学习卡呢?"我微笑着问。

"因为舒双菲同学的文章长。"金诚调皮地说。

"文章长的背后,我们能感受到什么呢?"

"文章长,舒双菲抄写起来很花时间,说明她是很用心准备的。"雨辰这样说。

"舒双菲同学读得很好。"

"对,很流畅。"同学们附和着。

"孩子们,这流畅的背后,其实我们也能感受到——"我接着发问。

"说明双菲在家里练习了很多遍,不然不会读得那么流畅。"辰琳说。

"是的,我仿佛看到双菲在家里对着镜子一遍又一遍地练习着。孩子们,没有人能随随便便成功,每一个成功的背后都有着无数的汗水。"我又不自觉地慷慨激昂起来。

"老师也特别感动,因为我们知道海伦,知道《假如给我三天光明》,但是我们没有探究过海伦的老师莎莉文的人生故事,今天双菲给我们上了一课,她选取的文章和我们熟知的海伦有关,但是又很有新鲜感,因为这是我们熟悉印象中的陌生,这样的熟悉和陌生能抓住我们听众的心,让我们心随文动,所以同学们以后在选取推荐文章时注意这一点噢。让我们再次把掌声送给双菲同学。"

　　"美文推荐"，我的语文课前"热身操"一做就是近十年，看着书柜中那厚厚一叠孩子们的"手工作品"，想着孩子们从初上讲台时的拘谨到最后的挥洒自如，想着孩子们背后那一份用心和勤奋，我觉得每节课的五分钟，值。一个语文天地里的微客就应该在方寸的教室里，在宝贵的几分钟中搭建一方展示的舞台——文，可感知美文佳篇；书，亦习得认真细致；读，能练出自信大方。

　　春启芳菲艳丽人间，春风十里不如有你，孩子，阳光和自信已然入心，向着卓越奔跑吧！

当你用手指指着对方的时候

今天上课,一名学生突然站起来指着邻近的同学说:"老师,他刚才趁您板书的时候和×××同学讲话……"看着她指着的那个姿势,看着她喋喋不休的样子,一句沉埋在我脑海深处的话语立马闪了出来:"当你用手指指着对方的时候,千万别忘了,还有三个手指指着自己。"不是吗?当你在指责别人不是的时候,可又曾想过自己的缺点和不足呢?自己就一定做得完美无缺吗?

回首自己十几年的教学历程,我发现举手检举同学犯错误的有很多,难得有一个举手报告说某某同学做得好的,或者做好事不留名的,难道那么多的学生里就没有一个做得好,值得别人佩服、学习的?我想肯定不是吧,这可能与深植于孩子内心的狭隘的思想和观念有关。这样的孩子不知道也不管自己的好与坏,总是把眼睛盯着别人,用挑剔的目光去审视别人,可是到要求自己的时候却总是在不断地降低标准,甚至于没有标准。有些孩子特喜欢打小报告,自己课堂上讲话、做小动作,听不见、看不到,但是别的同学,有的甚至是离得很远的同学,犯了一些小错误他都能看得见、管得着,真是"火眼金睛""顺风耳"啊!有少数学生的注意力往往不在课堂、不在自己而在找寻其他同学的缺点,他们总是在抱怨别人的不是,指责别人的缺点,其实这样的结果往往是吃力不讨好,同学被批评,自己也不会被表扬。

其实,无论是检举的学生还是被检举的学生,包括迁怒于孩子,呵斥、批评孩子的老师,都是平凡的人。但是,只要是人,就难免会犯错,"人非圣贤,孰能无过?"在这个时候,我们最需要的是谅解,是包容。过分的指责与批评,会让孩子感到无地自容,会伤害孩子宝贵的自尊心,伤害他们的自重感,甚至还会激怒他们犯下更大的错。尽量去理解孩子,不要轻易责骂孩子,尽量设身处地去想——他们为什么要这样做,这比起批评责怪要有益、有趣得多,而且还能让人心生同情、忍耐和仁慈。如果在他们犯错的时候，我们能够给予包容与理解，孩子们会感到温馨，自尊心会悄悄地管住他们那一颗驿动的心，不容许他们再去犯错。

当然，包容并不是迁就。包容别人的过错，是为了让别人更好地改过，而不是对他的放纵。包容他人不等于放任其自流，那是不负责任。一味地迁就，是溺爱，也是害人之举。

学生也好，老师也罢，换个角度，就能多看到别人的优点，多给予诚挚的赞赏。"爱人者，人恒爱之"，多一些关爱，多一些谅解，多一些包容吧，对你身边的朋友、亲人，对身边所有的人。在他们犯错误的时候，请多给予他们一些包容和谅解，世界将会因为有宽容在而和谐美好、温馨和平。

别再用手指着别人，用宽容的心去欣赏每一个人的优点，你会发现世界很美，阳光很灿烂，你的心也会很明媚，你的天空也会变得很蓝。

（此文发表于2011年10月《黑龙江教育》）

"谎言"随风去,爱入心田来

"这支钢笔是你的吗?"我冷冷地问小禹。

"是的哇,老师,您看我这个钢笔尖摔过一次,有点弯,不信您看!"小禹边说边拔下笔套,把钢笔伸到我的面前。我轻瞄一眼,还真如他所说的:有摔过的痕迹,笔尖有点歪。

"郑老师,这真的是我的钢笔,是我妈妈在超市给我买的,如果您不相信的话就打电话问问我妈妈,我真的不骗您。"看着他一脸的诚挚,我有点惶惑了:难道真是同学们弄错了?大课间休息的时候几个孩子在我办公室门口探头探脑的,后来娴大胆报告进来,告诉我说小禹拿了别人的钢笔。小禹,一个帅气聪明的小男孩,顽皮好动,一直是班上的"小啰唆",在他身上发生过许多小错误、小纰漏,我的班主任工作有绝大部分是在"为他服务"。一听说又是他,而且还是拿别人的东西,我的火气就不打一处来。

"我会调查清楚的,你最好老实点,别给我撒谎,先进教室去!"

"谢谢老师信任,再见郑老师。"小禹满脸微笑,转身一溜烟跑了。

镇定自若,大气从容,淡定之极!这是和小禹对话后他给我的直观感受。看着他对答如流,满脸真诚,我的内心倒是一团迷糊了:他是在说谎吗?难道同学们冤枉了他?小禹没有慌乱,我反而没了底气,为自己刚才冷漠的态度,假如小禹说的是真话呢?那我岂不是……

给小禹的妈妈发去短信,不一会儿电话来了,她妈妈也很诧异和气愤,因为以前从没发生过类似的事情,更重要的是小禹在撒谎,她压根就没有给小禹买过这种钢笔。事实已经一清二楚,小禹在撒谎,在"信誓旦旦"地撒谎,满口胡话,而且居然还如此淡定,欺骗老师,愚弄父母,真是太过分了。放下电话,我的火气又往上直蹿。我火匆匆地奔向教室,"好你个家伙,竟然敢欺骗老师,看我怎么处置你!"

"爸爸,我要喝水,体育课上得热死了!"迎面撞上从操场跑来的儿子,他硬拉着我的手把我从半路拽回了办公室。儿子把一杯凉开水一饮而尽,长吁一口气,红通通的小脸,流着汗,散着热气。"小泥猴,快去洗洗!"我用手轻轻点了一下他的大头,儿子一溜烟地跑了。我等着给他擦汗,结果等到上课铃响也没见他的踪影,"这小子,跑了也不和老爸招呼一声。"我摇摇头,叹口气,幡然有所悟:小禹不是和我那顽皮的儿子一样吗?小孩子谁又能不犯错呢?如果我火冒三丈地狠批他一顿,他是不是就能改正错误?我估计也是收效甚微,我自己乱发一通脾气,也不过发泄了自己心中的火气而已。

静心沉思,"撒谎、拿别人东西"真是个棘手的教育难题,但也许是感化教育小禹的最佳契机,困难与机遇总是并存的。是指责还是包容牵引、润泽感化?真的需要思量再三。

再一次拨通了小禹妈妈的电话,这个高级知识分子也是焦急烦躁。在耐心沟通后,我们达成了教育的共识:家校携手营造感化教育小禹的氛围,让孩子在心平气和、自觉自悟中发现和改正自己的问题,切忌粗暴和简单化。

我和丢笔的班长逸凡进行了沟通,让他帮助老师一起来教育感化小禹,就说自己的笔忘在家里了。我又找来向我举报情况的几个孩子,向他们澄清:小禹没有拿别人的钢笔,是逸凡把钢笔忘在家里了,事情就此结束。孩子们点头答应了。

孩子们热议的话题就此打住了,对小禹的另类眼神也消失得无影踪,他们还是像以前一样打成一片,玩得一团火热。生活依旧。

我没找小禹谈话,我努力让自己在思想上淡化这件事,只是在课上遇到典故的时候会借题发挥,旁敲侧击一下,如"君子爱财取之有道"之类。特别是在教学《你必须把这条鱼放掉!》时,我总结道:文章让我们明白了一个道理,不管有没有人看到,我们都应该自觉遵守规定。我旁征博引,侃侃而谈,眼角余光扫向小禹,他那恍惚的眼神告诉我,他在想事情,什么事情?不得而知。

小禹的妈妈也一刻没曾松懈,巧点妙引,费尽心思,学习上的鼓励,讲故事说典故(列宁的故事等),变着花样去熏陶他。

事情的转机来了,教室里又失窃了!

小禹急匆匆地跑来,气喘吁吁,不尽委屈地对我哭诉:"老师,他们诬赖我，说我又拿别人的东西，呜呜……"

"老师，这次我真的没拿，倒是，倒是……"小禹吞吞吐吐，欲言又止。

听到这样的表白，我内心一阵窃喜——这么多的努力没有白费，"说吧，老师相信你，支持你！"

"老师，我向您撒谎了，上次我拿了逸凡的钢笔，老师，我错了，呜呜……"小禹痛哭流涕，表示悔不当初。

"好孩子，老师都知道了，你的妈妈也知道的，我们就在等着这一刻的到来，你战胜了自己的心魔，你依然是一个优秀的孩子！老师为你感到高兴！"我拍着小禹的肩膀安慰着他。

"小禹，你知道吗？老师、妈妈、同学们都知道你在撒谎，但是我们都没有责怪你，我们在用自己的爱心和包容帮助你、呵护你！班级是一个相亲相爱的大家庭，一个都不能少！"晨会课上，我表扬了小禹，表扬他的坦诚，为他正名，也表扬了我们这个相亲相爱的团队。其实这次并没有丢失东西，这是我们的"善意谎言"，是我们爱的教育的一部分。

冲动是魔鬼，面对孩子的谎言，我们不能匆忙下定论，要给自己一个思考的空间！面对孩子的谎言，我们更需要的是包容，冷静理智地去洞悉孩子心灵深处谎言的源头，给他一个思悔醒悟的机会。粗暴简单的批评，武断的指责，得到的也许是暂时的臣服和悔改，但肯定不能触及他的灵魂深处，不能促动他的转变。儿子给了我工作的灵感和启发，因为我们心中有爱，"老吾老以及人之老，幼吾幼以及人之幼"，教育的真谛便是如此。

善念与谎言也许只有一念之差，"人非圣贤，孰能无过？"更何况是几岁的娃娃呢？包容与爱是摒弃谎言与芜杂的良药。包容与爱可以抵达孩子的灵魂深处感染默化，情动于声，声践于行，"谎言"会被"真爱"消融，继而随风而去，不留半点尘埃，一种永恒和感动，悄然走进心田，那是发自心底的"爱"，爱自己，更爱别人！

（此文发表于 2011 年 6 月《苏州德育》）

"乱世"必用"重典"

——说说扭转"后进班"的小策略

去年 9 月份,我接手了一个在学校里被公认为"后进"的班级。在前面的五年里,这个班换了四位班主任,年轻的女班主任被气哭了好几次,生病请假好长一段时间。这个班真是个"烫手的山芋",谁拿就烫谁啊。我想当他们是一张白纸,可是白纸并不让我省心,"白纸"也让我"眼花缭乱"。

无法停止的风扇

天气有点热,教室里的电风扇是祛暑的最佳选择,但是教室年久失修,吊扇有点摇摆不定、晃晃悠悠的感觉,为了安全起见,我硬生生地规定:天不热不开,实在要开尽量风速开低一点。昨天的早自习,凉风习习,不少同学都加了件外套,但是吊扇却在以最大的风速急速地旋转着,我三步并着两步,赶忙关掉电扇。"天也不热,同学们不要把风速开这么大,很危险的啊!"我语重心长地说着。

可是等我去办公室回来后发现,电风扇又在"呼啦啦"地狂转着,顿时,我心中的怒气直往上蹿,但我还是先关掉电扇,强忍怒火,问前边靠近电扇的同学,是谁开的电扇,可这位同学竟然说他正在写作业,没注意。我又问了几位同学,回答都是没注意,真是奇了怪了。"好了,安心自习吧,风扇不允许再开了!"我淡淡地说道。

然而,挑战不断升级,等我从办公室搬本子回来的时候,那着了魔似的风扇又在疯狂地旋转着,像是在向我叫嚣:"我就转,看你能怎样?"

我的忍耐到了极限,这不是在向老师公然挑衅吗?

我向着全班大声怒吼道:"是谁开的?给我站起来!"

教室里死一般的静寂!

"我再问一次，是谁？给我站起来！"

同学们开始东张西望，左顾右盼，可就是没有人站起来。

我知道再这样一味地怒吼下去也不会有人站起来，只会让自己下不了台，让自己难堪，也许这正是他们想看到的结果，一刹那间，我让自己冷静下来，我开始调整自己的情绪和思维：因为我的情绪失控和暴怒，这时即使孩子想承认自己的错误也畏缩不敢了啊，老师在这样的火头上，如果学生站出来承认"必死无疑"啊！会不会还有其他不为人知的隐情呢？

"好了，老师不希望同学的安全受到威胁，天气也凉，看看好多同学都穿了外套，不要受凉啊，风扇就不要再开了。我希望那个开的同学能私下里和老师交流。"

其实我也知道，这个学生不会来，来了还怎么给你一个下马威呢？于是我开始悄悄地找同学谈话，在和几个同学推心置腹地交谈后，我了解了实情：原来是一个叫"华"的小男孩开的。我叫来"华"这个孩子，想问个究竟。可是孩子一站到我的面前眼泪就直往下掉，不停地抽泣着。我想：这是认识到自己的错误后流下的悔恨的泪水吧？能认识到错误就好办啊。

"老师，我不想开——电扇——是——"

"怎么了？来，和老师把情况说清楚。"

"是××命令我开的，我不开，她——她就会整治我——呜呜——"

"其实，班上许多同学都被她欺负过，但是都不敢告诉您——"

我呆住了，原本以为简单的班级里竟然还有这样的隐情，真让我不敢想象。××是一个女孩子，整天像个"假小子"似的到处乱窜，原来她才是幕后主谋。

看着眼前这个一把鼻涕一把泪的男孩，我的心很疼，"华"是从安徽农村转过来的孩子，人很老实，这样一个老实的孩子受欺负、受歧视，真的是我这个班主任的罪过，孩子的父母要是知道这样的情况，心里该多难受啊。

"老师，是我叫他开的电扇。"××知道自己藏不住了，主动来了。

"为什么要开？为什么不自己开？"我一连串地发问。

"教室里的气味不好，我想换换空气的，不是怕您批评嘛，所以就请他开一下嘛。"××说得轻轻松松，一副无所谓的样子。

"××，假如你是郑老师的话，你会怎么处理这件事呢？换位思考，谈谈你的看法。"

"我是老师，我就什么也不说，不批评，不处理，给她一次机会，让她自己改正。"

"好，就照你的建议去办，给你一次机会，你自己改正，保证以后不再犯类似的错误。能不能做到？"

"能！"

我让××回到了教室，没有批评，没有点名，看着49双眼睛，我说了一番掏心窝的话："孩子们，老师也有孩子，如果我的孩子在学校里被同学欺负，我作为爸爸心里会很难过，每个孩子都是父母的心头肉啊！当你要去欺负别人的时候，就想想为你操心的父母、为你烦神的老师吧，假如有比你更强的人欺负你，你会有什么样的感受呢？同学们，我们是一个集体，我们就是兄弟姐妹，我们理应互帮互助，团结友爱。孩子们，同学的情谊是人生中珍贵而又难得的友谊，这份友谊是那样的纯洁和善良。同学们，给自己留一份美好的回忆，让这份友情常驻心头吧。"

后来我又与××的家长私下取得了联系，原来××来自一个特殊的家庭，她是父母领养的孩子，脾气比较犟，家长有时也比较头疼。我和家长达成了共识：这个孩子需要更多全方位、多角度的关爱和鼓励，我们家校联手，双管齐下，全力去转变她。经过我和家长的共同关心、鼓励，××真的大有改变，上课专心了，学习进步了，人也变得自信、乐观、开朗了，最重要的是她还懂得了关心他人、关心集体。

后来××生日，她的爸爸打了几次电话邀请我去参加她的生日宴会，说孩子强烈要求请我去。虽然我婉言谢绝了，但是我很欣慰，孩子有这份心就足够了，有生如此，实乃师之幸事啊。

"人非圣贤，孰能无过？"更何况是小学生呢？学生做错了事，既不能无原则地迁就，也不宜不假思索地发火，而要以平等的身份与学生进行心与心的交流，用一颗宽容的心去谅解他们，用一颗真诚的心去感化他们。家校携手，齐抓共管，在潜移默化中让孩子感受到父母和老师的关爱，感受到学习进步的快乐，如此，转变就会翩然而至。

这是一个成功的范例，××的进步，全班同学看在眼里，记在心里，个别调皮的开始收敛，个别想调皮的开始转变，老师的管理顺手多了。

海选班级干部策略

"火车跑得快,全靠车头带。"一个班级要想进步,要想突飞猛进,不仅需要好老师,更需要一批得力助手,一批好的班级干部。后进班的干部不好当,也没人想当,怎么办?"学生干部学生选,选好干部为学生",直接采取无记名海选方式吧,看看谁的呼声最高,在学生当中最有威望,这样选出来的学生便于开展工作。

经过现场投票、唱票,最终雯、慧等几名学生脱颖而出,令我欣慰的是这几名学生还算是品学兼优,在班级里也是"老干部"了,工作经验和能力没问题,是前几任班主任的得力助手。由此可见,孩子们还是有一定的是非观、集体观的,他们也真的是为了班级好啊。

"新官"上任,每个同学都进行了就职演说,语言虽幼稚,目标却很明确:为了共同的六(1)班,为了所有同学的共同进步。孩子们说完后,我郑重地补充了一点:"这些班级小干部,是在座的各位选出来的,因为你们信任他们,相信他们有这个能力协助老师管理好班级,所以投出了神圣的一票。孩子们,我们不仅是选出他们,更重要的是要全身心地支持他们,配合他们,为班级的进步共同努力。孩子们,加油!六(1)班,加油!"

后来,这些小干部在工作中也遇到了一些小问题,如遇到挫折想放弃,同学不服从管理,同学不支持工作等。我只做两件事:一,鼓励"小干部"——你们是同学选出来的精英,同学们信任你能做好,不要遇到一些小挫折就轻言放弃;二,点拨"好事者"——你们自己投票选出的干部,你们要无条件地支持,如果不支持、不配合,那还选他们干吗?配合、执行就是你们的责任。

我不再抛头露面、声嘶力竭,而是稳坐中军帐,遇事出出谋、划划策,不仅自己轻松,而且班级也在进步,一切稳中有升:教室干净了,自习安静了,学习有拼劲了!

玩，也是一种凝聚力

玩是孩子的天性，没一个孩子不喜欢玩，不论是活泼外向的还是含蓄腼腆的，都喜欢玩。有的时候玩好了，班级的凝聚力也就来了。听孩子们说，以前的班主任不怎么让他们玩，因为怕他们的心玩散掉了，学习、表现都落后。这个班级的男生特别多，于是我和他们一起踢足球，女生做球迷，加油呐喊助威。由于他们原来很少玩，所以现在玩得特别开心、特别投入。他们都不会踢足球，更不懂得配合。渐渐地，踢的次数多了，孩子们的技术进步了，更重要的是团队精神增强了，还培养出了一股韧性。女孩子们也从加油声中体味到了团队的快乐。孩子们玩得尽兴，学得开心了，老师的话语也言听计从了，班级里从未有过的"凝聚力"来了。为了"冬季三项"比赛，他们自发地刻苦训练，孩子们拼搏着，团结着，奋斗着，我的心也被感动着。孩子们，老师以你们为荣，无论比赛的结果如何，你们都是最棒的，因为你们充满着无限的凝聚力，是一个真正的团队。

从玩开始，但是班级的凝聚力却在玩中出来了；玩在继续，但是团队精神却在玩中展现了；玩还在继续，但是学习和表现却在玩中优秀了——恰到好处的玩，有何不可呢？

感动在继续，奇迹在创造！

谁说"差班"难带？差班孩子原本并不差，他们有思想、有活力、重感情，本性善良，这些都是闪光点。只要我们倾注一腔爱心，因势利导，因材施教，"差班"创造奇迹不是梦！

（此文发表于 2011 年《苏州教育》）

有一种爱叫放手!

一

孩子,老师为你而欣慰!

今天,从未有过的释然,终于有孩子忸怩着走上讲台给他的"学生"(自己的同学)上一节课了。接手这届三年级的孩子已经一学期多了,孩子们一直很闷,上课时的精神状态总有点萎靡不振。

我从课文的朗读开始改变他们。刚开始他们的朗读速度奇快,我稍加指导,结果又慢得要命,真让我这个自诩的"朗读高手"有点茫然不知所措。别急,慢慢来,教育是慢的艺术,我暗暗地告诫自己。我引导他们从一字一句开始练习,从每一个标点符号的停顿开始,从每一句话的轻重缓急练起,慢慢地,一步一步地,随时加以引导和鼓励,孩子们在慢慢地成长,朗读水平也在慢慢地提高,但是总感觉少了点什么,我琢磨、观察、寻找、发现着——

我发现,原来影响他们的不是声音而是自信!胆小的孩子回答问题的声音总是颤颤的,弱弱的,底气不足,明明是正确的答案,说起来也是颤巍巍、怯懦懦的。于是我开始在每一节课里添加"自信催化剂",自信的培养从每一节语文课的"起立声"开始。我借鉴杜郎口中学的激励口号"我参与我快乐,我展示我精彩,我自信我成功",再加上自己独创的"每天对着镜子大声读书十分钟!"

我尝试让孩子们走上讲台做一回小老师,从课前的准备、布置,到上课时的动员,苦口婆心的诱导,可是课堂始终如一潭死水,学生启而不发。当第一个孩子举起他稚嫩而又略显迟疑摇晃的小手时,我满怀欣喜:孩子,老师为你高兴,这一次的举手非同寻常,该需要多大的勇气啊。孩子,你的语言虽还稚嫩,却振奋人心;你的内心虽有点紧张,却意义深远。孩子，老师为你骄傲，为你自豪。你跨出的是一小步，但是在你的人生历程中却是意义深远的一大步。从今天起你将变得自信，变得积极，变得开朗，丰富精彩的人生已经点燃圣火。

我的课堂，你做主——孩子，我可爱的弟子们。说是"我的课堂"，其实更准确地说是"孩子们的课堂"才对，因为：有你们才有课堂，你们才是课堂的主角；有你们才有生机，你们才是高效课堂的催化剂；有你们才有前进的动力，你们才是课堂真正的灵魂。教师缘何而教，学生因何而学？因为学生身心发展的需要，因为学生知识储备和价值情感的需要，中心词——一切为了学生，为了学生一切！学生为学而学，学习的终极目标是什么？是为了运用！运用的不仅仅是知识，更高价值的是"运用学习的方法"，即"学会自主学习的能力"。教是为了不教，学生不是小鸭子，需要我们掰嘴喂食，拼命地往里面填，一直填到嗓子眼，满得连弯动一下脖子都成为一种奢望。如果真的如此，那就不是教育，而是摧残、折磨和虐待，是给天真的童年戴上枷锁，锁上镣铐，还要假装牵着他们的小手一起舞蹈。放手，尝试，信任，这些喊了多年的关键词真的需要走进我们的课堂，走进我们教师的灵魂深处。让孩子们跳一跳，摘下苹果，体验成功的快乐；让孩子们试一试，参与探求，感受尝试的魅力；让孩子们学一学，做回老师，锻炼胆量与自信。今天我们师者这样做了，明天我们会为此而轻松，为此而幸福，因为有一种爱叫放手，因为我们的孩子已然成长，有了胆量、勇气和自信，有了成功！

（1）班的路不一般，因为路漫道远，他们还要把体练得更健，把字写得更美，把书读得更好，把话讲得更妙，把人做得更淳！

因为爱而牵手，领着他们徜徉书海，轻叩知识的殿门；也因为爱而放手，让他们变得成熟稳健，变得更优秀出色！

二

放手是一种爱，然而我们在意识里，在管理中，并未真正转变和落实。记得某次会议上，一领导大肆表扬某班主任，说："人家的班级，你们看看，那个干净啊，整洁啊，我几次经过的时候都看到那位班主任在教室里忙碌劳动的身影——扫地、拖地、擦窗子……"

听完这话我们满脸愕然，无言以对，你这是在表扬一位、批评一群吗？你是在表扬先进，激励众人，还是在推广先进的工作方法呢？

这位班主任的辛苦和勤奋是值得肯定的，但他的方法一定就是值得推广的好方法吗？这位班主任是不是三百六十五天天天如此辛苦，是不是打算默默地一直扫地拖地到六年级呢？那他培养出的学生又会是怎样的人？这不是敬业，这是教育理念的缺陷！全盘包办代替给学生传递着怎样的思想？那就是，懒惰，依赖！长而久之，必定是劳动技能的缺失，良好卫生习惯的缺失。

教师不是单纯的"教书匠"，我们在做的是教育，不仅要"教书"，还要"育人"。教育有两个美丽的名字："影响"和"激励"，不仅仅是学习知识方面的影响和激励，更包括对学生道德品质、行为习惯、人格魅力的影响和激励。这不是小题大做，一屋不扫，何以扫天下？现在的学生当中已经有了许多"饭来张口，衣来伸手"的小懒虫，做不得半点家务，吃不了半点苦头，教室里的卫生值日不是老师包办就是家长代替，懒惰之风充斥小学校园。我们的家长宠孩子，我们的老师坚决不能再溺爱他们，看似微不足道的值日扫地，其实对孩子的影响极其深远！"劳动创造人本身"，没有劳动何来今天的聪明人类？何来今天的文明社会？今天学生不扫，老师扫，明天学生不扫，家长扫，最终只能培养出"学习的智能儿，劳动的低能儿"。更让人心惊胆战的是，懒惰这一恶习一旦养成，将如恶魔般如影随形，伴随孩子的一生。

扫地劳动虽然很简单，但它是生活必不可少的一部分，它与学习同等重要。我们要引导孩子，鼓励孩子，教给他们做值日的方法，可以手把手地教，但是绝不能越俎代庖，而应该立足未来，放眼长远，相信他们，培养他们，把爱放手，让他们扫出一片属于自己的天地，扫出自己的精彩人生！

（此文发表于 2012 年 12 月《德育报》）

剥小毛豆，启儿心智

毛豆米、青椒炒肉丝，好吃；毛豆米炒韭菜，下饭；毛豆米烧鸡公，真香……

毛豆米好吃，壳难剥，剥毛豆，挺耗神。两斤毛豆荚剥下来，抠得指甲都疼了、绿了。这活难干，假如有个小助手，嘿嘿，也许就能轻松许多。

"儿子，来帮老爸剥毛豆。"

"我的故事还没写完呢！"

"儿子，来帮老爸剥毛豆。"

"我的练琴时间到了，嘿嘿！"

这小子，平时不是挺爱帮助爸妈做点小事的嘛，这次咋就左躲右闪，理由多多呢？

"别叫了，他不肯剥的，上次来剥了两个，剥不动，你就算了吧。"妻子嘀咕着。

还有这等事？今天这个毛豆米，你小子是剥定了，看我怎么"忽悠"你。

悠扬的琴声戛然而止，练琴完毕。

"儿子，来帮老爸剥毛豆。"我第三次呼叫。

磨磨蹭蹭，叽里咕噜，儿子挪着脚步进了厨房，那副不情愿的样子，让我火气直蹿，可是我转念一想：呵斥，教训，恐吓能起什么效果？冷静，冷静，再冷静，此时我们需要"解决问题的策略"。

一堆豆，一个盆，一只垃圾桶，我们边剥边聊。

"毛豆，为什么叫毛豆啊？"

"我去查资料，待会儿告诉你。"

这小子反应快，又想开溜。

"不用查，猜猜看！"

"老爸，你看，头荚上面有细毛，所以叫毛豆了啊！"这小子观察一番后叫道。

"嗯，观其形，再想其意，最后下结论，这样的思考方式老爸要表扬你。"我内心一阵狂喜，"不草率下结论，想着说，不抢着说，这就是进步。"

"毛豆其实就是新鲜连荚的黄豆。"我稍加补充，让"毛豆"的概念更清晰。

"老爸，我真的抠不动啊，指甲疼。"儿子皱着眉毛，龇着牙，感觉好疼、好委屈的样子。

"你的方法不对路的啦！呶，看老爸的，左手捏豆荚，毛豆的脊梁向上，找到豆荚的头部，用你的右手大拇指甲稍微用力一剥，豆荚张开嘴，右手大拇指肚顺势一抹，毛豆米就抓在你的右手中啦。简单吧？你试试！"我边描述边做示范。

一个，又一个，三个……小盆中的毛豆米渐渐多了起来。

"你看，掌握了方法，就轻松许多了吧？凡事都有方法和窍门，蛮干只能耗时费力没效果。"

看着一堆的豆荚，儿子又发怵了，动作变得迟缓，眉毛由舒展变得微皱。

"盆里的豆米归你了，老爸我再拿个盆，我们比赛看谁剥的豆米多！谁赢谁就是剥豆达人！小家伙，敢接受挑战吗？"我的"激将话"刚一出，那边左手就抓了一大把的豆荚，如火如荼的"剥豆达人"挑战赛开始了！

有速度就有失误，有豆米漏进垃圾桶的，也有豆荚掉进豆米盆的……

"革命胜利，总会有牺牲嘛！"我自己打趣着，凡事不能苛求完美，能让十岁的小伙一股牛劲地剥毛豆，就是一种成功，也许会有一些小浪费，但是与剥豆的士气和意志比起来，些许浪费还是可以接受的，正如学习有兴趣、有劲头，还需要每次都是完美的一百分或者是第一名吗？

看着看着，袋子中的豆荚就快见底了，瞄着瞄着，我的毛豆米就快赶超儿子了，淡定淡定，老爸需要策略：这是一场"争豆多少""剥豆达人"的比赛啊，打平或者我输，也许小家伙以后的剥豆士气会更足。我手指翻转的速度渐渐慢了下来，我要给儿子超越的机会，让他体验坚持和努力后的成功喜悦。人就是在一个接一个的小成功激励下,才会坚持得更久,走得更远,集腋成裘,聚沙成塔,终成大器。

"耶,老爸,你的比我的少一些噢!耶!剥豆大赛,我赢了!"儿子眯眼瞄了瞄豆米盆后欢呼雀跃起来。

看着两盆毛豆米,我的心里乐开了花:"儿子,今天的毛豆米做菜,你吃起来肯定特别香!"

"为什么?"

"用自己勤劳的双手换来的劳动果实,吃着最香、最有味,因为里面有自己的付出和汗水,还有快乐的小插曲。毛豆荚那么多,但是有你和老爸的合作,我们花了不多的时间就搞定了。还是古人说得对啊:人心齐,泰山移。众人划桨开大船,众人拾柴火焰高……"我喋喋不休地道。

"老爸,我知道啦,合作,合作就能战胜困难,合作就能快速剥完毛豆。放心吧,老爸,下次剥毛豆您就叫我一起剥,咱俩黄金搭档,再来一场'剥豆达人'比赛!"

"好,拉钩!"

父子俩,勾肩搭背,笑成一团!

我的喜现于形色,因为剥豆有人助力;我的笑由心而发,因为儿子心门开启。

"剥豆"和"教育"其实八竿子都打不着,但是今天傍晚我的"剥豆"和"教育"好像扯上了,有那么些丝丝相扣。毛豆要剥,怎么剥是学问,在剥豆与不剥豆之间,剥豆的策略其实就是教育的理念和方法,开心快乐是一种方式,被逼无奈也是一种方式,结合孩子的特点找到一种让他愿意而且长久坚持的"剥豆动力",这也许就是教育的高境界吧。

(此文发表于2015年6月《苏州德育》)

第一课，那一刻，思几许！

一年级的宝宝上学啦！看，这位可爱的宝宝背着张开嘴的书包，包里那棵碧绿青翠的大葱格外引人注目，哈哈，校门口的小网红就此诞生了，萌娃子，"葱"寓"聪"，童蒙养正，学海启航。开学第一刻，学校、老师、家长智慧尽显。

作为语文老师，我的第一课也得有点新意哇。两个多月没见面，孩子们是胖了，瘦了，长高了？还是黑了，白了，进步了？我和孩子们的第一课该如何开始，才能像炕饼一样，火候适中，外焦内嫩，口感怡人呢？

初秋的晨光，亮丽但不火热，星星点点洒落在宽敞的走廊里，时光静美，教室里也是静得出奇。咦？那几个小神龙呢？喜欢探出头来看看老师来没来的家伙呢？他们不探头，不张望，我都不习惯了。我拐进教室，孩子们一个个正襟危坐，难道被班主任老师"收拾"过了？我一阵纳闷。

"上课——起立——同学们好！""老师您好！"声音整齐划一，洪亮如钟。升了一个年级，果真不一样哈，我一阵窃喜，眉头的喜悦估计也难掩饰了。环视教室一圈，咱们的小邵同学也是坐得笔直，"好，郑老师本学期第一张文明卡，奖给咱们的小邵同学！"我的热情被孩子们懂事的表现点燃了。

"孩子们，两个多月没见，老师可想你们啦！"我喜形于色，略带夸张地言说着。

"郑老师，我也很想您！真的！"

"老师，我也很想您的！"孩子们七嘴八舌地重复着相同的话语。

"来，想郑老师的孩子请高高地举起你的小手！"一眼望去，还有几个孩子没有举手，但是他们正面带微笑地看着我，我知道他们腼腆的笑容里有着一份害羞。

"这么多的孩子都想郑老师啊，老师的心里比吃了蜜还甜。"开学第一课的那一刻我是幸福的，满足的，孩子们的心里牵记着老师，我用自己的情点燃了他们的情。感人心者,莫先乎情,情感的亲密永远是弥足珍贵的,师生间心与心的距离决定着学习的热度、深度、持续度。莫说孩子小,童心最淳朴。"爱人者,人恒爱之"的道理孩子们不一定明白,但是他们能感受到爱的温度,会用自己积极的行动呼应老师对他们的爱,教育就在情感的激励中,在点点滴滴的影响中。

我的第一课是语文课,彼此的真情告白已经让教室里的氛围变得无限轻松,语文课的铺垫已经就绪,话锋轻转,语文第一课轻启篇章。

"两个多月的暑假,同学们一定收获多多,快乐满满,来,孩子们,五分钟思考,30 秒的讲述,开始。"教室里热烈的气氛瞬间冷却,静能生慧,我能感受到每一部小机器都在高速运转着,回想、筛选、整合、组织语言……或眉头紧蹙,或面若桃花,或浮想联翩,或跃跃欲试。

"嗯,我的暑假是快乐的,就是我每天先写作业,然后做妈妈布置的作业,然后下午去打羽毛球,然后回来吃完饭,然后晚上去轮滑。"

"如果你把说话中的'嗯''就是''然后'这些多余的口头语去掉就更好了。"言语的表达需要准确、洗练,在学生出现赘语的时候教师加以纠正强调,在他们的语言表达发展期重锤夯实。

"我的暑假很充实,上午写作业,下午跆拳道,晚上练游泳。"

"我的暑假很无趣,上午补习班,下午带弟弟,晚上练跑步。"

有进步了,当第这个孩子开启了此版的述说模式后,孩子们总会在无意中模仿他,结构上模仿"总分",内容和表达上也会无限接近。

"孩子们,语言表达需要创新,如果千篇一律,拾人牙慧,就是别人说过了,你还来说,听起来就会让人厌倦,后面的同学要有新意噢。"我适时加以强调。

"我 7 月开启疯狂作业模式,搞定作业。7 月开启疯狂游戏模式,和爸妈一起去旅游,看看电影,打打手机。我的暑假很爽!"

"打手机?左边一下,右边一下,手机屏幕有没有被你打坏啊?"我佯装一脸茫然。

"哈哈哈……"孩子们笑弯了腰,教室里又是开心一片,"打手机,打手机……"

"下次手机不听话,就打打手机的小屁屁,打完就让它好好反省,面壁思过,不要时刻捧着它,哄着它。"我顺势而引,让孩子少用手机,少玩游戏，旁敲侧击，在笑一笑中点到为止。

孩子们述说着自己的暑假生活，表达的结构变化着，语言也变得丰富起来，虽然有的孩子说起来磕磕绊绊的，但是在紧张的时间节奏中，在轻松的述说氛围里，基本上都能说出个大概，讲明白自己的感受。四十几个同学，有的兴奋，有的郁闷，兴奋的是和父母在一起，可以出去旅游度假，郁闷的是培训班排得太满，额外的作业太多，没有了属于自己的时间。

开学第一课，从情感激发开始，在言语训练中生发，从语文的角度讲，孩子们静默思考，有条理地、规范地述说，创造性地表达，语言文字的训练目的就达到了，但是我的心头有点沉重：孩子们的这个暑假过得不轻松。教育承载着太多的内容，童年承受着太大的压力，烈日下奔走的不再是骆驼祥子，而是那些参加各种补习班的孩子。让教育的脚步慢下来，让孩子的学习和生活节奏缓下来，让生命的成长多一些书香的氤氲，多一些远足的行走，多一些阳光下的嬉戏，多几串银铃般的笑声。

冬日暖阳里邂逅"情智"

今年 5 月在连云港参加江苏省第十八届小学语文青年教师优课评比，比赛现场见到了大赛评委孙双金老师，孙老师对语文教学的一段论述让我记忆犹新，手机里还一直保存着孙老师那段激昂豪迈、高端睿智的语文论述："12 岁的儿童在学习 12 岁的于谦写的《石灰吟》，学了一节课，我们怎么认识我们的儿童？儿童有着无限的可能性，儿童是天生的哲学家！哲学家的最大特点是思辨，在《两小儿辩日》中连孔子都不能决也。儿童是天生的诗人，诗人具有丰富的想象力，爱因斯坦说：想象力比知识重要一千倍！……"孙老师对儿童的理解和认识让作为选手的我如醍醐灌顶：有深度、有厚度、有思辨力、有想象力的课堂才是真正属于儿童的高效课堂。孙老师的"情智语文"在全国影响深远，有机会一定要去孙老师所在的北京东路小学看看，真正走进情智语文的发源地，寻找"四小"课堂的生命场。2017 年 12 月 18 日，我的愿望终于得以实现——"12 岁以前的语文两岸三地教学研讨活动"在北京东路小学如期举行。我和燕子校长、孙姐等三人赶赴南京参加了这场儿童语文的盛会。

五点多的苏城依然繁星点点，我们却早已经踏上开往省城的"和谐"号列车。南京的地铁比苏州的地铁要拥挤得多，来来往往的上班族，在茫茫人海中穿梭游离。匆忙，急促，冬日的金陵古城，阳光明丽，有点干冷，我们却暖意盎然，是奔走的微汗，更是那一份对语文的虔诚热度。

北京东路小学，70 年的老校了，在玄武湖畔，鸡鸣寺旁，西边紧挨着南京市政府，寸土寸金的宝地，极具政治、文化气息的地理位置注定了这所学校的高端大气。校门不大，校园不阔，紧凑整洁，所有的广场地面都是人工草坪，孩子们可以自由地活动。校门口迎接我们的孩子热情、大方，自信甜美的微笑里透着浓厚的人文素养，北小的孩子不一般。待燕子校长与北小负责本次活动的彭荣辉老师简单寒暄后，我们直奔会场，语文的饕餮盛宴已经开启。

北小学生语文素养的展示让与会所有来宾眼前一亮。国学经典的诵读展演是北小学生语文综合素养的直接体现，蒙学经典，四书五经，信手拈来任君点。我自己是古诗文爱好者，也在苏州市德善书院做国学少儿传习工作，但是北小孩子的国学素养还是惊到了我，他们的国学素养积累厚，功底深，能力随着年级呈螺旋状递升，这是系统学习、常年积累的结果，夏练三伏冬练三九，语文的"童子功"绝非一日之功。

"激活学生的思维是教学最大的道德。"这是孙双金老师在《小学语文教师》上的"卷首语"，他把"激活学生思维"提升到了道德的高度，语文课堂教学培养学生的思维能力已经到了刻不容缓的节点。

孙双金校长介绍了他们的课程研究项目"12岁以前的语文""基于核心素养的儿童语文学习实践"，课题引领，实践探索，为儿童语言学习播下了四颗种子：古代经典、儿童文学、现代美文、生活与表达。学校统筹，班级自主，每个班级都有自己个性化的经典读物，有自己的书单，孩子们拥有自己的生活，观照自我。"起点高一点，容量大一点，思维深一点，情趣浓一点，积累厚一点。""五点"教学策略是经验总结，更是贴着地面行走的教学法，课堂里充满着语文思维的挑战，聚焦式、串珠式、发散式、复合式等多维的教学方式让课堂变得智慧灵动。

在后面"12岁以前的语文"课堂教学展示中，我感受到了这种力量和导向，看到了孩子们拔节成长的喜悦，思维的成长，能力的提升，这一切的一切都源于"情智"，源于"12岁以前的语文"，儿童的语文为北小的孩子们打下了亮丽而醇厚的人生底色。北小的孩子不简单，高素养，上课的特级教师、名师们更不简单，课堂上孩子们闪烁着的智慧火花，不正源自老师们的精心设计、巧妙点拨、智慧引领吗？同样是一斤米，可以做成喷香的米饭，可以加工成米粉做成可口的点心，可以发酵酿造成美酒，这一切取决于制作者预设的高度，以及手艺的精度。同样的教学内容，只有合理取舍，创造整合，方能铸就师生共同精彩的课堂。

北小副校长、特级教师吴玲带来了《四年级组诗教学》，吴校的组诗主题是"儿童"，"古诗中的儿童"，她将《村居》《所见》《夜书所见》《池上》《小儿垂钓》《村晚》《初夏睡起》《幼女词》（低头羞见人，双手结裙带）、《清平乐·村居》《舟过安仁》《观游鱼》等11首有关儿童的古诗文整合在一节课中，容量大得惊人。在课上，她引导学生看图猜诗，在轻松愉悦中开启学习之旅，唤起学生已有的知识储备，重点探究《池上》，读出画面感，关注核心词"偷"，训练学生的想象力，特别是"怎样偷采白莲"的想象，逐层推进——

"满池的荷花开了，趁着大人们午睡了，他……"

"小娃划着小艇来到池塘中，他……"

"小船中的白莲堆起来了，他……"

孩子们尽情言说，自由想象，精彩不断。唯一的缺憾是少了一点古代儿童的意境，在白居易生活的那个时代场景中此事会如何发展，停留在现代思维的孩子们少了一些穿越。老师引导孩子们在读、想、悟中学习了《池上》，也为《小儿垂钓》打开了一扇学习之门，为自主学习提供了方法。老师引导孩子们感受组诗主题"儿童"，感受儿童形象，补充诗文名句"意欲捕鸣蝉，忽然闭口立"，"牧童归去横牛背，短笛无腔信口吹"，"童孙未解供耕织，也傍桑阴学种瓜"。不同的诗句，相同的儿童，在学生的脑海中刻下了"天真可爱"的儿童形象。

其实前段日子我也在研究关于儿童的古诗教学，儿童在古诗中有不少类型，有时候不可笼统言说，毕竟古代儿童的成长、生活空间不一样，所处的环境、家庭不一样，自然派生出多样化的儿童，如"书童""家童""牧童""学童"等，由任意一个儿童的形象都可以发掘出一串灿烂的文化寓意。有时候"笼统"和"精细"各有千秋，核心着眼于学生的成长发展即为有效。

来自香港地区的名师罗一宸，用罗老师自己的话讲，他就是一个"怪兽"，五尺男儿身，一头长发飘，开口港台腔，惊呆全场人。《我的老师是怪兽》，一堂儿童哲学课，"你是谁？你是什么？你如何形容你自己？"让儿童认识自我，生命在场，教育生命，看似简单的玩乐课堂却迸发着生命的力量和哲学的火花。最动情的一幕是在课堂结束时，罗老师说："孩子们，下课了。"没有一位孩子离开。"我们真的下课了。"依然没有孩子离开。直到罗老师请出带班老师，孩子们才确信真的下课了，热烈持久的掌声是对罗一宸老师最真诚的鼓励。罗一宸老师是一位画家，绘本插画师，也是一位伟大的父亲，他每天让孩子们自发地早早起床，共赴他们美好的晨曦约定"百变早餐"，他用自己的精心和尽心牵着孩子们的小手向着智慧成长。绘本、语文、未来、生命，一场儿童的哲学启蒙课，让孩子们在欢声笑语中找到自己，也许，这就是学习的目的，生命的本质吧。

还有五位特级教师、名师的精彩课堂，来日咱们继续冬日暖阳话语文，在儿童的时间隧道里与童心相遇。

在名师课堂教学展示间隙，原江苏省教育科学研究所所长成尚荣老先生做了题为"创造性转化：传统的现在时与未来时"的简短演讲。成老鹤发童颜，精神矍铄，一如既往地睿智、前瞻，他关于儿童的论述让人如醍醐灌顶。现时代儿童与成人之间的界限已经消弭，儿童接触了解各类信息的途径变得广泛，成人所知道的儿童也有可能已经知道。这也引发了教育者的深思：老师讲课的内容是否是儿童的未知？是否还有新意，还有着让儿童寻宝探秘的吸引力？是否在儿童已知的基础上有了新提高、新发展？"互联网+"时代背景下的儿童视野开阔，教师教学的意识要及时更新，不可窄化。

北京东城区兼职教研员、北京史家小学的张聪老师执教《夸父追日》（选自《山海经》），北小六年级的孩子和张老师为我们带来了精彩的课堂。《夸父追日》是一篇文言文，这堂课是张聪老师"文言文初阶"课程研究的成果展示。课程前半段平平淡淡，不显山，不露水，从读课题开始，说说故事内容，老师适当提醒孩子讲述故事要完整。在导学课文中，先让学生自读三遍，注意读准字音，教师指名朗读，点拨"声断气不断"的朗读方法，在学生大致理解的基础上再让他们齐读。教师随后出示竖排版的文章，略去标点，引导学生学会依据意思断句，再后来又出示了《山海经》原版，学生结合注释边读边理解意思。在这样的一个从"现代版本"到"竖排版"再到"原版"的逐层递进中，"读"字当头，"读"贯穿始终，在课文版式的不断变化中帮助学生学习断句，学会理解、学会阅读原版文言文。

进入文本内容的探究，老师提出问题：夸父追日的结果是夸父死了，我们如何看待夸父的追日？一石激起千层浪，学生的思维被点燃，众说纷纭，张老师引出唐代诗人皎然的《效古》："夸父亦何愚，竟走先自疲。饮干咸池水，折尽扶桑枝。渴死化爝火，嗟嗟徒尔为。空留邓林在，折尽令人嗤。"学生在初读的基础上很容易辨识出诗人皎然所持的观点，在"为族人追求幸福，牺牲自我的卓越"和"愚笨、盲目不自量力的莽汉"间，两种观点针锋相对。张老师让孩子们分组辩论，其他同学关注发言同学的思考方式，这是一项有挑战性的任务，学生不仅要听，还要听出门道，听出辩论者的思考方式。北小的学生展现出了丰厚的学养，从"发心""精神"出发，从结果反哺，思维严密，论述有理，辩论进入白热化。在同学辩论和观察辩论的过程中，学生对夸父的认识、对《夸父追日》的理解自然变得更加深入。争议，往往是最佳的思维催化剂，但是如何巧妙解决争议就需要智慧了。当孩子们难分高下时，张老师补充张岱的论述："知其不可为而不为，贤人也；知其不可为而为之，圣人也。"学生恍然大悟：原来，"贤人"与"圣人"的微妙之分就在"为"与"不为"之间啊。辩证的思维，让孩子们心门大开，情感、态度、价值观的濡染悄然无声，核心价值观的指向也渐渐明晰。

张老师再补柳宗元的《行路难》，跳出微观内容层次，聚焦"神话"这一题材的教学价值。教学的层层飞跃，推动着学生的思维步步提升，这是语文教学的价值所在，从无到有，从有变精致，拔节的声音脆响，教学的意义无穷。

北京二实小洛阳分校张峰亮老师执教《如梦令》，课前热身，从"看图猜诗文"开始，PPT定格在辛弃疾的《清平乐·村居》。老师让学生说说词的特点，在复习中梳理"词"的记忆。"巧悟词牌"，这是老师给这个教学环节拟定的名称。看词牌猜猜词的内容，有意思，孩子们调动自己对词的知识积累，大胆尝试，望"词牌"而生义，"清平乐"写农家生活，"蝶恋花"可能是恋人间的故事，"破阵子"风格豪迈，"如梦令"如梦如幻。入境始于亲，孩子们在说说、猜猜、悟悟中找到了"如梦令"的感情基调，课堂的教学基调也就由此产生。

接下来自由朗读，指名朗读，适当点评，读出节奏，点拨字音"兴"，抛出主问题"词人在回忆什么？"开启对词意的理解。"争渡"中"争"字的理解，凸显着北小学生学识的丰赡：有学生说出"争"是"怎么"的意思，这个孩子一定是做足了功课。"争"，有人认为这是一个通假字，同"怎"，当"怎么"讲；有人认为不应读为"怎"，"怎"只是对"争"的解释；还有人认为课文注释错了，"争"就是"争抢"。这个"争"到底应怎样解释？河南濮阳市第三中学董金刚答：古典诗文中的"争"字有时确实可以作"怎"来解释，清代刘淇《助字辨略》及近人张相《诗词曲语辞汇释》都曾举出唐诗中的一些例证予以证明。除两书所举例证外，还可举出不少。例如，南朝梁代庾丹《夜梦还家》："离人不相见，争忍对春光。"唐代白居易《浔阳春三首·春去》："四十六时三月尽，送春争得不殷勤？"对"争"字的理解一直争议不断，学生有思考，教师当引导，鼓励探究，适当点引即可。

词人在回忆什么？词人在回忆"郊游"，教师引导学生用同理心理解诗文："郊游你们快乐吗？快乐！词人的心情呢？快乐！来，带着这样的心情读词。"有感情的朗读指导顺理成章。"短短几句话就写出了郊游的事情，你们发现词——凝练。"词的语言提点让学生得以轻松感知。

"诗中有画，如果请你画图，你会画什么？"黑板上三个空白框框，让学生想象无极限。

画的内容与"沉醉"，进而沉浸其中，醉心朗读。

"藕花"的丰富，感受夏日荷塘景美怡人。

"兴尽"的神情变化，让细节的描摹尽显语言的魅力。

"争渡"争出"兴尽"的微红脸色，争出"鸥鹭"的荡水飞翔，水光漾，莲微动，白鹭鸣，美景醉人更醉心，欢快齐读《如梦令》。

"延学"《如梦令》（昨夜风疏雨骤），读读、说说、悟悟，知晓词意，感受词人内心那份淡淡的忧伤。同为"如梦令"，景不同，情更不同，但是离不开、绕不过的有一份寄托，那就是"酒"，前一首的"甜酒"，后一首的"伤酒"，还有那一份"苦酒"，补充《声声慢》，如泣如诉，如忧如怨，余音袅袅，不绝不断。

同一个词人，相同的词牌，不同的词，情感的变化源自词人李清照的人生境遇，早年的幸福和中晚年的孤苦凄凉，诗言志，歌传情，词咏境，真实细腻莫过于此。

上海市特级教师景洪春老师带来了自己的研究课程《大的故事》。景老师的文章我常读，见到他真人尚属第一次，从他一开口声音的爆裂感，就知道景老师性情豪爽，正所谓快人有快语。二年级的课不好上，更何况是上文言文课。景老师设计出三个板块，引导学生拾级而上，清晰明朗。

第一板块"字之象"。"大，天大，地大，人亦大，故大象人形。"师生同绘"大"，像绘人形一样去画，在象形中理解"大"。上海话，南京话，说说笑笑中依然离不开"大"，"你的大饼比我的大"……孩子们乐此不疲。

第二板块"诗之声"。通过阅读现代诗歌《大还是小》悟"大",再从司马相如的《大人赋》中悟"大",中间设计闯关小游戏,孩子们的热情不断被点燃:"圈出相同的字"(识字)、"圈出皇帝名字"(唐尧、虞舜)、"圈出两座山名"(王屋、太行)。这里唯一的小遗憾就是没有提示孩子们用怎样的方式去圈画区分,孩子们都是画圈圈、画横线,稍显混乱。接着景老师用司马相如的故事来帮助孩子们理解文意。

第三板块"人之情"。"你会用'大'组词吗?"从两个字开始,三个字继续,教师在黑板上画大山,学生看图说句子,"大"的美好寓意融入其中,"巍巍乎,大山大水!"学生照着说:"巍巍乎,美丽中华!"孩子们的佳句不断,这是拔节和成长,这是在实践中习得言语。"大"在现实生活中的用法,"习大大"别称的由来,"文化点醒"激励孩子们做顶天立地的中国人,古今相融,文白相生。

西宁南川东路第二小学彭娟校长带来了《梅花组诗》。彭校长是全国优秀教师,"点灯人飞翔计划"儿童阅读导师,她所执教的阅读指导课在全国性的阅读教学观摩比赛中曾多次获得一等奖。彭校长的教学内容主要是比较阅读陆游和毛泽东的《卜算子·咏梅》,从"梅花"的形象开始走进诗文,渗透学习策略:"读懂一首古诗词可以考虑什么?"在学生交流中梳理出"背景""内涵""借物抒怀"。通过悟情朗读体验词中情感的变化,朗读的指导沉浸在淡淡的忧伤中。其实辛弃疾是豪放派词人的典型代表,在朗读中艺术化的处理,反差式的朗读方式可能更适合表达情感。比如"卷地风来忽吹散",风大、风急、风快、风猛,是不是就是简单地读快?不是,反差式的处理是拉长"忽"这个平声字,让"快""急""猛"在慢长中凸显。在比较两首词异同的时候,可能是前期的预热不够,孩子们对词的整体理解欠缺了一些,因而有蜻蜓点水之感,少了些深层次的体验和成长。

我的《千家诗》主题板块中就有"梅香飘韵"一节,我选取和梅花相关的四首古诗进行整体教学,王淇的《梅》"不受尘埃半点侵,竹篱茅舍自甘心",林逋的《梅花》"疏影横斜水清浅,暗香浮动月黄昏",卢梅坡的《雪梅》(其一、其二)"梅雪争春未肯降,骚人阁笔费评章。梅须逊雪三分白,雪却输梅一段香",悟梅花之形,嗅梅花之香,得梅花之神,品梅诗之言。第一板块:妙引释主题;第二板块:纵深学诗文;第三板块：横观求同异，领略梅魂，收获理趣。

最后一节听得有点匆忙的课，是台湾悦读学堂执行长、台湾地区名教师葛绮霞的二年级课《绘本立体化教学》。课前互动中，葛老师训练孩子心、口、动作的合一："请你找到一位穿红色衣服的人，看着他，对他说：你好！"随着目标的不停变换，学生接受指令作出合理的行为动作。这一点对于低年级孩子的课堂常规训练非常重要，会听，会全神贯注地听，把听到的转化为行动，这是身体技能的训练，更是课堂高效的前提和保证。

从聊"婚宴中的新娘子"开始引入绘本教学《大灰狼娶新娘》，有点散，天马行空的孩子们童心飞扬。教学过程中，学生边说边互动，参与性较高，教师引导孩子记住文中"新娘的特征"——手上有毛，脚指甲，尾巴好大，牙齿好大等，在学生关注的基础上点拨"描写人，要抓住特征"。

葛老师讲授绘本《叩叩叩，是谁呀?》，她让学生猜猜有一只敲门的手，手从门缝里伸进来，大猩猩、老巫婆等，她让大家尝试着多样的可能性，孩子们积极想象，快乐言说，练习表达。葛老师不时提醒学生要注意观察，在细致观察的基础上准确地表达。观察—想象—表达，这正是低年段儿童培养学习能力的好方法。在孩子们大胆而丰富的猜测后，葛老师回到开头出示的绘本图片——图上有一双鞋，点拨学生仔细看，原来绘本的封面就在提示我们有一双鞋子，是妈妈的鞋子啊。看绘本关注开头、关注图片很重要，这样可以帮助孩子图文并读。互动一直是葛老师课堂的主旋律，教师复述绘本中出现的人物的特征，让学生猜，既是练习也是内容的回顾。角色互换，学生描绘身边人物的特征，让同学来猜。有学生说到了自己的班主任老师，从穿着打扮到外貌言行等，重点是抓住老师的特征，虽然说得有点凌乱，但是真实，充满生活的真实味道。

教孩子们在互动中学习，让孩子们在快乐中练习表达，寓教于乐，既培养了孩子们的阅读兴趣，又发展了孩子们的想象思维，让绘本的教学变得立体，让绘本的价值最大化，在穿针引线间让儿童成为课堂的主人，领着他们向着文学的深处漫溯。

当孩子们还沉浸在葛老师的趣味课堂中时，我们已悄悄离场。日程紧凑，下午一点的火车，南京火车站南广场的阳光清明亮丽，玄武湖的"极目楚天舒"，石城暖阳的味道浸润着我们的每一个细胞，涌动着儿童的语文情。回程不是结束，而是一段新征程的开启，一次邂逅便永恒相随。

经历抒写人生，感动常驻心间

周六，我受苏州市教育局委托，担任由苏州市文明办、苏州市教育局、苏州市电化教育馆、苏州卡内基训练营联合主办的"小小演说家"的评委，活动中有一项程序是评委老师即兴点评，我听了四场，感动了四场，孩子们表现精彩，家长30秒的真情赞美更是一次又一次地撞击着我柔软的心和那门槛较低的泪点。下面整理一下我自己当时琐碎的评语，重回现场，重温感动。

一

孩子们，今天的你们是五年级学生中的精英，你们从三千多名选手中脱颖而出晋级预赛，证明了你们的实力，你们展示着苏州学子的风采，塑造出苏州又一道亮丽的风景线。"台上三分钟，台下十年功。"今天的三分钟，你们表现很棒！

俗话说"万事开头难""人生难迈第一步"，今天的你们已经为自信人生奠定了基石，郑老师希望你们在自信地走上舞台时，再关注以下这三方面：一，语言美一些，生动丰富中再多一些文采；二，声音宏亮一些，高低起伏中尽显声韵美；三，神采飞扬一些，眉毛挑一挑，嘴角扬一扬，台风自然来。

期待你们更精彩的表现！

二

老师用三个关键词来对你们的表现进行简单的点评："参赛""准备""感动"。

"参赛"，给自己的童年画出一幅最美的画卷，画中有精致的风景，有难忘的人生经历，还有那初登舞台激动的心跳里伴着的丝丝小紧张。是的，第一次的舞台经历都会如此，当年老师比你们还要紧张得多，嘴巴发干，手心冒汗，腿脚发颤，但是我们就这样有了一次宝贵的人生经历。孩子们，人生当奋斗，挑战自我，超越自我，展示真我风采，打造精彩童年。

"准备"，我们不打无准备的仗，准备得充分一些，再充分一些，把稿子背熟，背得滚瓜烂熟，熟则顺，顺则生自信。一不留神，卡壳了，不要停留，跳过去，没人知道你漏掉了哪一句，因为此时的完整、流畅就是一种完美的呈现。

"感动"，父母朴实的语言是最真的情，最美的话，我在孩子们的脸上读到了"感动"二字，一份发自内心的感动，微红的眼圈，腼腆的低泣。孩子们，你们的真情感动早就写在了你们的神情里，神情诠释着你的心，神情丰富着你的演说，站在舞台上，我们需要这样的一份真实飞扬的神情为我们的演说助力！

今天你们是小小参赛者，明天你们就是伟大演说家！加油！

三

这是第三场，老师又一次被深深地感动了，看着孩子们眼角闪烁的泪花，我感受到了爱的力量。一句肯定的赞美就能触碰孩子心灵深处最柔软的地方，一句轻言细语就能荡漾起爱的水花，可敬可亲的父母，你们用自己的真诚和信赖感动了孩子，感动了我们评委老师。重要的人在重要的时候送上最重要的赞美，一定能激励孩子一生自信地成长，这个重要的人就是今天在场的父母。

孩子们，老师为你们高兴，因为你们有疼你们爱你们的好父母；老师为你们高兴，因为你们能大方地走上台，自信地演讲；老师为你们高兴，因为你们能够享受比赛，享受成长，享受感动，享受那一份浓浓的父母之爱！

一次活动参与，亲子共成长；一次肯定祝福，儿女情更浓！

四

我是一名语文老师,我一贯坚持和孩子们读故事,讲故事,写故事,用诗意的语言说就是:"牵着你的小手,走进故事的王国!"可是今天,优秀的孩子们却带着我一起遨游了故事的海洋。故事中有情有爱,有喜有悲,有趣有理,更让我心怀感动的是,孩子们本身就在演绎着精彩的人生故事:坚持不懈的张骏,自强不息的高晗曦,在你们的人生故事里,老师读到了那一份大气从容,冷静睿智。孩子们,好样的!也许今天的演说你们不是最棒的,但是老师相信,你们的卓越品质一定会为你们的成功人生铺设金光大道。

有故事的人生是丰富的,精彩的,我们用参与体验,用精彩遗憾,用岁月经历创作着一本趣味横生的故事书,这本故事书的名字叫——"人生"!

(此文发表于 2014 年 9 月《苏州德育》)

精神成长需引领，"三法"促师境界高

教师是祖国的园丁，精心呵护着未来的栋梁，教师的精神成长如何，教育教学的境界如何，直接影响着教育的成效，关系着祖国的未来和命运。针对目前国内教师精神成长参差不齐的状况，我从三方面谈一谈对教师精神成长的引领。

一、理念引领，教师精神成长的方向盘

"知之者不如好之者，好之者不如乐之者"，这样的道理再简单不过了，教师只有在脑海里、在心灵的深处，对教育这份事业充满激情和热爱，教育才会发光，教师才会发热。只有当教师把教育当成一种事业，一种培养祖国栋梁的事业，一种关系国家未来命运的事业，一种天地可知、日月可鉴的命业，教育才真正成为教育，教师也才是真正称职的教师。教育理念的引领必不可少，教师要实现精神成长，就必须端正自己的教育理念，强化使命与责任。学校要引领教师充分认识自己所肩负的神圣使命，树立"国家教育，我的责任"的观念，用诚、情、理叩开教师的心扉，不断激发他们的工作动机，点燃教师尽心尽责的工作热情。

教师的心里要明白教育的本质和真谛，要知晓：有一种激情叫热爱，有一种拼搏叫快乐，有一种坚持叫考验，有一种幸福叫永远，有一种事业叫教育！

二、目标激励，教师精神成长的源动力

有理想、有追求，就有动力，每一位教师的成长都需要目标的影响和激励。"我要发展"是优秀教师自我实现的精神需求，"要我发展"是学校的发展需要。故学校在引领教师专业发展时，要注重对教师精神需求的

引领，注重对目标的引领，架设起"要我发展"和"我要发展"的桥梁，在"要我发展"和"我要发展"之间找到契合点。尊重和满足教师的精神需求，显然符合马斯洛的需求层次理论。在马斯洛看来，人的存在和发展从低到高有生理、安全、社交、尊重和自我实现等五种基本需求。一个人在获得低层次的物质需求之后，就会寻求更高层次的精神需求，如果得不到满足，就会感觉心理压抑和精神痛苦。《淮南子·上篇》说："为人上者，不忘其下，诚能爱而利之，天下可从之。"作为教师专业发展的引领者，学校必须始终关爱自己的教师，必须充分考虑他们的需要，只有这样才能把工作做到教师的心坎上，才能让教师感受到自己被重视，自己有潜力，自己有未来，才能最大限度地赢得教师的支持，激发其为报答"知遇之恩"而迸发出的主动性和创造性。

要有效引导和发展教师的高层次精神需求，用切实可行的目标去激励教师，激发出教师内在的精神动力。教师是一个特殊的职业，承载着塑造人、养育人、教化人、成就人的特殊使命，必须有高远的精神追求、崇高的教育理想、坚定的教育信仰和价值诉求。作为学校，在引领教师走专业发展之路的时候，不能仅仅着眼于开展具体的一个个孤立的活动，而要从整体上进行规划，从思想的高境界上来引领教师的发展，引领教师追求高层次的精神需求。激发发展欲望，"学校绝对不能藏龙卧虎，是龙就得让它腾，是虎就得让它跃"。要充分调动教师的参与意识和创新意识，要给每一位教师创造机遇，创造宽松的发展环境，善于发现和鼓励教师的每一点进步，让他们品尝成长的喜悦，体验成功的快乐，从而不断激发发展的欲望。

目标的牵引和激励让每一位教师的思想更纯，动力更大，精神更雅。

三、读书涵养，教师精神成长的好路子

教师需要读书，因为教师本身就是知识的象征。时代的进步，信息的更新，知识的日益更替，要求教师必须养成常读书、善读书的好习惯。"问渠哪得清如许？为有源头活水来。"教师是知识的传递者，教师让中华民族几千年的文化薪火相传，生生不息，不读书，不学习，不进步，行吗？

"贫者因书而富,富者因书而贵",教师会因读书而变得儒雅,教师会因读书而让教师这份职业散发出儒雅的芬芳。读书可以涵养自己的心境,更可以涵养自己的职业境界,提高自己的专业素养。一位经常读书的教师,其内在的精神层次自然较高。文学经典,古典名著,时尚杂文,专业理论,这些精彩纷呈而又底蕴十足的书籍,能净化教师的心灵,能丰富教师的情感,铸造高尚的师魂。

读书,引领教师精神成长的好路子。

纯正的教育理念牵引着,扎实可行的目标激励着,孜孜以求的读书涵养着,教师的精神成长有据可循、有法可用,教师的精神必然有质的飞跃。

至美、至纯、至雅的枫桥
——说说心目中的好学校

进入师范门的那一天,就知道自己终究要做老师,因而心中时时荡起涟漪:要做就做个好老师,要到就到所好学校!读了几年书好像就觉得自己饱读诗书、满腹经纶了,那浅薄的心上编织的美梦就越发清晰和膨胀:要做一名好老师,要到一所好学校。

心中的好学校,温馨和睦,是知识的圣殿,是学生的乐园,是老师的天堂。心中的好学校,风景旖旎,四季如春,美景如画,春有百花争艳,夏有藤萝飘香,秋有红枫摇曳,冬有雪松苍劲……

学识渊博,才华横溢,领导赏识,同事钦佩,学生拥戴,业绩颇丰,这也许就是理想中的好老师吧。

"好马配好鞍,好钢炼好铁",也许只有好学校才能培养出好老师吧?"良禽择木而栖,贤臣择主而侍",好学校培养了好老师,好老师反哺着好学校,两者相辅相成,相互促进,相得益彰。

梦虽遥远,但很甜蜜,梦想就是动力,未来毕竟属于勇敢追梦的人。

然而路在脚下,梦却渐行渐远,一纸公文,毕业了,揣着梦想,背着行囊,来到了人生第一站———一所偏僻的乡村学校。破陋的校舍,杂草丛生,荒芜中略显凄凉,凉的不仅仅是景,还有那如入冰窖的心。

开学了,朴实欢快的孩子们穿梭在校园里,静寂的校园有了生机,勤劳的他们在老师的带领下,很快让校园的杂草和灰尘消失殆尽。一眼望去,校园是那样的干净、整洁,然而刹那间又显得是那样的光秃,没有花,没有一棵植物,只有那依旧灼热刺眼的9月阳光。

这就是自己朝思暮想的好学校吗?现实的残酷,让年轻激荡的心充斥着压抑和郁闷。爷爷般的老校长来了,那样的慈祥和蔼,他对我嘘寒问暖,工作、生活处处关心,我心里觉得欣慰一些了;与父母同龄的同事来了,淳朴无私,工作、生活处处照料,我的心暖了。原来一所学校可以风景不美，可以没有花草，甚至没有植物，校舍可以不新，可以没有高楼，没有大厦，但是不可以没有朴实善良的同事，因为温馨和谐的工作和生活环境更让人欣慰，更温暖人心。

我带着孩子们快乐地学习、运动，挥洒着自己青春的汗水，灯光下有我苦读的身影，老教师办公室里有我虔诚的请教，三尺讲台上有我飞扬的神采……我工作得快乐而幸福，朝着好老师的方向努力，向着心中理想的学校迈进。汗水的付出伴随着业务的提升、职务的升迁，我也从乡村到了县城，条件好了，可是总感觉离梦想远了，脑海中的好老师、好学校却越渐清晰：好老师，知识渊博，学富五车；好老师，多才多艺，能歌善舞；好老师，儒雅风度，典范楷模；好老师，桃李满怀，贤生辈出。好学校，四季如画，景美怡人；好学校，现代气魄，领先潮流；好学校，师儒生雅，涵养极高；好学校，人际关系和谐，促人成长。

在寻寻觅觅、磕磕绊绊中，一路走来，心中那理想学校的样子从未磨灭。"众里寻他千百度，蓦然回首，那人却在灯火阑珊处"。枫桥——一个多么富有诗意的名字，它因一首《枫桥夜泊》而闻名于世，在人文底蕴丰厚的运河畔，在枫桥边，有着一个她——苏州市枫桥中心小学！是梦想让我与这所百年老校结缘。

她很美，她很纯，她很雅。

她有美丽雅致的四季风景，有雄伟气魄的现代建筑，有百年积淀的人文底蕴，她有着苏州园林式的雅致，小桥流水般的情韵，她很美。漫步校园，天好蓝，空气好清新，阳光的孩子们脸上挂着微笑，他们的笑容是那样的甜美，每个角落里都透着那一股纯。"全国绿色学校""生命教育实验基地"，"以人为本，以生为本"的教育真谛，凸显出的是一所古朴而又现代、厚重而又充满灵气的校园。她的校园高雅脱俗，她的学生文雅灵秀，她的教师儒雅丰韵。先进的治学理念决定着学校的办学品味，倡导"生命教育"，缔造"三雅"校园，正是这所百年老校的执着追求。

人性化的管理，展现领导的管理素养。枫小校领导广开言路，民主治校，全力为教师搭建展示才华的舞台，制定翔实可行的"英才教师"培养计划，让每一位教师都有追求、有动力、有发展、有成就。"人尽其才，物尽其用"，这样的校园是和谐的，向上的。管理者的"雅治"，带动的是全校老师的"雅教"，生发出的是全校学生的"雅学"。

这样的学校不正是老师心灵的港湾、孩子求学的圣地吗？这样的学校不正是我理想中的学校吗？教师挥洒汗水，有实现梦想的舞台，便能铸造事业的辉煌；学生好学上进，有展现才华的天地，踏实与勤勉并重，文雅与活泼齐步，则学有所得，学有所成。

　　其实，教师眼里的理想学校不是她华丽的外表，豪华的建筑群，而是和谐的人际环境，优越的发展空间，以及让每一位老师感到做教师这份职业的幸福感！她是一个温馨舒适、爱意浓浓的大家庭，她，很美，很纯，很雅！

（此文发表于 2012 年 5 月《江苏教育报》）

附 录

猛哥的成长故事
——雅园人物访谈

采访者：小豆子
受访人：郑先猛（阿猛、猛哥）

一堂响亮的小语课及其背后的事

小豆子：猛哥，特别高兴本期能访谈您。先隆重祝贺一下，祝贺您在这次江苏省小学语文青年教师优课评比中荣获特等奖，这大概是我们学校有史以来教师获得的学科最高奖项了，说说自己的感受吧。

阿猛：谢谢周老师，说不开心、不激动，那是假话，这也是截至目前我自己语文教学生涯中现场赛课获得的最高奖项。但是其实内心最想说的两个字就是"感谢"，非常感谢枫小这些年对我的培养和激励。"问渠哪得清如许？为有源头活水来。"每次驻足鉴开亭，内心总会涌起莫名的感动，雅园，你就是我不竭前行动力的源头。这里有草根情怀、工匠精神的燕子校长，有温润友善、和衷共济的伙伴，是你们的鼓励和陪伴，让我心头的明灯一直闪烁。我相信，雅园里的教育心灯一定会一盏接着一盏地亮起来，一盏比一盏更明亮。

小豆子：每一次赛课都是一种经历，每一次赛课都是一种提升，最近看您也在微信公众号推送比赛相关小文，跟我们简要说说这次赛课的大概过程，好吗？

阿猛： 本次赛课是江苏省第十八届小学语文青年教师优课评比，是江苏小语界一年一度的盛会，十三个大市遴选出的优秀青年教师同台竞技。

回首静思，整个大赛感觉最难的是从市里出线。苏州人杰地灵，优秀教师亦多汇聚于此，说实在话，在市里比赛的压力完全超过了后面在省里的比赛。我拿到苏州市赛课安排表后一看，心里很是一愣，名教师、市学科带头人比比皆是，内心压力实在大。想起区教研员周雪芳老师对我的信任和期待，想起咱们燕子校长对我的殷切期盼，想起自己内心那份拔节的愿望……一股破釜沉舟的前进动力油然而生，我决心把压力转化为动力，让自己向着梦想前行。

4月14日市里的课赛完后的那几天，是我内心最为恍惚纠结的日子，直到17号晚上接到周雪芳老师的消息："先猛，祝贺你！代表苏州市参加省里比赛吧！加油！"我这才真正的心花怒放。后续就是自主研备，完善，团队打磨，细节推敲，群策群力，智慧共享。赛课虽是一种煎熬和折磨，让人紧张于比赛的巨大压力，但更让我享受身边温馨感动的教研氛围：我从来都不是一个人在战斗，因为有伙伴一路相随相伴——温情暖心的施燕璟校长，敬爱的市教研员许红琴老师，亦师亦友的区教研员周雪芳老师，睿智创见的张彤特级教师，和诚至善的孙琴英老师，语文共同体里的华罗韦、陆小琴、程子桐等老师。"独行快，众行远。"这就是最伟大的团队力量。

小豆子： 这次赛课经历，您最大的收获是什么？

阿猛： 这是一次职业的高峰体验，是对我近二十年语文教学理念和模式的肯定。"大气沉稳，幽默风趣"是我一直追求的语文教学风格，教师风趣一些，学生上课的舒适度、亲密度就会高一些。上课的过程是师生间"走心"的过程，教师用自己生动的语言表达和别致的教学设计走进儿童的世界，引领他们的思维和言语的智慧共生共存，孩子用学习中的酣畅和现场的生成激励着师者那颗不老的童心。课标记脑海，学生记心间，关注语言文字，得意，得言，又能得法，我想这样的课堂就是核心素养下的真语文课堂，这将是我永远追寻的方向。

小豆子： 这是您最满意的课吗？如果是，能否说说有哪些方面的超越？如果不是，为什么？

阿猛： 这节课饱含着众人的智慧，应该是一节很满意的课，但不应该是最满意的课,"教无止境",最满意的课是永远的"下一节"。

没有一种成长,可以随随便便就成功

小豆子:如果没有记错,猛哥应该是 2010 年招聘进我们学校的,一眨眼,好多年过去了,跟我们回顾一下您的职业经历吧。

阿猛:1998 年工作至今,已经有十九个年头了,初中语文教了八年,带了三届毕业班,后来我参加教育局公开招考进入县城小学,小学语文教了十一年了,在枫小的第八个年头又将开始。

小豆子:有人说,"出走"的人都是有勇气的人,都是敢于自我挑战的人,之前有过自己的职业规划吗?还是有关键性的事件或关键性的人物,让您对自己的职业有了新的追寻?

阿猛:当你在一个单位里竭尽所能地去努力的时候,你突然发现你的现状就是你永远的未来,看到了未来,却看不到希望,所以当站在命运的转折点上的时候,我想所有的人都会选择"出走",因为坚守意味着荒废和沉沦。爱人从乡镇进不了城,每天来回奔波,让我心疼,儿子聪明灵慧,我理应为他创造更好的成长空间,基于此,我来了,梦里的苏州,诗意的枫桥,成为我生命中最温暖的港湾。

小豆子:一个人的成长之路,也是一个人的研究之路。您在语文学科取得了这么好的成绩,能说说自己的语文研究之路吗?或者用几个阶段来总结概括一下自己的成长之路?

阿猛:好的,让我慢慢梳理一下。

第一阶段:混沌茫然。刚工作那几年,心思不定,总想着去干点别的行业,差一点点就入了主持播音行。教书也没师傅,自己凭着感觉干,带着孩子们一起疯玩,踢足球,孩子们可喜欢我了。因为单身住在学校,所以泡在班级的时间很多,孩子们的成绩也是杠杠的。

第二阶段:且行且看。中学的老校长悄无声息地听了我的随堂课。我一直记得,我上的是于漪老师的《往事依依》,带着孩子们读读议议,课堂气氛相当活跃,我上完半节课才发现后面多了个人。后来老校长对我是赞不绝口,说了好多鼓励的话,具体内容我都忘了,但我是从那时才真正开始多花点心思来研究语文。2008 年我参加江苏省优秀青年教师评选,经过层层选拔，最终站在省级赛课的舞台上，《纪念白求恩》一课助我获得了人生中第一个有分量的奖项——"江苏省青年教师评优课一等奖"。到那时候我才发现，原来教语文也是可以教出点名堂来的。

第三阶段：渐进渐明。后来我回到小学执教小学语文，从初中的自主理性回归小学的活泼童趣。语言和书写，是我难过的两关。教中学，我说什么，孩子们都能懂，哪怕是深奥一点的，文绉绉点的，书写随手绕绕，不拘小节，孩子们都能看懂。到了小学，语言表达要童化，板书要规范，于是那几年我憋得好辛苦，慢慢地，语言幽默活泼了一些，更接地气了一些，书写也渐渐规范起来，自己追求的语文教学风格也有了些雏形。

上课、赛课一路走来，这是一个教师发展的必由之路，撑起了我语文业务发展的半边天。工作以来，县级业务比赛共获得 5 次一等奖，市级业务比赛共获得 3 次一等奖，省级业务比赛获得特等奖 1 次、一等奖 2 次，一师一优课获得"部优"。业务比赛的优异成绩是我教学成长的一条重要支撑腿，而教育写作则是我成长的另一条支撑腿。

刚工作那会儿我是个文学青年，写写小随笔，偶尔发表个一两篇，在学校里甚是轰动，但是那会儿没人管，没有要求，就是这样随便写写。真正意义上的教育写作是从进入枫小开始的，枫小有着良好的教研氛围，激发着我的写作灵感，从随笔到案例到论文，我的教育写作进入了一个小的高峰期，这对我自己的业务发展起到了催化作用：一是反哺教学，二是评比有材料。语文教学之路就这样渐进渐明晰，两条腿走路才可以奔跑，一条腿行走，只能蹦蹦跳跳，没有速度，没有效率。

小豆子：都说，教师的成长力来自不断的阅读与写作，也就是，一个教师唯有通过不断的阅读与写作，才能提升自己的专业素养，对此，您怎么看？能说说对自己影响最深的一本书吗？

阿猛：语文的课堂里"听""说""读""写""书"是对学生语文能力的训练和培养，其实语文教师更需要不断提升自己这几方面的能力，读书和写作更是教师自我提升最直接的通道。

读书的意义大家都明白，大部头的书要读，关乎教育的理论书籍也可以啃啃。就我自己而言，我的阅读有时候更直接一些，语文教学相关的期刊我是要经常翻阅的，目的是让自己的语文思维与时俱进。前段时间费了好大的劲读完了吴忠豪教授的《从教课文到教语文》，这让我的语文教学目标指向更清晰，教学内容的选择更明确。写作是语文教师的基本功，大多数老师都是从写小文章起步的，把自己教学中的零星思考用文字记录下来就是最好的教学随笔、教学反思，把这些小随笔、小反思打理整合，提炼出核心前卫观点，教学论文自然就来了，这其实也是实践中撰写教学（教育）论文的基本套路。

教学与德育，谁说不可以兼得？

小豆子：最近这几年，您到了忙碌的德育处，说实话，工作量不小，但看您总是井然有序地完成各项任务与活动，您是怎样平衡好语文教学与行政事务之间关系的？或者说，您有什么工作秘诀可以透露一下吗？

阿猛：德育处的烦琐和忙碌大家都知道，其实在语文教学和行政事务之间也没有什么平衡的秘诀，如果真的要找一个出来，我想是得益于我之前的德育工作经历，从学校的团委书记到德育主任，再到分管德育的校长，工作的前十年，我积累了宝贵的工作财富，所以在枫小我进入角色非常快，处理德育事务相对而言效率会高一些，于是就有了伙伴们看到的井然有序、有条不紊。

德育条线的事情比较繁杂，当文件通知发下来的时候，我能自己做的就自己一人搞定，当涉及我们的班主任时我就很纠结，我之前做了好多年的班主任，班主任的忙和累我深有体会，所以德育事务我得有个选择判断，我的工作策略是：没有实在意义的事情，能不做就不做；能不用班主任做的事情就不要他们做。还有一个让我幸运的是，我们德育小分队的伙伴们齐心协力、分工合作，我的井然有序的背后有他们强有力的支持。

语文教学是我的教育之根，再忙我也不能丢了这个根本，况且我是那么的喜欢语文。课堂是我的教学主阵地，我会把自己的一些理念和思考在班级里进行渗透，带着孩子们一起行走在语文的天地里，读读书，说说话，写写文，背背书，练练字，在轻松愉悦的氛围里，牵着孩子们的小手找寻语文的秘妙。上班时间除了处理教学事务外，就是处理德育事务，真正关于语文的思考和积淀都在晚上"八点后"，静思顿悟，信笔行文，行进致远。

小豆子：哈，原来成长于晚上"八点后"啊，知道一点秘密了。您对我们学校的德育工作有哪些思考？或者总结一下您这几年德育工作的思路与感悟？

阿猛：立德树人，德育为先，这些理念深入人心，但是德育做起来并不容易。说起德育一定要说"德"，百度对"德"的定义是：直视"所行之路"的方向，遵循本性、本心，顺乎自然，便是德；本心初，本性善，本我无，便成德。舍欲之得、得德。德育正是为了培养孩子们的卓越品性，让他们珍爱生命，善待他人，为他们的生命成长打下亮丽的精神底色。

这几年，我们坚持推进全方位、立体化培养学生，"文雅学生""文雅先锋""文明志愿者""文雅少年"有序推进，通过丰富的实践活动浸润、感染学生，施行《雅集学生成长激励制度》，用激励助推每一个孩子向上、向善，阳光成长。德育体系的建构不仅仅是着眼于学生，还要关注教师德育序列的成长完善，青年班主任业务培训、希望教室构想、班本课程尝试、班主任基本功竞赛、班队课程建设等，让我们的班主任的工作能力和实效不断提升，为教师个人班主任的专业发展推波助力。家校建设多维互动，形成了良好的教育合力。遵循教育的本性、本心，点亮孩子们的七彩童年，点燃智慧火花，涵泳卓越品性，让老师们也感受到班主任教育的存在感，让家长们感受到学校的感召和信任，我想这就是德育工作的核心吧。

工作之余，还有诗和远方

小豆子：我们的访谈始终坚持"讲述一个人的成长故事"，听您说了这么多，其实也蛮想知道您业余时间都爱做些什么，有什么兴趣爱好。

阿猛：我是个爱好运动的人，只要是运动我都比较喜欢，但是限于时间、空间，我做得比较多的是打打乒乓球，陪家人跑跑步，和朋友一起打打羽毛球。晚上就是在床榻上读读书，写写小文章，做做公众号。对了，朗诵也是我的最爱，所以我在公众号里会时不时晒晒自己的朗读。

小豆子：据我所知，猛哥还在做书院的一些公益活动，到底做了哪些事情？可以具体说说吗？

阿猛：2013年的某天，我急急匆匆接到电话让我去市教育局参加个会议，说是区教研员点名让去的，去后才知道，苏州市教育局要成立德善书院，在文庙开设公益国学少儿传习部，就这样我在国学少儿传习部一做就是五年。

前段时间，国学少儿传习部的第四期小学员们顺利结业了。

记得刚起步那会儿，要挑选教师进行公开示范教学，因为我参加市朗诵比赛给活动中心的焦璐主任留下了深刻的印象，所以她极力推荐我来承担《端午诗情》的教学展示，专家和领导们的反响很好，后来我就成了德善书院的核心成员。我们摸索着从《三字经》《弟子规》《千字文》《千家诗》循序渐进，完成了蒙学传习系列。再后来我接手了《千家诗》的教学，领衔组建了教学团队，和团队的伙伴们一起开发了《千家诗》教学课程。现在德善书院的规模不断扩大，各区都建立了分院，国学的种子在苏城孩子们的心里悄然生根发芽，成为苏州德善之城的一张新名片。

小豆子：最后免不了要问同一个问题：您心目中的好老师应该是怎样的？

阿猛：其实我在2011年就在《江苏教育报上》发表过《心中的好学校》一文，里面有关于好老师的论述：好老师，知识渊博，学富五车；好老师，多才多艺，能歌善舞；好老师，儒雅风度，典范楷模；好老师，桃李满怀，贤生辈出。这是我一辈子做老师追寻的方向，这与咱学校"做儒雅教师"的理念悄然相通。

小豆子：您对自己未来的发展有什么期许？

阿猛：年届四十，已近不惑，我对未来的发展期许就是：与时俱进，回归本心，一步一步扎实向前，教育教学之路能顺风顺水，成就每一位孩子，收获自己的教育幸福。

小豆子：哈，非常荣幸得到猛哥这么多的回应，一个立体的、饱满的猛哥也越发生动起来。有人说，"四十岁，好老师的味道会慢慢散发出来"，希望我们都努力朝着"好老师"的目标前行，也祝福猛哥未来的日子越发闪亮。

猛哥：谢谢豆子老师，谢谢祝福，我们一起努力。

（此文发表于2017年6月《雅园》）

后　记

　　教育如行路，且行且思考。多年来，我一直支持用文字记录语文成长路上的点点滴滴，唯愿拙著能给一线语文教师的专业成长提供些许借鉴。

　　看似寻常最奇崛，成如容易却艰辛。本书的写作过程就是一位语文微客追梦的过程，而今天的出版则是对追梦光阴的复制。复梦时，我与众挚友通力协作，只为那氤氲书香，弥散心田。

　　感谢苏州工业园区星海小学胡修喜副校长百忙之中为我这本书作序，文质兼美的《寻一块心灵的栖息地》让本书的格调与层次更升一级。修喜老师是江苏省特级教师、姑苏教育领军人才、全国小学语文教师素养大赛特等奖获得者，躬耕小语教坛数十年，在江苏乃至全国小语界都有着很大的影响力和很高的美誉度。修喜老师睿智大气的课堂教学吸粉无数，亲和友善的待人之道更是让他成为许多语文人的知心朋友，我便是其中之一。

　　感谢苏州大学出版社，特别感谢本书的责任编辑刘海老师，策划、编辑、校对，细致入微，体贴入微。标题格式精心设计，文字语言字斟句酌，切磋琢磨不厌其烦，畅通互递吾心暖，在来去反复间让我体验到了作为一名作者的幸福。

　　感谢吴雨珊老师为本书手绘插图，她是一位才华横溢的青年美术教师，清雅气质里满满的艺术修为。我给了雨珊老师一些文章，她在有限的时间内创作出了唯美的插图，每一幅手绘画都很精美，画与文的意蕴契合度极高，雨珊老师的文字感受力非同一般。

　　感谢所有为本书操心劳神的朋友们，谢谢有您。一书之间，一份情缘，诗与远方在心里，也在这里。

郑先猛
2021 年 8 月 18 日

参加江苏省第十八届小学语文青年教师优课评比（获特等奖）

在苏州市小学语文优课评比中获一等奖第一名

在名师课堂进行线上直播

被评为苏州市线上教育年度网红老师

参加长三角主题研讨活动,执教省级公开课《所见》

在苏州市百姓名嘴风采大赛中获一等奖第一名